**Kohlhammer
Urban**
-Taschenbücher

Band 397

Grundkurs Philosophie

Der Grundkurs Philosophie in den Urban-Taschenbüchern gibt einen umfassenden Einblick in die fundamentalen Fragen heutigen Philosophierens. Er stellt die wichtigsten Bereiche der Philosophie systematisch dar; ergänzend gibt er eine Übersicht über ihre Geschichte von der Antike bis zur Gegenwart. Anliegen des Grundkurses ist es, den Einstieg in die Philosophie zu ermöglichen und zu eigenständigem Denken anzuregen. Besonderer Wert wird deshalb auf eine verständliche Sprache und eine klare Gliederung der Gedankenführung gelegt; zu allen Abschnitten ist weiterführende Literatur angegeben.
Koordination: Friedo Ricken und Gerd Haeffner

Band 1
Gerd Haeffner
Philosophische Anthropologie

Band 2
Albert Keller
Allgemeine Erkenntnistheorie

Band 3
Béla Weissmahr
Ontologie

Band 4
Friedo Ricken
Allgemeine Ethik

Band 5
Béla Weissmahr
Philosophische Gotteslehre

Band 6
Friedo Ricken
Philosophie der Antike

Band 7
Richard Heinzmann
Philosophie des Mittelalters

Band 8
Emerich Coreth/Harald Schöndorf
Philosophie des 17. und 18. Jahrhunderts

Band 9
Emerich Coreth/Peter Ehlen/
Josef Schmidt
Philosophie des 19. Jahrhunderts

Band 10
Emerich Coreth/Peter Ehlen/
Gerd Haeffner/Friedo Ricken
Philosophie des 20. Jahrhunderts

Band 11
Edmund Runggaldier
Sprachphilosophie

Band 12
Manfred Stöckler
Naturphilosophie

Band 13
Walter Kerber
Sozialethik

Band 14
Norbert Brieskorn
Rechtsphilosophie

Band 15
Emil Angehrn
Geschichtsphilosophie

Band 16
Annemarie Gethmann-Siefert/
Bernadette Collenberg
Philosophische Ästhetik

Band 17
N. N.
Religionsphilosophie

Walter Kerber

Sozialethik

Grundkurs Philosophie 13

Verlag W. Kohlhammer
Stuttgart Berlin Köln

Die Deutsche Bibliothek – CIP-Einheitsaufnahme

Grundkurs Philosophie. – Stuttgart ; Berlin ; Köln : Kohlhammer
(Urban-Taschenbücher ; ...)
Literaturangaben

Bd. 13. Kerber, Walter: Sozialethik. – 1998

Kerber, Walter:
Sozialethik / Walter Kerber.
– Stuttgart ; Berlin ; Köln : Kohlhammer, 1998
(Grundkurs Philosophie ; Bd. 13) (Urban-Taschenbücher ; Bd. 397)
ISBN 3-17-009967-1

Alle Rechte vorbehalten
© 1998 W. Kohlhammer GmbH
Stuttgart Berlin Köln
Verlagsort: Stuttgart
Umschlag: Data Images
              audiovisuelle Kommunikation GmbH
Gesamtherstellung:
W. Kohlhammer Druckerei GmbH + Co. Stuttgart
Printed in Germany

Inhalt

Vorwort 7

Erster Teil: Gegenstand der Sozialethik 9

§ 1 Die Eigenart der Sozialethik 9
§ 2 Gründe für das Entstehen einer Sozialethik 11
§ 3 Sozialethik als Institutionenethik 14
§ 4 Kollektive Wertvorstellungen als Grundlage
      des Sozialen 16
§ 5 Kollektive Wertvorstellungen als Gegenstand
      der Wissenschaft 18
§ 6 Entstehen und Wirkungen der kollektiven
      Wertvorstellungen 20
§ 7 Sozialethik als philosophische Disziplin 22
§ 8 Sozialethik als normative Disziplin 24

Zweiter Teil: Allgemeine Sozialethik 28

§ 9   Der Personbegriff als Ausgangspunkt der Sozialethik .. 28
§ 10 Gesellschaftlichkeit als Bedürftigkeit 31
§ 11 Gesellschaftlichkeit als Reichtum 33
§ 12 Eine Definition menschlicher Gesellschaft 35
§ 13 Gesellschaftliches Sein als Ordnungssein 37
§ 14 Individualismus und Kollektivismus 41
§ 15 Vertrags- und spieltheoretische Ansätze 42

Dritter Teil: Organisationsprinzipien des Sozialen 46

§ 16 Gemeingut und Gemeinwohl 46
§ 17 Autorität 50
§ 18 Das Solidaritätsprinzip 58
§ 19 Das Subsidiaritätsprinzip 60
§ 20 Das Demokratieprinzip 65

Vierter Teil: Rechtsphilosophie 72

§ 21 Rein gesellschaftliche und rechtliche Normen 72
§ 22 Subjektives und objektives Recht 73
§ 23 Gerechtigkeit als Maß des Rechts 75
§ 24 Verschiedene Gerechtigkeitsbegriffe 79
§ 25 Vergleich der Gerechtigkeitsbegriffe 82

| § 26 | Recht und Moral | 87 |
| § 27 | Naturrecht und positives Recht im Konflikt | 89 |

Fünfter Teil: Staatsethik 93

§ 28	Die Rechtsordnung als staatliche Zwangsordnung	93
§ 29	Die politische Ordnung als Rahmen der Gesellschaft	96
§ 30	Politische Daseinsvorsorge	97
§ 31	Politische Demokratie	101
§ 32	Gewissensfreiheit	105
§ 33	Widerstandsrecht	107

Sechster Teil: Wirtschaftsethik I. Der Mensch und die Dinge 112

§ 34	Abgrenzung und Bedeutung des Ökonomischen	112
§ 35	Arbeit	115
§ 36	Der Begriff des Eigentums	120
§ 37	Die Eigentumslehre der abendländischen Tradition	123

Siebter Teil: Wirtschaftsethik II. Die Ordnung der Wirtschaft 130

§ 38	Wirtschaftsethik als Ordnungsethik	130
§ 39	Wirtschaftsethik als Unternehmensethik	135
§ 40	Zins	143

Achter Teil: Sozialethik supranationaler Beziehungen 147

§ 41	Das globale Gemeinwohl	147
§ 42	Friede zwischen den Völkern	151
§ 43	Die wirtschaftliche Ordnung der Völkergemeinschaft	152
§ 44	Auf dem Weg zu einer neuen Weltkultur?	154

Literaturverzeichnis 159

Personenverzeichnis 166

Sachverzeichnis 169

Vorwort

Auf den ersten Blick mag es verwundern, daß in diesem Grundkurs Philosophie neben der allgemeinen Ethik noch ein eigener Band Sozialethik erscheint. Beschäftigt sich nicht die gesamte Ethik mit dem sittlichen Verhalten der Menschen in ihrer Beziehung zueinander und könnte deshalb zu Recht „Sozialethik" genannt werden? Aber diese Ausgliederung als eigene philosophische Disziplin hat ihre guten Gründe. Von ihnen handelt der gesamte erste Teil. Er enthält darum mehr als eine bloße Einführung in einen bisher wenig bekannten Zweig einer akademischen Wissenschaft. Tatsächlich ließe sich viel an Haß und Streit in dieser Welt vermeiden oder überwinden, wenn die sozialethischen Fragen in ihrer Eigenart klarer erfaßt würden.

Die systematischen Teile der hier vorgelegten Sozialethik beabsichtigen keine umfassende Darstellung des betreffenden Wissensgebietes, etwa im vierten Teil eine nach allen Seiten hin abgesicherte systematische Rechtsphilosophie. Vielmehr heben sie einige markante Gesichtspunkte ins Bewußtsein, die als besonders wichtig erscheinen und auf dringende soziale Probleme der Gegenwart hinweisen. Im achten Teil wird abschließend versucht, den inhaltlichen Wandel sozialethischer Überzeugungen angesichts der globalen Herausforderungen zum Beginn des 3. Jahrtausends zu erklären.

Der Sachkundige wird rasch bemerken, wie stark ich mich der neuscholastischen Überlieferung verpflichtet weiß, die mir in der Gestalt eines Oswald von Nell-Breuning begegnet ist. Andererseits läßt sich auch unschwer erkennen, wo ich von der traditionellen Naturrechtslehre abweiche. An dieser Stelle möchte ich meine besondere Achtung und Dankbarkeit gegenüber Gustav Gundlach zum Ausdruck bringen, der mir als Lehrer viel Zeit gewidmet hat und schließlich meine römische Dissertation annahm, obwohl er sich sachlich mit vielen Punkten nicht einverstanden erklären konnte.

Ganz besonders möchte ich Dr. Markwart Herzog danken, meinem langjährigen Assistenten am Münchener Rottendorf-Projekt. Ohne seine zuverlässige und geduldige Unterstützung wäre dieses Buch wohl kaum abgeschlossen worden.

Walter Kerber S.J.

Erster Teil
Gegenstand der Sozialethik

§ 1 Die Eigenart der Sozialethik

In diesem Buch über *Sozialethik* wird eine andere Art von Ethik angesprochen als die übliche, wie sie in den gängigen sittlichen Geboten und Gewissensspiegeln ihren Niederschlag findet. Die Sozialethik ist zwar eine Unterdisziplin der Ethik, unterscheidet sich aber wesentlich und in verschiedenen Punkten von der *Personalethik*, an die man beim Wort „Ethik" zunächst denkt und die traditionell als die „Zehn Gebote" bekannt ist. Die Bedeutung dieser Unterscheidung zwischen „Personalethik" und „Sozialethik" ist alles andere als selbstverständlich und muß in einem ersten Teil eigens bedacht werden. Dieser Unterschied betrifft nicht nur methodische Besonderheiten. Die „Sozialethik" behandelt vielmehr ein eigenes Feld, das in der traditionellen Ethik in dieser Ausdrücklichkeit nicht vorkam. Deshalb ist es wichtig, die Gemeinsamkeiten und Unterschiede genauer herauszuarbeiten.

Gemeinsamkeiten:

a) Bei der *Ethik* im allgemeinen wie auch bei der Sozialethik geht es um die philosophische Erklärung des Phänomens des Sittlichen, besonders um menschliche *Werte* und um ein verpflichtendes *Sollen*.

b) Im Gegensatz zur *Moral* betrifft die Ethik nicht die *tatsächliche* Werteinstellung der Angehörigen einer bestimmten Gruppe (etwa die „Moral der heutigen Studenten"), sondern die *theoretische Reflexion* über diese Werteinstellung und das aus dieser sich ergebende Verhalten. In beiden Fällen ist Kriterium nicht eine *Einzel*rücksicht des Guten (etwa das Nützliche und Brauchbare für einen bestimmten Zweck oder das Angenehme), sondern das *gesamtmenschlich* Gute, das, was den Menschen als Menschen gut macht.

Unterschiede:

a) Die *Personalethik* behandelt die Pflichten
   - des *einzelnen*
   - *innerhalb* eines vorgegebenen gesellschaftlichen Rahmens,
   - der vom einzelnen nicht unmittelbar *verändert* werden kann, sondern als gegeben hingenommen wird
   - und jedem eine bestimmte *Rolle* und damit auch klare Verpflichtungen zuweist.

b) Demgegenüber befaßt sich die *Sozialethik* mit diesem gesellschaftlichen Rahmen selbst und fragt,
 - ob die geltende gemeinsame gesellschaftliche Ordnung
 - als Rahmen für die Verteilung von Rechten und Pflichten
 - der Würde des Menschen entspricht oder durch *gemeinsames Handeln* verändert werden solle,
 - etwa weil sie bestimmte Gruppen *ungerecht* von der Teilnahme an gesellschaftlichen Gütern ausschließt.

4 Der Unterschied läßt sich verdeutlichen am Begriff der *Gerechtigkeit*. (Zum folgenden vgl. unten § 23–25) In der Tugendlehre, d.h. auf der Ebene des *individuellen sittlichen Verhaltens*, bedeutet „Gerechtigkeit" nach der traditionellen Definition die dauernde Bereitschaft des Willens, jedem das Seine zu lassen und zu geben: „Suum cuique" (vgl. Aristoteles, Rhet. I,9, 1366 b 9 ff.). Die klassische Formulierung stammt von Ulpian: „Iustitia est constans et perpetua voluntas ius suum unicuique tribuendi." (Fragm. 10) Diese Gerechtigkeit als sittliche Haltung findet ihren Maßstab im Recht, wie es in den Gesetzen umschrieben wird, und in den in der betreffenden Gesellschaft geltenden sittlichen Normen des Zusammenlebens. So kann man im Arbeitsleben von einem „gerechten Lohn" dann sprechen, wenn dieser der geleisteten Arbeit nach den Gesetzen und der Billigkeit unter Berücksichtigung der gegebenen Verhältnissen entspricht.

5 Die Frage der Gerechtigkeit kann aber auch auf der Ebene des Rechts selbst gestellt werden: Gibt es Maßstäbe, nach denen sich die Gesetze und die geltenden sittlichen Normen einer Gesellschaft als mehr oder weniger gerecht bezeichnen lassen? Sind nicht auch der Gestaltung menschlichen Zusammenlebens gewisse erkennbare Ordnungsinhalte normativ vorgegeben, von denen her man eine Gesellschaft als mehr oder weniger gerecht bezeichnen kann? Das ist die *sozialethische* Fragestellung. Als Beispiel für sozialethische Ungerechtigkeit könnte angesehen werden, wenn eine bestimmte Gruppe von Arbeitnehmern in einer Gesellschaft systematisch benachteiligt wird.

6 Daraus ergibt sich eine Antwort auf das Argument, „Gerechtigkeit" im eindeutigen Sinne könne nur vom Handeln des einzelnen ausgesagt werden, nicht aber von einem *Zustand*. Die Berechtigung einer solchen Begriffsbildung wird ausdrücklich geleugnet von dem Nobel-Preisträger für Wirtschaftswissenschaften Friedrich August von Hayek (1981). Insofern nämlich ein Zustand mit der Würde des Menschen unvereinbar ist und beseitigt werden kann, insofern also die Verantwortung dafür Menschen zuzuschreiben ist (zumindest durch Unterlassung), kann auch von einem „gerechten" oder „ungerechten Zustand" geredet werden.

Nicht alle sozialen Beziehungen zwischen Menschen sind Gegenstand der eigentlichen Sozialethik im Sinne dieser Definition, sondern nur solche, in denen es um die *gesellschaftliche Ordnung* geht. Die sozialethische Gerechtigkeit betrifft also die „Tugenden sozialer Institutionen" (Rawls 1975, 19), während die Personalethik das Handeln des einzelnen unter der Rücksicht betrachtet, ob es den geltenden sittlichen Normen entspricht.

§ 2 Gründe für das Entstehen einer Sozialethik

Die Aufmerksamkeit auf die gesellschaftliche Ordnung als einen Rahmen, der selbst noch einmal unter Gerechtigkeitsgrundsätzen einer Wertung unterzogen werden kann, ist verhältnismäßig jungen Ursprungs und noch immer keineswegs selbstverständlich. Im Altertum und Mittelalter nahm man die soziale Schichtung mit ihren Unterschieden als „natürliche Ordnung" und damit als Teil des göttlichen Schöpfungsplans einfach hin. Sie bildete keinen Gegenstand eigentlich normativer Überlegungen. Die Kritik am Recht beschränkte sich vorwiegend darauf, die Übereinstimmung bzw. Nichtübereinstimmung der Gesetze mit den in der Gesellschaft vorherrschenden Wertvorstellungen zu überprüfen, nicht diese Wertvorstellungen selbst in Frage zu stellen. Staatliches Recht und gesellschaftliche Moral waren darauf ausgerichtet, die *bestehende* gesellschaftliche Ordnung zu stabilisieren, nicht sie zu verändern.

Eine *statische* Auffassung von Recht und Gesellschaft bestimmte das Denken der Menschheit bis in die jüngste Zeit und ist noch heute weitgehend vorherrschend. Weil sie „natürlich" schien, darum änderte sich die soziale Ordnung kaum oder nur unmerklich über längere Zeit. Umgekehrt: Weil sich die soziale Ordnung kaum merklich änderte, konnte sich diese Auffassung von der Unveränderlichkeit der tragenden Wertprinzipien einer Gesellschaft so lange halten.

Mit der industriellen Revolution hat sich diese geschichtete Ordnung aufgelöst. In ihrem Gefolge kam es zu einem grundsätzlichen Wandel von einer statischen zur *dynamischen* Gesellschaft. (Vgl. Behrendt 1963) Die alten Produktionsverfahren wurden ersetzt durch neue, rational konstruierte. Naturwissenschaftliche und technische Forschung wurde vorangetrieben im Dienste von mehr Wirtschaftlichkeit.

Dabei kann offen bleiben, in welchem Umfang die Veränderungen der *materiellen* Produktionsweisen die *ideellen* Vorstellungen der Menschen verändert haben oder umgekehrt. Um einen solchen Einfluß anzunehmen, bedarf es keiner materialistischen oder marxistischen Geschichtstheorie. Andererseits ist es schwierig, für geschichtliche Prozesse *eindeutige* Ursachen namhaft zu machen. (Vgl. Max Webers Rückführung des kapitalistischen Wirtschaftens auf den Geist des Calvinismus: Weber [1922] 1972, 17–206).

11 Der Geist der Technik mit seiner Abkehr vom traditionellen Denken und der Hinwendung zu immer besserer *Beherrschung* der Prozesse blieb nicht eingeschränkt auf den wirtschaftlichen Bereich. Das Wort vom „social engineering" macht das Eindringen technischen Denkens in den humanwissenschaftlichen Bereich deutlich. Diese Entwicklung ist nicht mehr rückgängig zu machen. Durch die tatsächlichen Veränderungen, aber auch durch das damit verbundene Elend der Arbeiterklasse wurde man sich im Laufe des 19. Jahrhunderts allmählich bewußt, wie wandelbar und vom Menschen veränderbar die gesellschaftliche Ordnung ist. Damit erst wurde sie Gegenstand auch moralischer Bewertung und Verantwortung. Man begann zu begreifen, daß beispielsweise das Elend der Arbeiterklasse nicht in erster Linie von der Hartherzigkeit der kapitalistischen Unternehmer verursacht war und auch nicht durch *individuelle*, personale Wohltätigkeit überwunden werden konnte, sondern einen *sozialen* Übelstand, eine Krankheit der Gesellschaft als solcher darstellte.

12 Seitdem wird die gesamte politische Diskussion der Industrieländer und nun auch der Dritten Welt in Atem gehalten von der Forderung nach „sozialer Gerechtigkeit", d.h. von der Frage, nach welchen Grundsätzen die gesellschaftliche und besonders die wirtschaftliche Ordnung gestaltet werden soll. Woran soll sich die Planung orientieren, wenn sie eine gerechtere, dem Menschen entsprechendere Gesellschaft herbeiführen will?

13 Die Sozialethik beschäftigt sich also in erster Linie mit der Bestimmung des sittlich *Richtigen*, weniger mit der sittlichen Gesinnung der Menschen, der sittlichen *Gutheit*. Es geht darum, menschengemäße Gesellschaftsformen zu finden. Wer dazu beiträgt, ist unter *sozialethischer* Rücksicht willkommen, selbst wenn die Motivation seines Handelns nicht den höchsten Maßstäben entsprechen mag.

14 Dieses neue Feld sittlicher Verantwortung setzt auch manchmal andere Akzente für die Personalmoral. Eine wichtige Möglichkeitsbedingung für den friedlichen Bestand einer Gesellschaft war beispielsweise in der Vergangenheit die Tugend der Demut: Jeder sollte sich mit dem ihm zufallenden Platz innerhalb der Gesellschaft begnügen, sollte den ihm von seinen Eltern überkommenen Beruf als Berufung auffassen und „nicht höher hinauswollen". Bescheidenheit,

Genügsamkeit und Gehorsam gegenüber der legitimen Autorität hatten deshalb einen hohen Stellenwert in der traditionellen Moral. Heute wird stärker der Mut zur Eigeninitiative, das Durchsetzungsvermögen verlangt, durch das der einzelne im Wettbewerb mit anderen sich jene Stellung erkämpft, in der er am meisten für sich und andere zu leisten vermag. Zwar wird auch jetzt noch das soziale Leben getragen von gemeinsamen sittlichen Wertvorstellungen, vom Bewußtsein über das Gesollte, nur hat sich dessen Inhalt etwas verändert.

Sind solche Erwägungen über den rechten Aufbau von Staat und Wirtschaft aber überhaupt Gegenstand der Philosophie und nicht eher der Wissenschaften von der Politik oder der Wirtschaftswissenschaften? Mit welcher Berechtigung führt die Beschäftigung mit der Gestaltung menschlichen Zusammenlebens den hehren Namen einer Sozial*ethik*?

Zweifellos handelt es sich hier in erster Linie um politische Fragen, aber diese haben auch philosophische und sittliche Aspekte:

a) Es geht darum, nach welchen Wertvorstellungen, nach welcher *Auffassung vom Menschen* unser Zusammenleben gestaltet werden soll. Das ist eine Frage der *Philosophie*, besonders der Moral, in die letzte religiöse und philosophische Überzeugungen eingehen.

b) Jeder *wirkt* in der einen oder anderen Form am gesellschaftlichen Zusammenleben mit und ist deswegen auch mitverantwortlich, welche Wertvorstellungen in einer Gesellschaft vorherrschen. Hier besteht eine abgestufte sittliche Verpflichtung: Je nach der Stellung, die einer einnimmt, kann er das gesellschaftliche Leben mehr oder weniger beeinflussen und sollte dies aber auch tun.

Für die Bestimmung sozialethischer Verantwortung des einzelnen macht es einen großen Unterschied aus, wie frei eine Gesellschaft eine Willensbildung von unten erlaubt und es ermöglicht, öffentlichkeitswirksam auch eine abweichende eigene Meinung zum Ausdruck zu bringen. Kein einzelner kann die kollektiven Wertvorstellungen beliebig verändern, aber jeder wirkt doch auch auf sie ein. Wie aus vielen kleinen Quellen und Rinnsalen schließlich ein Strom zusammenfließt, so sind die gemeinsamen Wertüberzeugungen von einer gerechten Ordnung das Ergebnis vieler einzelner Wertentscheidungen. Auch der Politiker, dem die ausdrückliche Verantwortung für die Gestaltung des politischen Zusammenlebens zukommt, muß dieses Wertbewußtsein berücksichtigen. Diese gemeinsame, abgestufte sittliche Verantwortung für Gerechtigkeit ist Gegenstand der eigentlichen Sozialethik.

Es gibt also zwar keine Kollektivschuld in dem Sinne, daß einem ganzen Volk die volle Verantwortung für die Vergehen ihrer politischen Führer moralisch angelastet werden dürfte. Trotzdem ist die Frage berechtigt, welche Faktoren ein Unrechtsregime möglich machten: Wie kam ein Wertebewußtsein zustande, das ein solches Unrecht ermöglichte? Wer hat durch mangelnden Einsatz und erkennbar faule Kompromisse dazu beigetragen? Zur Entscheidung solcher Fragen will die Sozialethik Kriterien anbieten.

§ 3 Sozialethik als Institutionenethik

19 In gewissem Sinne handelt *alle Ethik* zumindest auch vom „Sozialen", weil der Mensch ein Sozialwesen ist. Er ist beispielsweise ganz offenkundig für sein Überleben auf die anderen angewiesen (Arbeitsteilung). Wichtiger noch ist die Einsicht, daß er auch in seinem geistigen Selbstbesitz von den anderen abhängt, vor allem durch die *Sprache*, in der er denkt und redet.

20 Darum wird „*Sozialethik*" hier in einem ganz besonderen, spezifischen Sinn verstanden. Nicht alle sozialen Beziehungen sind Teil der Sozialethik. Sozialethik wird vielmehr definiert als Ethik der menschlichen *Ordnungen*. Die personalen Pflichten der einzelnen Menschen gegeneinander gehören nach diesem Wortverständnis nicht zur Sozialethik.

21 Für solche personalen Pflichten der Individuen untereinander, die nicht der Sozialethik als einer Ordnungsethik zuzurechnen sind, kann man den Ausdruck „*Personalethik*" (Rich 1985, 56–61) verwenden, die noch einmal von der Individualethik abzugrenzen ist. „*Individual*ethik" im engsten Wortsinn wird dann eingeschränkt gebraucht für die sittlichen Pflichten, die dem bloßen Individuum zukommen (Pflichten gegen Gott, Pflichten gegen sich selbst).
Dieser Wortgebrauch ist aber nicht einheitlich. Manche verstehen „Sozialethik" in einem noch eingegrenzteren Sinne, so daß sie nur die *nichtstaatlichen* Institutionen umgreift.

22 Gegenstand der Sozialethik sind die menschlichen *Institutionen*, insofern sie durch die Freiheit der Menschen gestaltet werden können und damit auch ihrer gemeinsamen Verantwortung unterliegen. Institutionen lassen sich definieren als dauerhafte Muster menschlicher Beziehungen, als wiederkehrende Regelmäßigkeiten und abgrenzbare Gleichförmigkeiten menschlichen Verhaltens. Ein einzelner allein vermag Institutionen kaum zu verändern – jedenfalls wenn er nicht zufällig Kaiser, König, Bundeskanzler oder Ministerpräsident ist und über einen entsprechenden Einfluß verfügt.

23 Alle Institutionen sind von *Menschen* gemacht, sind „Artefakte",

lassen sich ändern, beeinflussen, vernichten. Die Entwicklung der Geschichte wird nicht von einem unabdingbaren Naturgesetz gesteuert, sondern auch von Menschen beeinflußt. Lägen die Institutionen nicht weitgehend in unserer Hand, dann wäre eine echte Sozial*ethik* unmöglich; denn ein Sollen setzt das Können und damit Freiheit voraus. Erst wenn Institutionen in ihrer Eigenart philosophisch begriffen werden, verlieren sie den unheimlichen oder fast magischen Charakter, der ihnen oft beigelegt wird.

Andererseits stellen Institutionen eine eigene *Realität* dar, die nicht 24 mit der Realität der lebenden Menschen verwechselt werden darf. Sie beeinflussen entscheidend das menschliche Handeln. Sie erzeugen *Zwänge,* insofern der einzelne genötigt wird, nicht nach seinem eigenen Belieben, sondern entsprechend der ihm von der Institution zugewiesenen *Rolle* zu handeln. Unter „Rolle" ist ein Inbegriff von Erwartungen zu verstehen, welche die Gesellschaft hegt und von denen sie annehmen darf, daß sie unter normalen Umständen erfüllt werden.

Äußerer Zwang ist nicht die einzige Art, wie Institutionen menschli- 25 ches Verhalten bestimmen. Viele gewohnte institutionelle Regelungen, die als gewissermaßen natürlich nicht weiter hinterfragt werden, bilden schließlich durch *kulturelle Überformung* eine „zweite Natur" des Menschen (Thomas von Aquin: S. Theol. I/II qu. 32, art. 2, ad 3 et par.: „Consuetudo est quasi altera natura"). Sein Verhalten wird dauernd geprägt durch solche Einflüsse. So ist nach dem Zusammenbruch einer Diktatur oftmals nur noch mit Mühe festzustellen, wer für was echte Verantwortung getragen hat und wem es zuzumuten war, „das Unrecht der Tat einzusehen oder nach dieser Einsicht zu handeln" (StGB § 17, § 20).

Man spricht häufig von einer Reform der *„gesellschaftlichen Struk-* 26 *turen",* die notwendig sei. Damit wird zunächst eine andere Verteilung der Rechte innerhalb der Gesellschaft gemeint. Als ungerecht kann beispielsweise die bestehende Vermögens- und Einkommensverteilung empfunden werden. Daraus wird dann die Forderung nach einer Reform der Eigentumsrechte erhoben. Es geht der Sozialethik aber nicht allein um die Verteilung der formalen Rechte, sondern der *Rollen* in einer Gesellschaft, die nicht ausschließlich durch die Gesetze zugeteilt werden. Welche Stellung nehmen Minderheiten und andere benachteiligte Gruppen in einer Gesellschaft ein, also etwa die Farbigen und die Frauen (die gar keine Minderheit bilden)? Gesellschaftliche Positionen lassen sich nicht einfach durch Gesetzgebung anders verteilen, solange gesellschaftliche Vorurteile bestehen. Die Veränderung der Wertvorstellungen einer Bevölkerung ist ein langwieriger und konfliktreicher Prozeß, der viel Geduld erfordert.

27 Von den gesellschaftlichen Ordnungsvorstellungen hängen weitgehend die *Normen* für das Verhalten der einzelnen ab. Aus der Art, wie die Institutionen die Rollen der einzelnen, ihre Rechte und Pflichten umschreiben, ergeben sich Folgen auch für die *Personalethik*. Der sozialethisch bestimmte Rahmen definiert über die Rollenverteilung weitgehend das personalethisch Gesollte im zwischenmenschlichen Bereich. Schon die im sozialen Leben gebrauchten Begriffe sind normativ definiert: Was verwerflicher und krimineller Diebstahl ist (und was nur erlaubter „Mundraub"), hängt weitgehend von der Definition des Eigentums ab. „Ehebruch" setzt ein ganz bestimmtes institutionelles Verständnis der Ehe voraus. Nur auf einer sehr hohen Abstraktionsstufe sind die Verhaltensweisen der Menschen als „gleich" anzusehen; gerade in den konkreten Zuweisungen von als „selbstverständlich" angesehenen Rechten und Pflichten unterscheiden sie sich jedoch.

§ 4 Kollektive Wertvorstellungen als Grundlage des Sozialen

28 Was reale Wirkungen ausübt, was bearbeitet, verändert werden kann, was ethischer Bewertung unterliegt, ist zweifellos selbst etwas Reales. In welchem Bereich der Realität läßt es sich ansiedeln? Als real im greifbaren Sinne können offensichtlich nur die lebenden Individuen angesehen werden, welche die betreffende Gesellschaft bilden. Sie haben bestimmte Gewohnheiten, Erwartungen und Wünsche, Wertvorstellungen und Ideen, die ihr Verhalten beeinflussen und prägen. Das Soziale „existiert" – jedenfalls auf einer ersten Reflexionsstufe – in den gemeinsamen *Vorstellungen* und Ideen der Menschen.

29 So kann die Soziologie die sozialen Realitäten vom „gemeinten Sinn" her definieren: „Legitime Ordnung", „Recht", „Konvention", „Vergemeinschaftung" usw. Max Weber schreibt: „Es lassen sich innerhalb des sozialen Handelns tatsächliche Regelmäßigkeiten beobachten, d.h. in einem typisch gleichartig *gemeinten Sinn* beim gleichen Handelnden sich wiederholende oder (eventuell auch: zugleich) bei zahlreichen Handelnden verbreitete Abläufe von Handeln. Mit diesen *Typen* des Ablaufs von Handeln befaßt sich die Soziologie" (Weber [1922] 1972, 14). Der Soziologe fragt dabei auf seiner Reflexionsstufe noch nicht zurück, ob dieser „gemeinte Sinn" der Sache nach etwas Zutreffendes oder Richtiges ausdrückt oder nicht. Eine irrtümliche Annahme bei der Bevölkerung übt dieselben Wirkungen aus wie eine zutreffende – zumindest kurzfristig.

Insofern beispielsweise die Angehörigen einer bestimmten Kultur glauben, für ihr Handeln auf den Stand der Gestirne Rücksicht nehmen zu müssen, sind Tatsachenvorstellungen über die Sterne bedeutsam. Die Tatsachenmitteilung über die ungleiche Eigentumsverteilung am industriellen Betriebsvermögen wird dann und nur dann eine soziale Entrüstung auslösen, wenn bestimmte Wertvorstellungen über einen als wünschenswert oder gerecht angesehenen Zustand bereits in der Bevölkerung vorherrschen.

Daß eine Gemeinschaft oder Gesellschaft existiert, bedeutet unter 30 dieser Rücksicht nichts anderes, als daß die Angehörigen dieses Sozialgebildes aufgrund einer bestimmten Vorstellung auf *typische Art und Weise* denken und handeln. (Weber [1922] 1972, 13–23. Vgl. auch Hoefnagels 1966, 56) Die Realität des Sozialen besteht also in soziologischer Sicht darin, daß die Mitglieder einer Gemeinschaft gleichartige Wertvorstellungen haben, die ihr Handeln in einer bestimmten Weise beeinflussen.

Diese Gemeinsamkeit der Wertvorstellungen übergreift teilweise 31 selbst die *sozialen Gegensätze*. Auch Konflikte werden im allgemeinen unter Beachtung gewisser Regeln ausgetragen – von der Schlägerei beim Volksfest bis zum Streik und zur Aussperrung. Im Arbeitskampf gilt im allgemeinen die Regel, daß die Anwendung körperlicher Gewalt ausgeschlossen bleibt. Auch die Produktionsanlagen sollen erhalten und geschützt bleiben – also dürfen Wartungstrupps das Fabrikgelände betreten, auch wenn sonst der Zugang nicht gestattet wird.

Der Konflikt tritt gerade deshalb so stark ins Bewußtsein, weil er die 32 *Ausnahme* darstellt. Über den Streik in einer Fabrik berichten die Zeitungen – über die Arbeit in Tausenden anderer Fabriken, die nicht bestreikt werden, gibt es nichts zu berichten. Das bedeutet nicht, daß überhaupt keine Gegensätze bestehen, wenn sie nicht offen ausgetragen werden. Aber die Interessen sind so gelagert, daß eine kämpferische Auseinandersetzung als das größere Übel erscheint.

Damit wird schon deutlich: Gesellschaft kommt nicht zustande allein 33 durch den *Kampf um die Macht*; sie wird nicht durch bloßen *Zwang* zusammengehalten, durch die Kontrolle einiger durch andere, wie das etwa bei Ralf Dahrendorf (1962, 110) den Anschein hat. Gerade Gesellschaftstheorien, die radikal individualistisch von der konsequenten Interessenstrategie der einzelnen her das Gesellschaftliche zu erklären und begründen versuchen, kommen zu dem Ergebnis, daß Gesellschaft kein „Null-Summen-Spiel" (vgl. Neumann – Morgenstern 1961) ist, bei dem der eine nur das gewinnen kann, was der andere verliert, sondern daß gesellschaftliches Zusammenwirken als für alle Beteiligten vorteilhaft erwiesen werden kann, wenn auch vielleicht nicht für alle in gleichem Maße. (Vgl. Axelrod 1987) Um diesen Ausgleich gesellschaftlicher Vorteile wird dann gerade die Auseinandersetzung geführt.

34 So konnte Émile Durkheim (1858–1917), der Begründer der modernen Soziologie, den *kollektiven Vorstellungen* – „représentations collectives" (Durkheim 1967, 45–83) – eine Art Unabhängigkeit von den Individuen zuschreiben, die eine Gesellschaft bilden. „Die Vorstellungen, welche die Fäden des sozialen Lebens sind, lösen sich von den Beziehungen los, die sich zwischen den derart vereinigten Individuen oder auch den sekundären Gruppen, die sich zwischen das Individuum und die Gesamtgesellschaft schieben, herstellen." (Ebd. 71) Soziale Tatsachen haben nach Durkheim ein eigenes *Sein* und stehen zum Bewußtsein der Individuen in einem ähnlichen Verhältnis wie die psychischen Tatsachen zu den Nervenzellen. Damit glaubte Durkheim u.a. auch den Beweis geliefert zu haben, daß sich eine seelische Vorstellung nicht völlig auf materielle Nervenreize zurückführen läßt, obwohl sie ohne das Substrat des Gehirns nicht existieren kann.

35 An dieser Auffassung Durkheims ist sicher richtig, daß die sozialen Auffassungen, auf denen das Zusammenleben beruht, nicht einfach der Durchschnitt oder das Ergebnis des individuellen Denkens sind. Sie führen ein gewisses Eigenleben, überdauern ganze Generationen, bestimmen das Verhalten des einzelnen weitgehend ohne dessen bewußte und freie Entscheidungswahl, können darum in einem echten Sinne als *„soziale Tatsachen"* angesehen werden. Damit ist über ihre ontologische Realität aber noch nichts ausgesagt.

36 Diese kollektiven Wertvorstellungen, die „zweite Natur" des Menschen nach Thomas von Aquin, sind ihm nicht von seiner *biologischen Natur* her mitgegeben. Sie bilden nämlich gerade darin den Gegenstand der Soziologie, daß sie von Volk zu Volk auch bei gleicher rassischer Herkunft verschieden sind und sich im Laufe der Geschichte wandeln können. Sie sind also einerseits nicht *angeboren,* andererseits aber dem Handeln des einzelnen *vorgegeben.*

§ 5 Kollektive Wertvorstellungen als Gegenstand der Wissenschaft

37 *Subjektiv* gesehen haben die kollektiven Vorstellungen ihr Sein im Bewußtsein der Menschen. Nach ihrer *objektiven* Seite hin, nach ihrem Inhalt, betreffen sie weniger etwas in der Welt der *Tatsachen* als vielmehr in der Welt der *Werte.* In einer Gesellschaft bestehende Vorstellungen über Tatsachen können die Wertvorstellungen beein-

flussen, aber unmittelbar für das soziale Leben bedeutsam sind die Wertvorstellungen selbst.

38 Ontologisch gesehen hat das Soziale also dieselbe Realität wie die Welt der *Werte*. Alle bekannten Schwierigkeiten einer philosophischen Wertlehre treten hier auch im Bereich der Sozialphilosophie auf. Unmittelbar führt keine Brücke vom Sein zum Sollen, von den Tatsachen zu den Werten. Aus der Tatsache, daß die Mehrheit einer Population von der Geltung bestimmter Werte überzeugt ist, folgt an sich noch nichts über die Wahrheit dieser Wertüberzeugungen.

39 Die in einer Population als richtig angesehenen Werturteile können aber ihrerseits wieder als Tatsachen angesehen und wissenschaftlich bearbeitet werden (Werturteile als *Gegenstand* der Sozialwissenschaft). Ohne die Feststellung, Beschreibung, Interpretation von Werturteilen ist sozialwissenschaftliche Arbeit unmöglich. „Werturteilsfreiheit" der Wissenschaft besagt nur, daß der Sozialwissenschaftler als solcher keine Werturteile aussprechen darf (Werturteile als *Inhalt* der Sozialwissenschaft). Dabei wird der Wissenschaftler seinerseits in seiner Arbeit beeinflußt von subjektiven Werten, die ihn gerade dieses Forschungsgebiet oder einen bestimmten Gesichtspunkt eines Problems als bedeutsam für seine Untersuchung erscheinen lassen (Werturteile als *Grundlage* der Sozialwissenschaft). Von diesem Forschungsinteresse wird aber häufig auch der Inhalt der Forschung selbst beeinflußt. Von ihm hängt beispielsweise ab, welche Aspekte der Wirklichkeit überhaupt einer Beachtung für wert gehalten werden und was vernachlässigt werden kann. (Albert 1957, 6)

40 Werturteile können und werden in der Regel auch deskriptive Bestandteile enthalten. Selbst in den Slogans einer reinen Suggestivwerbung wird häufig der Eindruck erweckt, als vermittle sie informativen Inhalt. Entscheidend für die Charakterisierung als Werturteil ist der Appell an eine Einstellung des Hörers, die Aufforderung zu einer Stellungnahme, der Rückgriff auf einen allgemein als anerkannt angesehenen Wertestandard.

41 Diese theoretisch klare Unterscheidung von Tatsachenaussagen und Werturteilen läßt sich in der Praxis kaum durchhalten, weil die meisten sprachlichen Ausdrücke und Begriffe bereits wertbesetzt sind. Diese Wertung wird allerdings nicht immer ausdrücklich gemacht, sondern wird als selbstverständlich in der Alltagssprache vorausgesetzt. Der Einfluß solcher gemeinsamer Wertvorstellungen, wie sie in der Sprache ausgedrückt werden, ist um so tiefgreifender, je weniger sie ausdrücklich reflektiert und ins Bewußtsein gehoben werden.

§ 6 Entstehen und Wirkungen der kollektiven Wertvorstellungen

42 Der Psychoanalyse von Sigmund Freud (1856–1939) verdanken wir eine Interpretation der Art und Weise, wie soziale Normen von den Eltern auf das Kind weitergegeben und von ihm verinnerlicht werden.

Freud geht davon aus, daß das Kind sich die Liebe der Mutter bewahren will. Verliert der Mensch „die Liebe des anderen, von dem er abhängig ist, so büßt er auch den Schutz vor mancherlei Gefahren ein, setzt sich vor allem der Gefahr aus, daß dieser Übermächtige ihm in der Form der Bestrafung seine Überlegenheit beweist." (Freud 1948, 483f.) So handelt das Kind zunächst entsprechend den Normen, die ihm die Eltern auferlegen. Es sieht sich dabei allerdings in der Verfolgung seiner Triebe eingeschränkt. Es entwickelt dagegen einerseits Aggressionen, aber auch den Wunsch, an die Stelle der Autoritätsperson zu treten, und zwar nicht nur als Befehlender, sondern auch in seinen anderen Eigenschaften. Der Vater wird zum Vorbild. Im *Über-Ich* oder *Ich-Ideal* identifiziert sich das Kind mit der Autoritätsperson. Dieses zweite Ich führt im Unbewußten ein Sonderdasein und kontrolliert das wache Ich viel wirksamer, als es eine reale Person könnte. So entstehen im wachen Ich Angstgefühle, sobald es gegen die Forderungen des Über-Ichs verstößt; daraus ergibt sich Schuld und Reue als Gewissensangst. Die Wertbesetzungen moralischer Art werden also durch psychologische Mechanismen hervorgerufen, die vom wachen Ich nicht mehr unmittelbar kontrolliert werden, aber das Handeln prägen und beeinflussen.

43 Es werden aber nicht nur die eigenen Handlungen, sondern auch die Handlungen *anderer* nach diesen Wertkriterien beurteilt. „Ein guter Mensch gibt gerne acht, ob auch der andre Böses macht." Dieses Wort von Wilhelm Busch (Die fromme Helene, Kap. 10) zeigt, wie das Über-Ich auch eine Kontrolle über die Handlungen anderer ausübt; es deckt die Aggressionen auf, die entstehen, wenn ein anderer den Forderungen nicht genügt, die man für sich selbst als verbindlich ansieht. Soziale Sanktionsmechanismen sorgen für die Einhaltung der in einer Gesellschaft als verbindlich angesehenen Wertvorstellungen.

44 Der einzelne ist darauf angewiesen, für seine Auffassungen und Werteinstellungen bei anderen Bestätigung, Anerkennung, Widerhall zu finden. Kommt er sich dauernd unverstanden vor, führt das zu Verunsicherung: Liege ich richtig mit meiner Auffassung oder übersehe ich wesentliche Punkte? Psychologische Tests weisen nach, wie leicht sich viele dem anpassen, was sie als die vorherrschende Meinung der Gruppe ansehen.

45 Schließlich entwickelt jede Gruppe Ausstoßungstendenzen bis hin zu physischer Aggression gegen jene, die sich als Außenseiter oder

Minderheiten nicht integrieren lassen. Die Vorurteile gegen die Juden lassen sich zu einem beträchtlichen Teil einfach aus der Tatsache erklären, daß die Juden innerhalb einer Gesamtbevölkerung lange Zeit ihre Identität als Minderheit zu bewahren suchten und vermochten. Jede In-Group schließt sich ab gegenüber der Out-Group. Dies kann zu einem Kampf auf Leben und Tod werden, der sich oftmals rationaler Kontrolle entzieht (Ausländerhaß, Xenophobie).

46 Die für eine Gesellschaft verbindlichen und notwendigen Wertvorstellungen finden ihren Niederschlag im *Recht* der betreffenden Gesellschaft. In den Gesetzen werden Grundsätze niedergelegt, die das Verhalten der einzelnen Mitglieder regeln sollen, werden zugleich Sanktionen festgesetzt für jene, die sich nicht an diese Normen halten. Sein vernünftiges Eigeninteresse wird den einzelnen also veranlassen, nicht gegen die Gesetze zu verstoßen, um sich nicht diesen Sanktionen auszusetzen. Allerdings lassen sich nicht alle Wertvorstellungen und sozialen Normen gesetzlich kodifizieren. Umgekehrt verliert das Gesetz seine Wirksamkeit und Geltung, wenn es nicht von der Mehrheit der Bürger als verbindlich angesehen wird. Mit bloßem Zwang lassen sich auf die Dauer gesellschaftliche Normen nicht durchsetzen. (Vgl. unten § 21–26)

47 Die Kollektivvorstellungen, die das Verhalten regeln, sind nicht in dem Sinne *einheitlich,* daß sie allen Gliedern der Gesellschaft dieselbe Rolle zuweisen würden. Die Gesellschaft stellt vielmehr *verschiedene* Erwartungen an die einzelnen „Rollenträger", jedoch so, daß jeder seinen im einzelnen recht verschiedenen Beitrag zum sozialen Zusammenleben leistet. Nicht nur der Polizist im Einsatz, der Soldat im Krieg, sondern auch der Angestellte in einem Unternehmen handelt ganz verschieden, wenn er entweder als Privatmann oder als Vertreter seiner Institution auftritt. Ohne solche sicheren Erwartungen, mit welchen Reaktionen man von den einzelnen Rollenträgern rechnen muß, kann niemand handeln.

48 Daraus erklärt sich die Tatsache, daß auch bei sehr ungerechter Verteilung der Lebenschancen und Pflichten oft nicht einmal die Unterdrückten und noch weniger die Unterdrücker sich dieser Ungerechtigkeit bewußt werden, weil man sie als die „normale", „natürliche", d.h. dem Betreffenden „aus seiner Natur" zukommende Aufgaben- und Pflichtenverteilung ansieht, die „strukturelle Gewalt" nicht als solche erkennt. (Vgl. Galtung 1975) So konnte etwa Aristoteles der Meinung sein, daß es eine Gruppe von Menschen gebe, die „von Natur" Sklaven sind. (Politik I,5 1255a1–2) Eine „soziale Frage" entsteht erst dann, wenn sich eine solche benachteiligte Gruppe oder Klasse dieser Ungleichheit bewußt wird und andere Lebensbedingungen fordert.

49 Hier wurden vorwiegend die *irrationalen Elemente* der Gesellschaftsbildung aus gemeinsamen Wertvorstellungen herausgearbeitet. Diesen irrationalen Prozessen liegen aber auch Sinnstrukturen zugrunde, die sich rational erklären lassen. Der einzelne kann nicht alle zu seiner Lebensbewältigung notwendigen Erfahrungen selber machen. Er muß sich auf das Urteil seiner Umwelt verlassen, das auf gesammelter, kollektiver Erfahrung beruht. Er wird bei den Gedanken und Wertvorstellungen anderer anknüpfen müssen, wenn er sich mit seinen Gedanken durchsetzen will. Er wird geneigt sein, Kompromisse zu schließen, um sich nicht den Aggressionen anderer auszusetzen. Der Gesetzgebung gehen lange Überlegungen der Experten voraus, wie ein Sachverhalt am besten geregelt wird, welche Sanktionen zur Aufrechterhaltung der sozialen Ordnung notwendig, welche Strafen angemessen sind.

§ 7 Sozialethik als philosophische Disziplin

50 Hinter den Fragen der positiven Sozialwissenschaften stellen sich die eigentlich philosophischen Probleme: Welche Realität liegt den Wert*vorstellungen* zugrunde, welche Objektivität entspricht dem „gemeinten Sinn"?
51 Die Sozialethik beansprucht als philosophische Disziplin einen eigenen *Gegenstandsbereich:* Sie grenzt sich ab gegenüber den „positiven" Sozialwissenschaften wie etwa:
– der *Soziologie* als einer deskriptiven Wissenschaft von der Gesellschaft (vgl. Matthes 1989);
– der Wissenschaft von der *Politik,* die zum Gegenstand die politische, d.h. machtmäßige Ordnung der Gesellschaft hat (vgl. Hättich 1988);
– den *Wirtschaftswissenschaften*, die sich mit der Frage befassen, in welcher Weise die Menschen die im Hinblick auf ihre Zielsetzungen alternativ verwendbaren knappen Mittel gewinnen und nutzen, d.h. wie sie „wirtschaften" (J. Heinz Müller 1963, 863);
– den *Rechtswissenschaften* (vgl. Hollerbach 1988).
52 Diese Einzelwissenschaften sind fast durchwegs entstanden aus einem erkenntnisleitenden Interesse, das man als „sozialethisch" bezeichnen könnte: aus dem Streben nach einer „guten" Gesellschaft. Sie unterscheiden sich von der Sozialethik jedoch darin, daß sie die Gesellschaft unter einer begrenzten Rücksicht betrachten. So haben die Rechtswissenschaften in erster Linie das tatsächlich geltende Recht, die Gesetze, zum Gegenstand und erst in zweiter Linie

die Gerechtigkeit dieser Gesetze unter der Rücksicht, ob sie auch dem Menschen gemäß sind.

53 Das eigentlich Philosophische, wodurch sich die Sozialethik von diesen Disziplinen unterscheidet, liegt darin, daß sie die Einzelphänomene in einen größeren Zusammenhang stellt. Sie untersucht also, inwieweit solche Institutionen *dem Menschen* insgesamt entsprechen, während die Einzelwissenschaften die Phänomene nur unter einem bestimmten Gesichtspunkt im Auge behalten.

54 Die Definition einzelner Institutionen ist nicht einfachhin beliebig. Die Sozialethik sucht gerade Gesichtspunkte zu erarbeiten, von denen her Institutionen mit dem Anspruch auf *objektive Geltung* definiert werden können. Wüßten wir beispielsweise genauer und im einzelnen, welche Eigentumsrechte dem Menschen „von seiner Natur her" zuträglich sind und zukommen, wären die aus einer solchen Definition sich ergebenden Pflichten leicht zu bestimmen.

55 Definitionen von Institutionen sind oft schon „geronnene" Vorstellungen darüber, was als normativ richtig in einer Gesellschaft angesehen wird. Sie lassen sich deshalb leicht in normative Gebote umformulieren. Nicht der Übergang vom Sein zum Sollen ist dann das eigentliche Problem der Sozialethik, sondern zureichende, nicht triviale und trotzdem allgemeingültige Definitionen menschlicher Institutionen.

56 Bei der Abgrenzung der Gegenstandsbereiche zwischen Einzelwissenschaften und Philosophie bleibt zu beachten, daß in fast allen diesen Sozialwissenschaften und bei aller Betonung der „Wertfreiheit" philosophische Überlegungen einzufließen pflegen: Der betreffende Wissenschaftler berücksichtigt – zumindest als *Grundlage* seiner Disziplin – bestimmte Gesichtspunkte philosophischer Art, auch wenn er sie nicht ausdrücklich als Philosophie kennzeichnet, weil sie ihm als solche oft gar nicht bewußt werden. Deshalb muß beachtet werden, inwieweit der Vertreter einer „positiven" Gesellschaftswissenschaft *als solcher* spricht oder inwieweit er sich immer auch schon *als Philosoph* äußert.

57 Es ist umstritten, ob es rein „positive" Sozialwissenschaften in diesem begrenzten Verständnis überhaupt geben kann. Für die „Wahrheit" einer sozialwissenschaftlichen Untersuchung genügt nicht nur die bloße *Richtigkeit*, daß ihre Aussagen zutreffen, d.h. den Tatsachen entsprechen, sondern der Wert einer derartigen Arbeit liegt vor allem darin, daß sie „wichtige" Zusammenhänge oder Gegebenheiten herausarbeitet. Gewöhnlich sucht ein Autor im Vorwort eines Buches die Ergebnisse seines Werkes in einen größeren Zusammenhang zu stellen und wird damit fast immer zum Philosophen, indem er zu zeigen versucht, daß sein Werk für andere von Nutzen und

Bedeutung ist. Diese *Bedeutung* für den Menschen ist das ausdrückliche Thema der Philosophie.

58 Beispiele:
   a) In der *Soziologie:* Welche Phänomene sind überhaupt für eine sozialwissenschaftliche Erkenntnis von Bedeutung? Was ist es wert, untersucht zu werden? Darf sich der Forscher jedwedem Erkenntnisinteresse gegenüber willfährig zeigen?
   b) In der Wissenschaft von der *Politik:* Im Hinblick auf welches Staatsverständnis werden die Fakten gesammelt? Wessen Herrschaftsansprüche werden betont, möglicherweise im Gegensatz zu den Rechten anderer?
   c) In den *Wirtschaftswissenschaften:* Welcher Begriff des „Wirtschaftswachstums" ist zu verwenden, der keine falschen Vorstellungen weckt?

§ 8 Sozialethik als normative Disziplin

59 Die Sozialethik behauptet, als eine *normative* philosophische Disziplin Werturteile mit dem Anspruch auf Wahrheitsgeltung formulieren zu können. Dieser Anspruch wird von vielen in Frage gestellt. In Deutschland wurden zwei große, leidenschaftlich geführte Debatten über die Möglichkeit wissenschaftlich begründeter Werturteile kontrovers ausgetragen: der sog. „Werturteilsstreit" von 1909 im Rahmen des Vereins für Socialpolitik (vgl. Albert – Topitsch 1979) und der „Positivismusstreit in der deutschen Soziologie" 1961 auf der Tübinger Arbeitstagung der Deutschen Gesellschaft für Soziologie (vgl. Adorno u.a. 1969). Die Diskussion wurde nie endgültig abgeschlossen. (Vgl. Kreuth 1989)

60 Klassisch geworden ist in diesem Zusammenhang ein Text von Max Weber aus der Werturteilsdebatte 1909:

„Zunächst: Ich kann jemandem, der mir mit einem bestimmten Werturteil entgegengetreten, sagen: mein Lieber, du irrst dich ja über das, was du selbst eigentlich *willst*. Sieh: ich nehme dein Werturteil und zergliedere es dir dialektisch, mit den Mitteln der *Logik*, um es auf seine letzten Axiome zurückzuführen, um dir zu zeigen, daß darin die und die ‚letzten' *möglichen* Werturteile stecken, die du gar nicht gesehen hast, die vielleicht sich untereinander gar nicht oder nicht ohne Kompromisse vertragen und zwischen denen du also *wählen* mußt. Das ist nicht empirische, aber *logische* Gedankenarbeit.

Nun aber kann ich ferner sagen: wenn du gemäß diesem bestimmten wirklich eindeutigen Werturteil im Interesse eines bestimmten Sollens handeln willst, *dann* mußt du, nach wissenschaftlicher Erfahrung, die und die *Mittel*

anwenden, um deinen, jenem Wertaxiom entsprechenden, Zweck zu erreichen. Passen diese Mittel dir nicht, so mußt du *wählen* zwischen Mitteln und Zweck.
Und endlich kann ich ihm sagen: du mußt bedenken, daß du, nach wissenschaftlicher Erfahrung, mit den für die Realisierung deines Werturteils unentbehrlichen Mitteln noch andere, unbeabsichtigte *Nebenerfolge* erzielst. Sind dir diese Nebenerfolge auch erwünscht; ja oder nein? Bis an die Grenze dieses ‚Ja' oder ‚Nein' kann die *Wissenschaft* den Mann führen – denn alles, was diesseits liegt, sind Fragen, auf welche eine empirische Disziplin oder aber: die Logik, Auskunft geben kann, – also rein wissenschaftliche Fragen. Dieses ‚Ja' oder ‚Nein' *selbst* aber ist *keine* Frage der Wissenschaft mehr, sondern eine solche des Gewissens, oder des subjektiven Geschmacks – jedenfalls eine solche, deren Beantwortung in einer anderen Ebene des Geistes liegt." (Weber 1910)

Der Wert einer solchen einzelwissenschaftlichen Analyse ist unbestritten. Kann aber auch die von Max Weber vorgenommene Eingrenzung überzeugen, es gebe keinerlei weitergehende Möglichkeit, Werturteile zu begründen? Verweigern die Sozialwissenschaften mit dem Ausklammern weiterreichender Fragestellungen der Gesellschaft möglicherweise Beiträge, die für sie lebensnotwendig sind, etwa: 61

a) Die *Soziologie:* Wie läßt sich eine gerechte, eine menschenwürdige, eine *gute Gesellschaft* umschreiben?
b) Die Wissenschaft von der *Politik:* An welchen *Zielen* sollte sich der Bürger bei politischen Entscheidungen orientieren?
c) Die *Wirtschaftswissenschaften:* Welche *Wirtschaftsordnung* kann als befriedigend angesehen werden? Welche Einkommensverteilung ist anzustreben? Welche menschlichen Ziele sind der Wirtschaftspolitik vorgegeben?
d) *Jurisprudenz:* Ist die Rechtsordnung selbst gerecht? Woher bezieht das *Grundgesetz* seine Verbindlichkeit?

Um solche Fragen ging es im sog. „Positivismusstreit". (Vgl. Kreuth 1989) Es wurde behauptet: Werturteilsfreie Sozialwissenschaft bedeutet schon eine Vorentscheidung zugunsten einer rein *technischen* Rationalität. Es besteht Gefahr, daß dieses Wissen dann die Machtposition der Herrschenden in einer Gesellschaft noch verstärkt. 62

Eine konträre Gegenposition wurde häufig im Namen des „Naturrechts" vorgetragen. Man kann sie „*Wertnaturalismus*" nennen: Wer die „Natur", nämlich das „Wesen" des Menschen und der Dinge richtig erkennt, vermag daraus auch die entsprechenden Werte und Pflichten abzulesen. Durch rationale Deduktion versuchten beispielsweise die „Naturrechtsphilosophen" des 17. und 18. Jahrhunderts (Pufendorf, Grotius), die geltenden Gesetze eindeutig aus dem 63

Naturrecht abzuleiten. Noch im neuscholastischen Naturrechtsdenken unseres Jahrhunderts glaubte man, ganz konkrete Probleme durch Deduktion aus Wesensbegriffen lösen zu können. Die tatsächlich feststellbaren Unterschiede der Rechts- und Gesellschaftsordnungen und damit auch der sittlichen Normen mußte man dann entweder als unwesentlich übergehen oder auf Irrtum, „verkehrte Neigungen, Verwahrlosung oder eine schlechte Erziehung" zurückführen (Cathrein 1890/91, 558; vgl. noch Schuster 1967, 241).

64 Auch in neueren soziologischen Ansätzen läßt sich beobachten, daß die rein beschreibende, „wertfreie" Analyse der funktionalen Rollenverteilung in einer Gesellschaft zugleich eine konservativbestärkende und damit ideologische Wirkung ausüben kann. Der Begriff „dysfunktional" erhält dann eine negativ wertende Färbung. (Vgl. etwa Parsons 1951)

65 Dahinter steht die Frage: Ist jede Ordnung, die sich rein faktisch aus dem Parallelogramm der Kräfte, aus dem Machtkampf um Einfluß usw. ergibt, so gut wie alle anderen? Gibt es über den gesellschaftlichen Wandel hinaus Werte, über die sich allgemeingültige und wahrheitsfähige Aussagen machen lassen?

66 Die herrschende Moral ist zweifellos bis zu einem gewissen Grad die Moral der Herrschenden, geht aber nicht darin auf. Der soziale Friede fordert zwar die Anerkennung der herrschenden Ordnung mit ihrem Wertesystem als eines objektiv gültigen und verpflichtenden. Aber wo liegen die Grenzen?

67 Gibt es über *Werte*, über Bestimmungen dessen, was für den Menschen wirklich gut ist, tatsächlich nur subjektive Meinungen oder nicht auch Verständigungsmöglichkeiten? Man kann über Werte streiten. Dabei geht man davon aus, daß auch bei gegensätzlichen Interessen eine Wahrheit gefunden werden kann, die durch Argumente die jeweilige Gegenseite zu überzeugen vermag. Wir mögen beispielsweise zwar keine allseits anerkannte und befriedigende Definition der Gesundheit des Menschen finden. Aber über die Krankheit und die Wege, sie zu überwinden, dürfte es Übereinstimmung geben. Selbst für die Bewertung von Kunstwerken – zugegebenermaßen ein schwieriges Feld – gibt es objektive Kriterien.

68 Voraussetzung für den Bestand einer Gesellschaft ist eine gewisse Übereinstimmung über ein *gemeinsames Wertsystem*, das ein verläßliches Handeln ermöglicht. In einer pluralistischen Gesellschaft hat sich aber eine solche inhaltliche Übereinstimmung über die letzten objektiven Werte immer mehr aufgelöst. Die politische Ordnung muß deshalb immer mehr begründet werden nicht in inhaltlicher Übereinkunft über letzte Werte, sondern in der Bejahung von formalen Verfahren, von prozeduralen Regeln, aus der einsichtigen Über-

zeugung heraus, daß ein Ausklammern der *letzten* Fragen aus der Politik möglich und zu einem friedlichen Zusammenleben sogar erforderlich ist. (Meyer 1995)

Das bedeutet keinen Indifferentismus der Bürger gegenüber diesen Werten! Im Gegenteil: Alle sind zu einem gesellschaftlichen Dialog über diese letzten Werte aufgerufen. Aber der politische Rahmen, innerhalb dessen sich dieser Dialog abspielt, sollte Raum für die verschiedenen religiösen Überzeugungen lassen. Nur was zum friedlichen Zusammenleben erforderlich ist, muß und darf verbindlich geregelt werden. Indem die Philosophie den großen Rahmen zu geben beansprucht, hat sie auch zu klären, bis zu welchem Ausmaß inhaltliche Übereinstimmung erforderlich ist. 69

Um es noch einmal zu betonen: Die Schwierigkeit, in der Sozialethik als einer normativen philosophischen Disziplin gültige Werturteile zu formulieren, liegt weniger in dem logischen Übergang vom Sein zum Sollen als vielmehr in der Problematik, allgemeingültige und trotzdem nicht triviale Einsichten in das Wesen des Menschen als solchen zu gewinnen. Wenn man weiß, was unbedingt seiner Natur entspricht, ist die normative Forderung unabweislich, daß man diese Natur auch im Handeln achten solle. Aber wer kennt den Menschen wirklich? 70

Kann die Sozialethik den Anspruch einlösen, unter dem sie angetreten ist? Läßt sie sich überhaupt methodisch einwandfrei betreiben? Auf welcher Ebene vermag sie gültige normative Aussagen zu machen? Diese Fragen lassen sich nicht durch subtile methodologische Überlegungen beantworten, sondern letztlich nur durch den Versuch, Sozialethik als Wissenschaft zu verwirklichen. 71

Zweiter Teil
Allgemeine Sozialethik

§ 9 Der Personbegriff als Ausgangspunkt der Sozialethik

72 Die allgemeine Sozialethik steht vor der Aufgabe, etwas ebenso Grundsätzliches und überzeitlich Gültiges wie Griffiges über den Menschen als Sozialwesen auszusagen. Was im ersten Teil, der Gegenstandsbestimmung der Sozialethik, als Frage umrissen wurde, soll jetzt systematisch ausgearbeitet werden. Was ist das: menschliche Gesellschaft oder Gemeinschaft? Dabei soll nicht näher zwischen „Gesellschaft" und „Gemeinschaft" unterschieden werden. Oftmals wird unter „Gemeinschaft" eine unreflex und organisch erfahrene soziale Realität verstanden, grundgelegt im „Wesenswillen", während „Gesellschaft" als das Ergebnis künstlicher, rationaler Kalkulation begriffen wird. (Vgl. Tönnies 1887)

73 In diesem zweiten Teil soll eine *Allgemeine Sozialethik* in dem Sinne dargestellt werden, daß das Gemeinsame aller sozialen Sachverhalte hervortritt und nicht eingeschränkt wird auf Teilbereiche wie die Wirtschaft oder die Politik. Im ersten Teil (§ 3) wurde schon auf die Bedeutung von *Institutionen* hingewiesen. Jetzt sollen diese Überlegungen vertieft werden, besonders im Hinblick auf *verfestigte* Institutionen mit eigener Rechtspersönlichkeit. Was ist das: eine „juristische Person", die ähnlich wie reale Personen Rechte auszuüben und Pflichten zu erfüllen vermag, die entstehen und vergehen kann, die eine relative Unabhängigkeit von den sie bildenden „physischen" Personen besitzt?

74 Der *inhaltliche* Ausgangspunkt kann nur der real existierende Mensch sein. Alle Analogien, die Gesellschaften oder Gemeinschaften mit Organismen vergleichen, sind zunächst nur *Bilder*. Auch Vergleiche mit tierischen Gesellschaftsformen wie etwa die Bienenfabel von Bernard de Mandeville (1714) bergen die Gefahr in sich, daß dadurch zwar interessante Teilaspekte in den Blick kommen, andere, vielleicht wichtigere Gesichtspunkte aber verdeckt werden und damit das eigentlich *Menschliche* an menschlichen Vergesellschaftungsformen verfehlt wird.

75 Der *formale* Ausgangspunkt ist unbezweifelbar: Jedes Sozialgebilde ist eine Viel-Einheit, eine Einheit bestehend aus vielen Menschen. Zunächst muß hier die Eigenart dieser Viel-Einheit, die in sehr verschiedenen Formen menschlicher Gesellschaften verwirklicht sein kann, herausgestellt werden. Worin unterscheidet sich diese Viel-Einheit von anderen ähnlichen Phänomenen? Wer ist der Mensch,

das Grundelement dieser Viel-Einheit? Jede Sozialphilosophie und Sozialethik muß von einer philosophischen Anthropologie ihren Ausgang nehmen. Daher sei hier vorgeschlagen, den Menschen wesentlich als *Person* zu definieren.

Dieser Ansatz liegt auf einer sehr hohen Ebene der Abstraktion. Selbst der grundlegende Unterschied zwischen Mann und Frau wird vernachlässigt, ohne daß damit behauptet werden sollte, er sei sozialethisch unerheblich. (Vgl. Heimbach-Steins 1993) Die Aufmerksamkeit richtet sich also auf Elemente, die allen Menschen als Menschen gemeinsam sind. Man wird dann aber darauf achten müssen, den weiten Mantel dieses Begriffs nicht mit partikulären Elementen auszufüllen, beispielsweise den Mann als Paradigma des Menschen überhaupt anzusehen. – In diesem Zusammenhang wird häufig das Wort „Menschenbild" verwendet, von dem man bei jeder Theorie des Sozialen ausgehen müsse. So berechtigt der dahinter liegende Gedanke ist, so weckt der Ausdruck „Menschenbild" doch die Vorstellung von etwas Konkretem, Anschaulichem (wie etwa: „Das Menschenbild der Renaissance") und kann dazu verführen, die in einem bestimmten *historischen* Menschenbild verkörperten Wesenszüge zu verallgemeinern.

Der Begriff der Person als philosophischer und theologischer Fachausdruck hat sich *geschichtlich* erst im christlichen Denken herausgebildet, und zwar im Zusammenhang mit christlichen Offenbarungsgeheimnissen im strengen Sinn: der Inkarnation und der Trinität. Er dient als Gegenbegriff zur „Natur". 76

Zur begrifflichen Aufhellung des Geheimnisses der *Dreifaltigkeit* sagt die christliche Theologie, daß drei göttliche Personen, nämlich Vater, Sohn und Heiliger Geist, eine einzige göttliche Natur besitzen. Es sind also voneinander verschiedene letzte Träger einer einzigen gemeinsamen Wesenheit. In der Interpretation des Geheimnisses der *Menschwerdung* sagt die Theologie, daß eine identische Person, der Gottmensch Jesus Christus, zwei Naturen besitzt: Jesus Christus, wahrer Mensch, ist zugleich der dem Vater seit Ewigkeit wesensgleiche Sohn und damit wahrer Gott. (Ausführlicher zum Personbegriff: Pannenberg 1961, 230–235; Kern 1988, 333f.)

Was damit gemeint ist, läßt sich am einfachsten dadurch ausdrücken, daß man die Fragen formuliert, auf die diese Begriffe Antwort geben sollen: „Wer bist du?" Die Frage zielt auf die *Person* („Ich bin Marianne.") Anders die Frage „Was bist du?" Hier wird in der Antwort die *Natur* angegeben („Ich bin ein kleines Mädchen.") Person ist der letzte Träger von Eigenschaften; die Summe dieser Eigenschaften macht die Natur aus. 77

Elemente des Personbegriffs: 78
a) *Einmaligkeit* und Unverwechselbarkeit des Wesens, das „ich"

sagen kann: Es gibt in der Wirklichkeit keinen „Doppelgänger", der einem anderen in jeder Beziehung gleich wäre. Gerade in ihrer Personalität sind sie nie völlig gleich.

b) *Selbstand:* Eine Person ist sich bewußt, nicht bloßer Teil eines andern, etwa eines größeren Ganzen, zu sein.

c) *Träger* seiner Handlungen: Nicht „Es denkt in mir", sondern „Ich denke" – obgleich wir auch erfahren, daß „es-hafte" Prozesse in unserem Bewußtsein ablaufen, die wir nur wenig zu steuern vermögen.

d) *Freiheit:* Der Mensch als Herr seiner Akte ist Ursache dessen, was nur von ihm abhängt.

e) *Verantwortlichkeit:* Die Folgen unserer Handlungen werden uns zugeschrieben; wir müssen dafür einstehen.

f) *Gewissen:* In uns selber finden wir eine Instanz, die uns in diese Verantwortung ruft.

g) *Einsamkeit:* Vor dieser Gewissensinstanz kann uns kein anderer vertreten.

h) *Geworfenheit:* Fremdursprung und Sterbenmüssen. Der Mensch existiert nicht aus sich selbst. (Vgl. Höffner 1983)

79 Der *traditionelle* Personbegriff geht zurück auf Boethius: „Naturae rationabilis [Migne: rationalis] individua substantia." (Tract. V, 3, Hg. Elsässer 1988, 74, vgl. 129f.) Er wurde vertieft durch Thomas von Aquin: „Naturae rationalis individua subsistentia." (S. Theol. I qu. 29, art. 1; De potentia qu. 9) Dabei ist ein *Bedeutungswandel* des Personbegriffs unübersehbar: Während im Altertum und Mittelalter der Gedanke im Vordergrund stand, Person sei der *letzte Träger* der menschlichen Natur, wird in der Neuzeit stärker die *Geistigkeit* und *Freiheit,* also die Geist-„Natur" des Menschen als für den Personbegriff typisch betont. (Vgl. Müller – Halder 1961, 198) Person im modernen Verständnis ist mehr als nur das Exemplar einer Gattung, „Fall" einer grundsätzlich wiederholbaren „Natur", sondern ein Wesen, das sich allem Seienden noch einmal gegenüberstellen kann – wenngleich sich seine Freiheit nur im Durchgang durch seine „Natur" verwirklicht, ohne darin aufzugehen.

Man wird sich darüber klar sein müssen, daß mit der Definition des Menschen als „animal rationale" schon eine folgenreiche Vorentscheidung getroffen ist. Der Mensch wird nämlich damit definiert im Ausgang von seiner Ähnlichkeit mit dem Tier, von seiner biologischen Natur, seiner Materialität. Nun entspricht das zweifellos der Art, wie wir die Dinge auffassen, nämlich vom „intelligibile in sensibili" her. Könnte man aber nicht auch umgekehrt vorangehen und den Menschen als ein in die Materialität eingetauchtes Geistwesen definieren, also als „Geist in Welt" (Rahner 1957)? Jedenfalls läßt sich dieser Ansatz als „naturrechtlich" wenigstens in dem

Sinn bezeichnen, daß die „Natur" des Menschen als Person zum Ausgangspunkt der systematischen Überlegungen genommen wird.

§ 10 Gesellschaftlichkeit als Bedürftigkeit

Als ein wichtiges allgemeines Kennzeichen des Menschen fällt die große *Abhängigkeit* des einzelnen von seinen Mitmenschen auf, beginnend mit der individuellen Entwicklung: Der Mensch tritt ins Leben als ein kleines Kind („Nesthocker") mit einer überlangen Zeit der Angewiesenheit auf die Pflege seiner Eltern (Adolf Portmann). Diese Abhängigkeit betrifft nicht nur seine körperlichen, sondern mehr noch seine seelischen Bedürfnisse: Wenn ein Kind nicht die Wärme der Mutterliebe oder wenigstens die warme Aufmerksamkeit eines Menschen verspürt, der Mutterstelle vertritt, dann verkümmert es, verweigert die Nahrungsaufnahme, stirbt. Schon der Säugling ist darauf angewiesen, mit einem bestimmten Menschen seelischen Kontakt aufzunehmen. Eine Kinderklinik mag noch so gut geführt und mit allen medizinischen und hygienischen Geräten ausgestattet sein. Wenn das Pflegepersonal dauernd wechselt, erleidet das Kind dennoch schwere psychische Schädigungen (Hospitalismus). (Vgl. Bowlby 1952; Spitz 1976 und 1985) 80

So kann der Mensch, betrachtet unter dem Gesichtspunkt seiner biologischen Tauglichkeit, als ein *Mängelwesen* erscheinen, das für den „Kampf ums Dasein" nur ungenügend ausgerüstet ist. Er ist nicht wie das Tier einer natürlichen Umwelt eingepaßt, nimmt nicht wie das Tier aus der möglichen Fülle der Weltinhalte nur bestimmte Ausschnitte wahr, welche seinen Lebensbedingungen entsprechen, wird auch nicht nur gemäß diesen engen Ausschnitten tätig; er ist vielmehr der offenen Sphäre unbegrenzter Eindrücke ausgeliefert. Damit erscheint seine Weltoffenheit zunächst als Unangepaßtheit und Belastung. (Gehlen 1986) 81

Aber auch der Erwachsene ist in vielfältiger Weise auf die Hilfe anderer Menschen angewiesen. Er erfährt sich als Geschlechtswesen, das der Ergänzung durch den anderen bedarf und fähig ist. Er kann nur durch *Arbeitsteilung* im Zusammenwirken mit anderen seine Existenz sichern. Das ist nicht nur das Ergebnis einer zivilisatorischen Entwicklung, sondern *grundsätzlich* so: Selbst Robinson Crusoe, eine idealtypische Figur der Dichtung, war geprägt durch eine bestimmte Kultur und Tradition und hätte sich ganz allein vermutlich gar nicht lange am Leben zu erhalten vermocht. 82

Systematisch kann man verschiedene *soziale Triebanlagen* unterscheiden. Empirische Beobachtung bestätigt, daß in bestimmten 83

Situationen, die Hilfeleistungen erfordern, die Menschen spontan bereit sind, für das Wohlergehen anderer zu sorgen. Dieses bemerkenswerte Phänomen wird auf verschiedene Weise erklärt:
a) *Biologische* Erklärungsansätze: Von Darwins *Abstammungslehre* her läßt sich verstehen, daß Lebewesen, die sich untereinander verständigen und kooperieren, besser gedeihen und auch in der Fortpflanzung erfolgreicher sein werden. (Vgl. Schuster 1988, 25)
Von der *Vergleichenden Verhaltensforschung* wird die Beobachtung beigesteuert, daß auch bei Tieren verschiedene angeborene „altruistische" Instinkte und Verhaltensweisen existieren, die das Fortkommen der Art begünstigen, etwa die Hilfe für Nachkommen in Form von Brutpflege und Brutfürsorge, die sich experimentell nachweisen lassen und übrigens geschlechtsspezifische Unterschiede aufweisen. (Ebd. 27–33)
Die *humanethologische Forschung* überprüft diese Ergebnisse für den Menschen, etwa im Hinblick auf die Motive Anschluß, Geselligkeit, Fürsorglichkeit. Beispielsweise scheint nicht nur beim Tier, sondern auch beim Menschen das weibliche Geschlecht ein empfindsameres Gefühl für Notlagen anderer zu haben. (Ebd. 33–43, bes. 43, Fn. 64)
Schließlich gibt die *Soziobiologie* eine Erklärung dafür, wie sich ein scheinbar „altruistisches" Verhalten „auszahlt" im Hinblick auf das Überleben der Gene.
b) *Psychoanalytische* Erklärungsansätze führen prosoziales Verhalten eher pessimistisch auf kulturellen Zwang (Sigmund Freud) oder auf Mitgenuß an der Triebbefriedigung anderer zurück. Die Neoanalyse hingegen betrachtet Empathie und Sympathie als Ausdruck der dem Menschen innewohnenden Liebesfähigkeit.
c) *Lerntheoretische* Erklärungsansätze: Prosoziale Motive können erlernt werden. Ausgangspunkt ist häufig die Urreaktion Weinen. Selbstverstärkungs- und affektiv-kognitive Selbststeuerungsprozesse sind für den Erwerb und die Ausführung prosozialen Verhaltens und die Wirksamkeit prosozialer Motive bedeutsam. Hier ist auch der Ansatzpunkt für *freie* Entscheidungen des Menschen: sich gemäß seinen eigenen Vorstellungen zu verhalten und zu bestimmen. Ein prosoziales Motiv wird um so mehr wirksam, je mehr es einen Wert für die Person darstellt.
d) *Kognitionspsychologische* Erklärungsansätze schenken den kognitiven Prozessen, die in den Personen ablaufen, besondere Beachtung. Der Mensch setzt sich auf verschiedenen Ebenen mit den an ihn herangetragenen sozialen Einstellungen auseinander und integriert sie möglicherweise in sein eigenes Wertsystem. (Vgl. Schavan 1983; Kohlberg 1981/84)

§ 11 Gesellschaftlichkeit als Reichtum

Nach dem bisher Gesagten könnte man die menschliche Sozialanlage in der folgenden Weise zu deuten versucht sein: In seinem Kern ist der Mensch Person, geistiger Selbstbesitz. Als Person steht jeder in seinem Gewissen unmittelbar und einsam vor Gott. Vielfältige Bedürfnisse seines *Leibes* jedoch verweisen ihn auf den Mitmenschen, von dem er in ähnlicher Weise abhängig ist wie das Tier von seinen Artgenossen. Da zum vollen Menschsein auch der Leib gehört, kann und darf der einzelne sich nicht den Pflichten des Gemeinschaftslebens entziehen. Dennoch entspringen diese Pflichten nicht eigentlich seinem geistigen Personkern, sondern können gewissermaßen wie letzte Überbleibsel einer stammesgeschichtlichen Höherentwicklung als „nur der Leibnatur zugehörig" abgewertet werden. Gesellschaftsleben wird dann begründet aus reiner Zweckmäßigkeit zur Befriedigung der leiblichen Bedürfnisse und Triebe des Menschen. 84

Eine solche Anthropologie wird aber der menschlichen Gesellschaftlichkeit nicht gerecht. Schon die *Zweiteilung* des Menschen in einen rein geistigen Personkern und eine ihm äußere Leiblichkeit ist fragwürdig. Vor allem aber geht diese Deutung am eigentlichen Wesen der menschlichen Gesellschaftlichkeit vorbei, die in erster Linie im Geistigen, in der Personalität, begründet werden muß. 85

Schon die empirische Psychologie zeigt uns, daß das *Personbewußtsein,* der geistige Selbstand, sich nur im Dialog mit dem Du entwickelt. Der Mensch ist seinem Wesen, seiner Natur nach auf geistige Gemeinschaft mit einem Du ausgerichtet. Die Dialogphilosophie (Martin Buber, Ferdinand Ebner u.a.) hat diesen Ansatz systematisch weiterentwickelt. (Vgl. Theunissen 1965) 86

Gerade das eigentlich *geistige* Leben des Menschen kann sich nur im Austausch mit anderen entfalten, im Dialog, im Geben und Nehmen, in der Lebenswelt einer gemeinsamen Kultur, in der Hinwendung zum Du in der Liebe. Ihren Ausdruck findet die soziale Anlage des Menschen in der *Sprache.* Wir Menschen leben und denken als Geistwesen in einer begrifflichen Sprache, die wir von anderen übernehmen, mit anderen gemeinsam brauchen und für andere weiterbilden. Im Sprechen, und wäre es auch nur das innerste Sprechen mit Gott im Gebet, kommen wir ganz „zu uns selbst", drücken wir uns ganz aus, kommen wir „ins Eigene". 87

Somit darf die menschliche Gesellschaftlichkeit nicht als reine Bedürftigkeit mißverstanden werden, sondern sie ist *Reichtum,* innere Fülle. Vor allem anderen bedeutet die Sozialanlage des Menschen die geistige Fähigkeit, sich mitzuteilen, sich dem anderen zu eröff- 88 nen, sich zu verschenken, allerdings so, daß diese Möglichkeit erst durch den anderen geweckt wird. Durch ihn kann sich der Mensch entfalten, sein eigenes Wesen finden, zu sich selbst kommen. Wohl am tiefsten wird das in der Liebe zwischen den Geschlechtern erfahren. Der einzelne erfährt eine Wesenserfüllung, die ihm allein unmöglich wäre, in der Gemeinschaft mit anderen. Das ist wohl gemeint mit der These des Aristoteles: Der Mensch ist ein soziales Wesen. (Politik 1253 a 1–2)

89 Als Zwischenergebnis ist also festzuhalten: Die Sozialität, die Verwiesenheit auf andere, ist dem Menschen nicht äußerlich, sondern durchdringt seine innersten geistigen Anlagen und Möglichkeiten. Eine Gesellschaftstheorie verfehlt diese Wesensanlage, wenn sie die Gesellschaft auf rein interessenbedingte, zweckrationale Bedürftigkeit aufzubauen versucht. Vielmehr ist der Mensch gerade in den Werten, die seinem Dasein Sinn und Lebenserfüllung verleihen, Gesellschaftswesen: Werte sind das *Gemeinsame,* Verbindende, Gesellschaft Begründende.

90 *Wertmöglichkeit* und *Zielmöglichkeit* bilden die Grundlage menschlicher Gemeinschaft. In der Gemeinschaft erfährt der einzelne eine Bereicherung, die Erfüllung seines eigenen Wesens, die ihm aus einem Handeln zuwächst, das auf andere ausgerichtet ist. Diese Erfahrung kann recht unreflex dem eigenen Handeln zugrundeliegen, kann auch in biologischen Anlagen begründet sein. (Vgl. Schuster 1988) Spezifisch menschlich ist dieses sozial ausgerichtete Handeln genau dann, wenn der einzelne auch geistig *bewußt* diese Zielmöglichkeiten erfaßt und *bejaht,* wenn das Ziel, der gemeinsame Wert, sein Handeln beeinflußt und modifiziert und er sich den gemeinsamen Werten gegenüber verpflichtet weiß.

Zielwichtigkeit, Zielwürdigkeit, Zielnotwendigkeit bilden den sittlichen Maßstab sozialen Handelns. Vom gemeinsam zu verwirklichenden Wert aus entscheidet sich, welche sittliche Bedeutung und welche Verpflichtungskraft einem sozialen Handeln zukommt.

Aus der Zielwürdigkeit ergibt sich auch die *Wertbefruchtung* des sozialen Tuns des einzelnen durch die Ausrichtung auf das gemeinsame Ziel.

Darin liegt aber auch die *Wertbegrenzung.* Der einzelne kann nur insoweit zu einem bestimmten sozialen Handeln verpflichtet werden, als es das gemeinsame Ziel erfordert.

§ 12 Eine Definition menschlicher Gesellschaft

Bisher wurde die menschliche Sozial*anlage,* die Gesellschaftlichkeit 91
des Menschen analysiert. Nun soll vom Sozialen im engsten Sinne
die Rede sein, nämlich von seiner Verwirklichung in institutionell
verfaßten Gesellschaften und Gemeinschaften. Eine Vielheit von
Menschen, die durch ihre soziale Anlage auf gesellschaftliches Leben hin ausgerichtet sind, bildet als solche noch keine Gemeinschaft
oder Gesellschaft. Wodurch genau wird aus einer Vielheit von Menschen ein wirkliches Sozialgebilde?

Methodisch ist es nicht einfach, dieses „Soziale" begrifflich scharf 92
zu fassen, weil der Mensch schon immer in sozialen Institutionen
lebt, jedenfalls in einer politisch verfaßten Gesellschaft mit einem
gewissen Rechtssystem. Dieses „Soziale" durchwaltet sein ganzes
Denken und Handeln.

Im Anschluß an das in § 9 Gesagte wird hier eine *finale Theorie* 93
menschlicher Gesellschaftlichkeit vorgeschlagen. In diesem Sinne
läßt sich menschliche Gesellschaft (oder Gemeinschaft) definieren
als „jede dauernde, wirksame Verbundenheit von Menschen in der
Verwirklichung eines gemeinsamen Zieles oder Wertes" (Nell-Breuning 1954, 2).

Entscheidend ist der Ausgangspunkt aller Sozialphilosophie: Die 94
konkrete Wirklichkeit der *Vielzahl von Personen*. Nicht der abstrakte *Begriff* vom Menschen, wie er sich in verschiedenen Individuen
als ein identischer verwirklicht, nicht die „Gattung Mensch", sondern die jeweils existierenden Menschen in ihrer Verschiedenheit
bilden eine Gesellschaft.

Der Begriff der Gesellschaft kann immer noch in zwei verschiede- 95
nen Bedeutungen verstanden werden:

a) Gesellschaft ist einmal *konkret* der Komplex vergesellschafteter
   Individuen, die Vielzahl der Personen, das gesellschaftlich geformte „Menschenmaterial", wie es die historische Wirklichkeit
   ausmacht;
b) Gesellschaft kann auch *abstrakt* verstanden werden als die Summe jener Beziehungsformen, vermöge deren aus den Individuen
   erst eine Gesellschaft wird.

Ähnlich bezeichnet man als „Kugel" einmal eine bestimmt geformte
konkrete Materie, dann aber auch die abstrakte mathematische Form
selbst, vermöge welcher aus der Materie die Kugel im ersten Sinne
wird. (Vgl. Simmel 1908, 10)

Soweit nicht anders vermerkt, soll im folgenden „Gesellschaft" im 96
ersten Sinne gebraucht werden, insofern sie auch die konkreten
Menschen mitumfaßt, nicht nur die gesellschaftliche Organisations-

form als solche. Die Tragweite dieser Unterscheidung leuchtet unmittelbar ein: Wer „die Gesellschaft", „den Staat", „die Kirche" den sie bildenden Menschen gegenüberstellt, kann leicht zu falschen Schlüssen gelangen.

97 Zur Bildung einer Gesellschaft wird die oben erwähnte Wert- und Zielmöglichkeit und Zielwichtigkeit vorausgesetzt, d.h. eine Situation, in der ein Zusammenschluß im Hinblick auf ein Zusammenwirken als für alle Beteiligten vorteilhaft erscheint. Diese Gemeinsamkeit der Situation ist die *Grundlage* einer Gesellschaft.

98 Die tatsächlich gegebene Situation allein genügt aber noch nicht als Voraussetzung für die Bildung einer Gesellschaft. Darüber hinaus müssen sich die Menschen dieser Situation auch *bewußt* geworden sein, also der Möglichkeit, durch Zusammenwirken für alle eine bessere Lage zu schaffen. Die eigentliche Gründung der Gesellschaft erfolgt erst in dem Augenblick, da die vielen, die sich ihrer gemeinsamen Lage und der Notwendigkeit des Zusammenwirkens bewußt geworden sind, sich *verpflichten,* durch abgestimmtes Handeln dieses Ziel auch tatsächlich anzustreben. Diese Verpflichtung auf ein als gemeinsam erkanntes Ziel ist das eigentliche formale Band, durch das eine Gesellschaft ins Leben tritt. Der Mensch besitzt die Fähigkeit, ein reales Ziel als ein *identisches* zu erfassen und anzustreben, auf das die *verschiedenen* Individuen ausgerichtet sind. Es ist dann gegenwärtig in den verschiedenen Individuen, und diese können sich willensmäßig binden, dieses eine Ziel gemeinsam zu verwirklichen.

99 Damit soll nicht der Eindruck erweckt werden, Gesellschaftsbildung sei eine Sache der kalten Rationalität, in der die Gefühle keine wesentliche Rolle spielten. Die emotionalen Elemente gehen vielmehr einerseits bereits über die Voraussetzungen in die Gesellschaftsbildung ein. Zum anderen kann gerade im Akt der Bindung ein tiefes Ethos zum Ausdruck kommen, durch das der einzelne sich für eine Gesellschaft personal engagiert. Ausgeschlossen werden durch die oben gegebene Definition nur Formen der Gemeinsamkeit, die nicht vom personalen Ich bejaht und nachvollzogen werden können.

100 Schließlich bedarf eine Gesellschaft oder Gemeinschaft noch einer äußeren funktionsfähigen Organisation und einer gemeinsamen *Autorität*, um die konkreten Mittel zur Erreichung des Zieles auswählen und bestimmen zu können. Auch bei voller Übereinstimmung über das Ziel sind oft immer noch verschiedene Wege denkbar, auf denen es erreicht werden kann. Diese Autorität kann in verschiedener Weise ausgeübt werden: streng autoritär von oben oder basisdemokratisch mit anarchistischen Zügen von unten. Dabei sind die verschiedensten Zwischenstufen denkbar. Es muß nur die Funktions-

fähigkeit der Gesellschaft gesichert sein. Diese Analyse läßt sich nun anwenden auf die verschiedenen Formen, in denen sich menschliche Gesellschaften und Gemeinschaften bilden. Ein klassisches Beispiel ist die Art und Weise, wie in der Arbeiterbewegung des 19. Jahrhunderts Gewerkschaften entstanden sind.

Bestimmte Gesellschaften wie Staat und Familie werden von der 101 traditionellen Sozialphilosophie als naturhaft vorgegeben betrachtet, als sog. „natürliche Gesellschaften". Das bedeutet, daß der einzelne von vornherein in einen Staat und in eine Familie hineingeboren wird („natürlich" von lat. nasci = geboren werden) und die damit verbundenen Rechte und Pflichten erst langsam und mühsam lernen muß, aber nicht gefragt wird, ob er „beitreten will". Bei allen anderen Gesellschaften läßt sich immerhin genau angeben, wann aus der Vielheit von Individuen eine neue, stabile Gesellschaftsform entstanden ist oder wann einer die Mitgliedschaft darin erworben hat. Entscheidend sind die Rechte und Pflichten im Hinblick auf ein am gemeinsamen Ziel ausgerichtetes Tun, die ein Mitglied übernimmt. Sie binden dabei wechselseitig den einzelnen an die Gesellschaft und die Gesellschaft an den einzelnen. In vielen Fällen beschränken sich die Pflichten auf die Zahlung des Mitgliedsbeitrags.

§ 13 Gesellschaftliches Sein als Ordnungssein

Die bisher vorgelegte Auffassung von menschlicher Gesellschaft 102 erscheint zunächst als fast selbstverständlich und inhaltsarm. Darum seien zwei Gesichtspunkte noch einmal ausdrücklich betont, die durch die vorliegende Definition festgehalten und miteinander verbunden werden: a) die Personwürde, b) die wesentlich soziale Ausrichtung des Menschen.

a) Die Personwürde: Der Mensch besitzt durch seine Personwürde einen letzten Selbstand und Selbstwert, durch den er nie zum *bloßen Teil* eines größeren Ganzen und darum auch nie zum *bloßen Mittel* für irgendwelche Zwecke erniedrigt werden darf. Dieser Ausgangspunkt macht das eigentlich *ethische* Element dieser Sozialethik aus.

Das bedeutet: Die Gemeinschaft *als solche*, das heißt, insofern sie (wie die Kugelform der sie bildenden Materie) den sie bildenden Personen gegenübergestellt wird, reicht als etwas Nicht-Personhaftes nicht an die Würde der Person heran, hat reinen Dienstwert, der von der Würde der Personen abgeleitet wird. Es widerspricht der Personwürde, den Menschen einem nicht-personalen Wert unterzuordnen, sei dies der Wert der „Nation", der geschichtlichen Entwicklung, der Weltrevolution usw. Auch ein abstrakt gefaßtes „Gemeinwohl", insofern es dem Wohl der die Gemeinschaft bildenden Menschen gegenübergestellt wird, ist kein Ziel, dem das Wohl des einzelnen vollkommen untergeordnet werden dürfte.

Trotzdem kann die Gemeinschaft vom einzelnen Opfer fordern, vielleicht bis hin zum Einsatz des eigenen Lebens – etwa in Katastrophen oder zur Landesverteidigung. Der Grund dafür liegt aber nicht in einer Höherwertigkeit der abstrakten Gemeinschaft als Gemeinschaft, auch nicht in der Höherwertigkeit eines Menschen über den anderen oder einer Vielzahl von Menschen über den einzelnen, sondern in der Sozialnatur der sittlichen Persönlichkeit des einzelnen, in deren Ausrichtung auf das soziale Zusammenleben mit anderen und auf solche gesellschaftlichen Werte.

b) Die wesentlich soziale Ausrichtung des Menschen: Andererseits kommt menschliche Gesellschaft nicht zustande durch den bloßen „Kürwillen" der Individuen, die sich gemeinsame Ziele setzen und diese möglichst zweckmäßig zu erreichen suchen. Der Mensch ist *wesentlich* konstituiert durch das *Mit-Sein,* durch Gemeinschaft mit anderen. Gesellschaft ist kein bloßes Vorstellungsgebilde, kein reines „ens rationis", sondern eine echte Wirklichkeit, wenn auch eigener Art.

103 Das Wort „Mit-Sein" wird in verschiedenem Sinne verwendet. Es läßt sich im Sinne Martin Heideggers verstehen als ein allgemeines menschliches Existenzial, durch das der Mensch wesentlich als ein auf andere Bezogener lebt. Das Mit-Sein in diesem Sinne ist etwas mit dem Mensch-Sein wesenhaft Verbundenes. Heidegger sagt dazu: „Das In-Sein ist *Mitsein* mit Anderen." (Heidegger 1927, 118) „Dieses Mitdasein der Anderen ist nur innerweltlich für ein Dasein und so auch für die Mitdaseienden erschlossen, weil das Dasein wesenhaft an ihm selbst Mitsein ist" (ebd. 120), „weil Dasein als Mitsein das Dasein anderer in seiner Welt begegnen läßt. Mitsein ist eine Bestimmtheit des je eigenen Daseins" (ebd. 121). „Als Mitsein ‚ist' daher das Dasein wesenhaft umwillen Anderer" (ebd. 123).

104 Man kann aber auch von Mit-Sein reden, um das spezifische Sein einer bestimmten menschlichen Gemeinschaft zu bezeichnen, also das formale Element, wodurch aus den vielen eine Gesellschaft oder Gemeinschaft wird. In diesem zweiten Sinne entsteht ein neues Mit-Sein erst, wenn eine bestimmte Gesellschaft oder Gemeinschaft gebildet wird. Im folgenden geht es vor allem um das Mit-Sein im zweiten Sinne, nämlich um das Sein, das einer konkret existierenden Gesellschaft oder Gemeinschaft als solcher zukommt. (Vgl. Brugger 1956)

105 Das eigentliche Sein eines gesellschaftlichen Gebildes (in Gegenüberstellung zu den es bildenden Menschen) besteht darin, *Ord-*

nungseinheit zu sein. Gesellschaft ist eine Viel-Einheit, in der die vielen Personen ihren Selbstand behalten. Das formale Element, das in den vielen Personen verwirklicht ist, besteht in der Ausrichtung auf einen gemeinsamen Wert, ein gemeinsames Ziel, das die Glieder der Gesellschaft als Geistwesen erkennend und strebend zu verwirklichen übernommen haben. Gesellschaft besteht also nicht etwa in den vielfältigen Beziehungen der verschiedenen Mitglieder zueinander. Aus dieser Vielzahl von Relationen ergäbe sich noch keine *einheitliche* Gesellschaft. Diese besteht vielmehr aus einer Vielheit von Beziehungen auf einen gemeinsamen Zielwert hin, der als solcher eine Identität besitzt. Weil der Mensch, der als Geistwesen in sich eine Einheit besagt, ihn als solchen erkennen und anstreben kann, dieser Zielwert also als ein Eines in den vielen Personen vervielfältigt existiert, darum ist Gesellschaft möglich. Eine solche Beziehungseinheit vieler auf ein einziges nennt man aber eine Ordnungseinheit.
Es bleibt noch genauer zu bestimmen, worin das Einheitsprinzip 106 einer Gesellschaft besteht. Die Beziehung der vielen Glieder der Gemeinschaft auf das Ziel, um dessentwillen die Gemeinschaft gebildet wurde, läßt sich in verschiedener Weise denken:

a) Als eine Beziehung in der *körperlichen Ordnung*, etwa ein Ortsverhältnis oder eine kausale Abhängigkeit. Dies trifft offenkundig nicht zu: Gemeinschaft ist als solche kein Kausalverhältnis, wie Atome sich gegenseitig beeinflussen. Nicht die Tatsache, daß einer an einem bestimmten Ort geboren wurde, macht ihn zum Bürger eines Staates, sondern vielmehr das Gesetz, das bestimmte Rechte und Pflichten dem verleiht, der an einem bestimmten Ort geboren wurde.

b) Die Gemeinschaft als solche beruht auch nicht auf bloß *biologischen* Relationen. Im Instinkt grundgelegte Zielausrichtungen können zwar bei der Konstitution einer Gesellschaft oder Gemeinschaft eine Rolle spielen, weil der Mensch auch seiner Leibnatur nach Gemeinschaftswesen ist. Aber bloße Rudelhaftigkeit mag vielleicht bei Massensuggestionen eine Rolle spielen, nicht aber bei der Gründung einer echt menschlichen Gemeinschaft.

Eine gültige Ehe kann zwar nicht geschlossen werden, wenn bei einem der Partner Impotenz vorliegt. Aber auch hier befinden wir uns noch nicht in dem für soziale Institutionen eigentlich konstitutiven Bereich, sondern im Bereich der Vorbedingungen. Was eine gültige Ehe ausmacht ist die aus der Konsenserklärung entstehende Bindung, die zwar biologische Voraussetzungen hat, aber nicht aufgrund dieser Voraussetzungen existiert. Das eigentlich formale Element menschlicher Vergesellschaftung muß im *spezifisch* menschlichen, personalen Bereich gesucht werden.

c) Auch im Geistigen lassen sich noch verschiedene Möglichkeiten denken: Man könnte Gemeinschaft im gemeinsamen *Tun* konstituiert sehen, also in einem Tun, das ein gemeinsames Ziel anstrebt. Beispiel: Zusammenwirken bei einer Autopanne. Hier sind alle Merkmale einer echten Vergesellschaftung gegeben außer der Beständigkeit.

d) Auch eine Einheit der *Gesinnung,* eine Übereinstimmung im Denken und Fühlen, reicht noch nicht aus. Es fehlt nämlich ein einigendes Band, weil an sich jeder, sobald es ihm einfällt, seine Gesinnungsfreunde wieder verlassen und seine eigenen Wege gehen könnte. Allerdings muß diese Bindung nicht immer ausdrücklich sein, und insofern könnte man auch schon in einer Gesinnungsfreundschaft eine echte Gemeinschaft begründet sehen.

e) In dieser sittlichen *Bindung* des einzelnen an ein gemeinsames Ziel liegt das eigentlich formale Element einer Gemeinschaft oder Gesellschaft. Insofern ist die Wesensform einer Gemeinschaft im Band des *Rechts* zu suchen. Durch die sittliche Bindung, in der eine Rechtsverpflichtung wesentlich besteht, wird das Mitglied einer Gesellschaft auf das Gesellschaftsziel hin ausgerichtet.

107 Man könnte einwenden: Schafft nicht die Liebe eine viel stärkere Kraft der Bindung als das kalte Recht? Werden doch die Bande der Familienmitglieder untereinander, solange die Familiengemeinschaft besteht, nicht zum Recht, sondern zur sittlichen Tugend der Pietät gezählt. Erst in dem Augenblick, da die Familiengemeinschaft sich auflöst, treten die spezifischen Forderungen des Eherechts, also des ehelichen Güterrechts, des Erbrechts, des Scheidungsrechts in Kraft. Aber die weiterreichenden Forderungen der Liebe machen die grundlegenden Rechtsbeziehungen nicht unnötig, heben sie nicht auf. Das Verhältnis der Ehegatten zueinander ist nicht in erster Linie ein Rechtsverhältnis. Wo es nur als solches begriffen wird, ist schon etwas Wesentliches verloren gegangen. Aber auch die Familiengemeinschaft bedarf eines gesicherten rechtlichen Rahmens, innerhalb dessen die Liebe sich entfalten kann. Die klaren Rechtsbeziehungen sind gleichsam das Skelett, das für die Lebensfülle notwendig ist, wenngleich es nicht diese Fülle selbst ausmacht.

108 Die Ähnlichkeit mit einem lebendigen Organismus, auf die in Gesellschaftstheorien häufig hingewiesen wird, liegt im dauernden Zusammenwirken der „Glieder" der betreffenden Gesellschaft zum Wohl des Ganzen. Eine Gesellschaft als Relationsgefüge weist dem einzelnen eine verbindliche *Rolle* zu.

§ 14 Individualismus und Kollektivismus

„*Individualismus*" und „*Kollektivismus*" sind aus sich heraus keine scharf umgrenzten analytischen Begriffe, sondern in erster Linie negativ wertende Zuschreibungen, daß nämlich eine bestimmte Auffassung das Individuum oder das Kollektiv überbetone bzw. wichtige Elemente des Sozialen oder des Personalen vernachlässige. Was genau verfehlt aber der Individualismus? Worin wird der Kollektivismus der Personwürde des Menschen nicht gerecht? 109

Ausgangspunkt des *Individualismus* ist der Gedanke, daß in der sichtbaren und greifbaren Realität nur die physischen Einzelpersonen mit ihren Strebungen und Wünschen anzutreffen sind, während allen Formen der Gesellschaft offenbar nur ein abgeleitetes Sein zukommt. Daß es so etwas wie Gesellschaft und Gemeinschaft gibt, wird vom Individualismus selbstverständlich nicht bestritten. Das Soziale wird aber ganz vom Individuum und dessen subjektiven Bedürfnissen her erklärt und auf den Interessenaustausch der im Eigeninteresse handelnden Individuen zurückgeführt. (Vgl. Knoll 1960) 110

Der Individualismus tritt dabei oftmals in der Form des „Liberalismus" auf: Die beste Ordnung der Gesellschaft wird dadurch erreicht, daß man die Freiheit der einzelnen so wenig wie möglich einschränkt. Der Eigenwert der menschlichen Person wird so einseitig betont, daß die Befreiung des Individuums von allen vorgegebenen verpflichtenden Bindungen, die es nicht selbst durch freie Entscheidung eingegangen ist, als erstrebenswert erscheint. „Nur eine einzige Bindung scheint tragbar, nämlich jene Schranke, die die Freiheit des einen gegen die Freiheit des anderen schützt." (Ebd. 653) 111

Vom *thematischen* Individualismus ist der *methodische* Individualismus zu unterscheiden, demzufolge

a) kollektives Handeln erst dann als *erklärt* gilt, wenn es auf das Handeln von menschlichen Personen zurückgeführt werden kann, und

b) kollektives Handeln erst dann als *legitimiert* angesehen wird, wenn es die Zustimmung der Individuen findet. (Vgl. Homann 1988, 6)

Der *politische Liberalismus* sieht im Staat nur die Macht, den einzelnen vom Zwang anderer Individuen oder Gruppen zu schützen und ihm einen möglichst großen Bereich zu sichern, innerhalb dessen er seine Freiheit ausüben kann. Übersehen werden dabei die menschlichen Aufgaben, die nur im positiven Zusammenwirken erfüllt werden können; nicht alle können in das Belieben des einzelnen gestellt bleiben. 112

113 Dabei werden oftmals fast entgegengesetzte Tendenzen mit dem Begriff „liberal" verbunden: In den USA verteidigten im 19. Jahrhundert die „Liberalen" die Rechte der Regierungen der Bundesstaaten gegen die Bundesregierung. Im 20. Jahrhundert hingegen nennt sich dort liberal, wer der Bundesregierung eine größere Machtfülle zugestehen möchte, damit sie den Armen eine Grundversorgung sicherstellen kann.

114 Als Gegenbewegung gegen den individualistischen Liberalismus trat in den Vereinigten Staaten von Amerika in den Neunziger Jahren dieses Jahrhunderts der *Kommunitarismus* auf, der die gesellschaftliche Prägung aller menschlichen Verhaltensweisen betont und dafür eine theoretische Analyse zu entwickeln sich bemüht. (Vgl. Brumlik – Brunkhorst 1993; Reese-Schäfer 1994; Etzioni 1995)

115 Die traditionelle *Naturrechtslehre* betonte zu Recht, daß die Hinordnung auf die Gesellschaft oder Gemeinschaft dem Menschen nichts rein Äußerliches, von ihm nur aus Zweckmäßigkeitsgründen frei Gewähltes, aber nicht Notwendiges sei. Der Mensch sei „von Natur aus" Sozialwesen. Diese gesellschaftliche Natur ist dem Menschen vorgegeben; er hat sie in seinem Handeln zu berücksichtigen.

116 Am Kollektivismus hingegen wird kritisiert, er fordere eine zu weit gehende Unterwerfung des Menschen unter gemeinsam zu verwirklichende Ziele. Vor allem wird bemängelt, daß er dem Kollektiv (d.h. konkret: dem Staat) zu viele Entscheidungskompetenzen zuschreibe und der Freiheit des Individuums nicht genügend Rechnung trage. Dabei bleibt sekundär, ob und inwieweit diese staatliche Kompetenz demokratisch oder autoritär ausgeübt wird. Auch eine Demokratie kann totalitär werden, wenn sie Personenrechte der einzelnen gegenüber der Gemeinschaft verletzt.

§ 15 Vertrags- und spieltheoretische Ansätze

117 Zur Analyse besonders der *politischen* Formen menschlicher Gesellschaftlichkeit hat man schon immer idealtypische Modelle benutzt, in denen die erste *Gründung* eines Staatswesens in einem Staatsvertrag und damit das Entstehen der politischen Kooperation aus dem Willen der Bürger dargestellt werden sollte. Solche „Vertragstheorien" wollen nicht geschichtliche Ereignisse der Staatsgründung darstellen, sondern das Zustandekommen eines politischen Gemeinwesens aus den als vernünftig unterstellten Überlegungen der Bürger rekonstruieren, also aus ihrem wohlerwogenen Eigeninteresse.

118 Klassisch ist das Modell von Thomas Hobbes (1588–1679). (Vgl. Höffe 1983) Hobbes geht von der staatsphilosophischen Grundfrage

aus: Warum überhaupt und in welcher Form braucht es eine *institutionelle* Friedensordnung, einen Staat?

Hobbes stellt sich in einen gewissen Gegensatz zur aristotelischen Tradition: Nach *Aristoteles* ist der Mensch ein von biologischen und psychologischen Sozialimpulsen auf ein Miteinanderleben in der Polis ausgerichtetes Sinnenwesen. (Politik 1253 a 1-2) Nach *Hobbes* geht die Staatsgründung von der Konfliktnatur des Menschen aus. Nicht daß er die sozialen Impulse leugnen würde, nur reichen sie allein nicht aus, um ein friedliches Leben zu sichern. Es bedarf also einer *verläßlichen* Friedensordnung. Sie soll – über alle sozialen Impulse hinaus – auch dann noch das friedliche Zusammenleben gewährleisten, wenn diese nicht oder nicht genügend wirksam sind. Diese Ordnung gälte, selbst wenn die Menschen Teufel wären!

Die Gedanken von Hobbes sind neuerdings in verschiedener Weise wieder aufgenommen und erweitert worden von James *Buchanan* (1984), Peter *Koslowski* (1988), Karl *Homann* (1988) und anderen. Den stärksten Einfluß hat John *Rawls* mit seiner „Theorie der Gerechtigkeit" (1971, dt. 1975) ausgeübt, die ausdrücklich von einem fiktiven Urzustand ausgeht, in dem die Bürger die Regeln des zu gründenden Staates festlegen müssen, ohne ihre eigene zukünftige Stellung in diesem Gemeinwesen zu kennen. Er behauptet, daß die Bürger sich dann für zwei Grundsätze entscheiden würden: Gleichheit der Grundrechte und -pflichten einerseits, Ungleichheiten der sozialen und wirtschaftlichen Positionen andererseits unter der Bedingung, daß sich dadurch Vorteile für jedermann ergeben, insbesondere für die schwächsten Mitglieder der Gesellschaft. 119

Auch Jürgen *Habermas* kann hier eingeordnet werden. Auch er geht von einer „Verfassungsgründung" aus, in der die Regeln des gesellschaftlichen Zusammenlebens in einem herrschaftsfreien Diskurs festgelegt werden sollen, also von einem vertragstheoretischen Ansatz. (Vgl. Habermas 1983) Habermas will damit die Normen des Zusammenlebens aus einem diskursiven Rationalitätsbegriff entwickeln. Er hat sich aber immer gegen Versuche gewehrt, die seinen „herrschaftsfreien Diskurs" im Sinne einer Demokratietheorie deuten wollten.

Von *spieltheoretischen* Ansätzen her wird der Übergang von der Sozial*anlage* zur Sozial*wirklichkeit* vielfach unter dem Stichwort „Gefangenendilemma" anschaulich darzustellen versucht anhand einer erfundenen Geschichte, die im Süden der Vereinigten Staaten spielt. Sie läßt sich etwa so erzählen: 120

Mehrere Männer haben gemeinsam einen Mord begangen. Sie sind verhaftet worden, aber dem Staatsanwalt fehlen die Beweise zur Überführung der

Verbrecher. Er macht nun jedem dieser Männer einzeln ein Angebot, sich als „Kronzeuge" zur Verfügung zu stellen und Beweise gegen die anderen zu liefern. Statt der Todesstrafe wegen Mordes soll er dann nur wegen unerlaubten Waffenbesitzes angeklagt werden und mit einer geringen Haftstrafe davonkommen. Wenn auch die anderen als Kronzeugen auftreten, erhalten auch sie zwar eine längere Haftstrafe, aber keine Todesstrafe.

Jeder der Verbrecher in seiner Einzelzelle muß sich nun überlegen, welcher Weg für ihn der vorteilhafteste ist, und vor allem, wie sich die anderen verhalten werden. Dies sind die Alternativen:

a) Optimal für alle wäre es, wenn *alle* das Angebot des Staatsanwaltes ablehnen und den Mund halten würden. Man könnte ihnen dann nichts beweisen, und sie kämen frei.

b) Wenn nur *einer* sich als Kronzeuge zur Verfügung stellen würde, wäre die Situation für die anderen die schlechteste: Sie würden des Mordes überführt und möglicherweise hingerichtet.

c) Wenn *mehrere* als Kronzeugen aufträten, wäre die Situation für sie zwar nicht optimal, aber sie kämen mit einer Gefängnisstrafe davon.

Wahrscheinlich wird zumindest einer den Kronzeugen spielen, wenn ihn nicht ganz gewichtige Motive davon abhalten. Aus diesem Grunde erscheint es dann für *jeden* vorteilhaft, sich mit der schlechteren Lösung der Gefängnisstrafe zu begnügen und auszusagen.

121 Das Beispiel läßt sich in verschiedenen Formen durchspielen und war in den letzten Jahren Gegenstand von Hunderten wissenschaftlicher Arbeiten. Es ist ein Grundparadigma für alle jene Situationen, in denen ein einzelner nur im Zusammenwirken mit anderen seine Ziele erreichen kann. Daß im Beispiel ein Ziel gewählt wurde, das unseren Moralvorstellungen widerspricht, wie nämlich Verbrecher der gerechten Strafe entgehen, lenkt den Blick auf den eigentlichen Punkt: Es wird gar keine hohe Moral vorausgesetzt; es geht darum, wie die einzelnen *im eigenen Interesse* handeln müssen, um ihre Ziele zu erreichen. Die Zweckmäßigkeit des Handelns eines einzelnen ist abhängig davon, wie sich andere verhalten. In dieser Situation sind wir aber in vielfältiger Weise zum Erreichen bestimmter Ziele auf das Zusammenwirken mit anderen angewiesen.

122 Die spieltheoretische Logik des „Gefangenendilemmas" gilt selbstverständlich auch dann, wenn *sittliche* Ziele erreicht werden sollen. Auch hier führt *individuell* rationales Handeln oftmals zu Ergebnissen, die im Sinne *aller* eigentlich vermieden werden müßten. Umweltzerstörung ist das schon fast klassisch gewordene Beispiel. Wem wäre es gleichgültig, wenn tatsächlich der Treibhauseffekt das Leben auf dieser Erde unmöglich machen würde? Aber wer kann sicher sein, wenn er sich umweltfreundlich verhält, daß die vielen anderen in gleicher Weise teure Maßnahmen zum Schutz der Umwelt ergrei-

fen? So wartet jeder auf den anderen. Es müssen also Wege gefunden werden, das *individuell* zweckmäßige Handeln auf das hin auszurichten, was auch *für alle* von Vorteil ist.

Damit wird ein Kernproblem der Sozialethik modellhaft thematisiert: Sozial positives Verhalten erscheint als sinnvoll nur dann, wenn der einzelne sicher sein kann, daß auch andere im gleichen Sinne die Ziele verfolgen, die für die Gesellschaft angestrebt werden sollen. Wie gelingt es, diese Ziele *verbindlich* zu machen, d.h. sicherzustellen, daß sich alle oder doch zumindest die große Mehrheit in ihrem Handeln an diesen Zielen orientiert? Es geht also um die Sicherstellung der sozialen Kooperation. 123

Eine spieltheoretische Weiterentwicklung hat das Gefangenendilemma durch die Computertechnik erfahren. (Zum folgenden vgl. Axelrod 1987) In einem öffentlichen Preisausschreiben wurde die Aufgabe gestellt, eine für den einzelnen wie für die Gemeinschaft auf Dauer optimale Strategie der Verwirklichung subjektiver Ziele in einer Situation des Gefangenendilemmas zu entwerfen. Man ließ die verschiedenen Strategievorschläge, auf Disketten eingesandt, gegeneinander spielen. Sieger im Wettbewerb wurde ein Programm, das den Namen „Tit for tat" trug, zu deutsch etwa: „Wie du mir, so ich dir." 124

Um zum Erfolg zu führen, müssen ganz bestimmte Regeln eingehalten werden:
a) Sei nicht neidisch! – Damit ist gemeint: Vergleiche nicht deine eigenen Erfolge mit denen deines Gegenspielers, sondern verfolge nur deine eigenen Interessen, selbst wenn dadurch auch dein Gegenspieler Erfolge erzielt. „Tit for tat" erreichte in keinem einzigen Spiel eine höhere Punktzahl als der andere Spieler, aber eine höhere Punktzahl, als er allein hätte erreichen können.
b) Defektiere nicht als erster! – „Defektieren" wird verstanden als das Gegenteil von Kooperation, als ein Aufgeben der Zusammenarbeit.
c) Erwidere sowohl Kooperation als auch Defektion! Biete im ersten Spielzug Kooperation an! Dann erwidere einfach alles, was der Gegenspieler im jeweiligen Zug tut: Prinzip der Gegenseitigkeit! Nimmt der andere Spieler die Kooperation wieder auf, „verzeihe" ihm die Vergangenheit und sei wieder zur Zusammenarbeit bereit!
d) Sei nicht zu raffiniert!

Dritter Teil
Organisationsprinzipien des Sozialen

§ 16 *Gemeingut und Gemeinwohl*

125 „Das ‚Gemeinwohl' gehört zu jenen Begriffen, die überaus häufig gebraucht werden, ohne daß damit sonderlich klare Vorstellungen verbunden würden." (Mahr 1964, 170) Vielfach wird dem „Gemeinwohl" heute jeder eindeutige Begriffsinhalt abgesprochen. Es handelt sich aber um einen für jede Gesellschaftstheorie unverzichtbaren Begriff. Aufgrund der bisherigen Ausführungen dürfte es möglich sein, ihn einigermaßen scharf und präzis zu fassen. (Vgl. dazu auch Kerber 1986, 857–859)

126 In der deutschen Rechtsgeschichte werden viele Synonyme oder Fast-Synonyme verwendet: Allgemeinwohl, Wohl der Allgemeinheit, öffentliches Wohl, öffentliche Wohlfahrt, Gemeinnutz, gemeiner Nutzen, gemeinsamer Nutzen, Nutzen aller, gemeines Bestes, allgemeines Bestes, das Beste von Volk und Staat, Interesse der Allgemeinheit, nationale Bedürfnisse, Gemeininteresse, öffentliches Interesse. (Vgl. Streißler 1967, 3ff.)

127 In allen diesen Worten kommt der Gedanke zum Ausdruck, daß es über alle Konflikte und Gegensätze zwischen den Menschen einer Gesellschaft hinaus etwas Gemeinsames gibt, das Achtung und Vorrang verdient. So erscheint das Wort auch in den Verfassungen der Bundesrepublik Deutschland und ihrer Bundesländer; es wird laufend in Gesetzgebung und Rechtsprechung verwendet. Andererseits birgt der hohe moralische Anspruch, der in dem Wort liegt, die Gefahr mißbräuchlicher Verwendung in sich. (Vgl. Stolleis 1974)

128 In der thomistischen Philosophie wird das Wort „bonum commune" gebraucht. Das mit diesem Wort Bezeichnete ist einerseits ein *Gutes*, andererseits ist es gut *für alle*, ein allen *gemeinsames* Gutes. Es liegt nahe, dieses Gute im *Ziel* der betreffenden Gesellschaft zu sehen, das die Gesellschaft eint. Das für dieses gesellschaftliche Gebilde kennzeichnende Zielgut soll im folgenden „Gemeingut" genannt werden im Gegensatz zum *bonum commune* als „Gemeinwohl", dem ein ganz besonderer Sinn zukommt. (Vgl. Nell-Breuning 1954, 51–58)

129 Es wurde schon darauf aufmerksam gemacht, daß dieses Gemeingut einen Wert darstellt, der irgendwie in den Anlagen des Menschen grundgelegt sein muß und sein Streben weckt, aber sich erst in Verbundenheit mit anderen erreichen oder verwirklichen läßt. In diesem

Zielgut wurde das eigentliche Formalprinzip allen sozialen Lebens gesehen. (Vgl. oben § 12)

130 Dieses Zielgut einer Gemeinschaft stellt für die Glieder des betreffenden Sozialgebildes eine gewisse Bereicherung, Vervollkommnung, größere Wertfülle dar, unabhängig davon, auf welcher Wertebene dieser Wert angesiedelt ist. Es kann sich um einen reinen Genußwert handeln (Kegelklub) oder um einen Nützlichkeitswert (Aktiengesellschaft) oder um den Dienst an einem kulturellen, sittlichen oder religiösen Wert (Sinfonieorchester, Kirchengemeinde).

131 Der Verpflichtungsgrad des einzelnen auf dieses Gemeingut entspricht genau der Werthöhe dieses Gemeingutes: Ein Wert, der um seiner selbst willen geachtet werden soll, verdient dieselbe Achtung auch als Zielgut. Ein nur als erfreulich einzustufender Wert kann keine unbedingte Verpflichtung begründen. Nicht jedes Zielgut einer Gemeinschaft gehört dem umfassenden sittlichen Bereich an, sondern nur die Werte, die zu verwirklichen dem Menschen sittlich aufgegeben sind.

132 Allerdings erwächst oft eine zusätzliche Verpflichtungskraft aus dem begleitenden Wert der sozialen Verläßlichkeit: Wer sich einmal freiwillig zur Teilnahme an einer gemeinsamen Veranstaltung bereiterklärt hat, darf sich dann nicht einfach und ohne Grund dem entziehen. Grund ist aber dann nicht die Sache selbst, sondern das eingegangene *Versprechen*, beispielsweise eine Verabredung zu einem gemeinsamen Unternehmen.

133 In jedem Fall hat das Gemeingut einer Gemeinschaft seinen Wert nur im Hinblick auf die menschlichen Personen, welche die Gemeinschaft bilden, und auf die in ihnen grundgelegten Wertmöglichkeiten. „Wert" ist schon vom Begriff her grundsätzlich auf den Menschen als Person bezogen. Das Gemeingut ist also ein im strengen Sinne personhaftes, nicht ein irgendwie freischwebendes Gut, das etwa dem gesellschaftlichen Gebilde als solchem zukäme, verstanden in Abhebung von den die Gemeinschaft bildenden Personen.

So ist nicht etwa die größtmögliche Güterfülle das Ziel einer Volkswirtschaft, sondern die größtmögliche Befriedigung menschlicher Bedürfnisse, die durch solche Wirtschaftsgüter erreicht werden kann. Dienen diese Güter nicht der menschlichen Bedürfnisbefriedigung, können sie nicht einmal im strengen Sinne „Güter" genannt werden.

Dies gilt gerade auch dann, wenn nichts anderes als das menschliche *Zusammensein* als solches das Gemeingut einer sozialen Vereinigung bildet. Dieser Wert ist dann das Beieinandersein selbst, insofern es den Personen eine Bereicherung, Befriedigung, Lebenserfüllung bietet.

134 Als bonum *commune* muß das Gemeingut ein Wert für *alle* Glieder der Gesellschaft sein, darf nicht nur einzelne angehen. Nicht der private Vorteil eines einzelnen, dem die anderen dienstbar gemacht werden, begründet Gemeinschaft, sondern nur ein *gemeinsames* Gut. Das schließt nicht aus, daß einzelne Glieder mehr daran teilhaben als andere. Beispielsweise gewinnt ein künstlerisch Hochbegabter wohl mehr aus seiner Mitgliedschaft in einem Konzertabonnement als ein Unmusikalischer, der nur aus Rücksicht auf sein Sozialprestige daran teilnimmt.

135 Alle verschiedenartigen Möglichkeiten zur Wertverwirklichung, die im Menschen liegen, können zur Grundlage der Gesellschaftsbildung gemacht werden, wenn sie sich nur zusammen mit anderen erreichen lassen. Ein Gemeingut ist dadurch geradezu definiert, daß es nur in Gemeinschaft erreicht werden kann. Das Gemeingut besteht zwar nicht „*außer* den an ihm teilhabenden Gliedern der Gesellschaft, sondern nur *in ihnen*, aber: nicht in ihnen als unverbundenen Einzelnen, nicht in ihnen als bloßer Summe, sondern in ihnen *in ihrer Verbundenheit*" (Nell-Breuning 1954, 53f.).

136 Das „Gemein*wohl*" (im Gegensatz zum Gemeingut) faßt das *bonum commune* in einem engeren Sinne nicht als einen bestimmten inhaltlichen Wertgehalt, sondern als einen *Dienstwert*, nämlich als die rechte organisatorische Verfaßtheit einer sozialen Institution im Hinblick auf das Gemeingut. Gemeinwohl ist ein organisatorischer und organisierender Wert: *Organisatorisch*, insofern ein Gemeinwesen richtig organisiert ist (= Aussage über das Ganze); *organisierend*, insofern es die Glieder zu erfolgreichem Zusammenwirken im Hinblick auf das Gemeingut zu veranlassen vermag (= Aussage über die Teile). (Ebd. 54) Daraus ergibt sich die traditionelle Definition des Gemeinwohls als „Inbegriff alles dessen, was an Voraussetzungen, Vorbedingungen oder Veranstaltungen in einem Gemeinwesen verwirklicht sein muß, damit die Einzelnen durch Regen ihrer eigenen Kräfte ihr individuelles und gesellschaftliches Wohl (ihre Teilhabe am Gemeingut) zu erringen vermögen." (Ebd. 55) Diese Definition kommt inhaltlich identisch auch in den Dokumenten der katholischen Soziallehre vor. (Vgl. Johannes XXIII., Enzyklika „Mater et magistra", Nr. 65; ders., Enzyklika „Pacem in terris", Nr. 58; Pastoralkonstitution des Zweiten Vatikanischen Konzils „Gaudium et spes", Nr. 26 und 76)

137 Gemeinwohl bedeutet also nicht:
   a) Die Summe der materiellen oder ideellen Interessen der Gesellschaftsglieder. Gemeinwohl ist seinem Wesen nach überhaupt

kein Summenbegriff, sondern ein Begriff, der einen qualitativen gesellschaftlichen *Zustand* umschreibt.
b) Insbesondere darf das Gemeinwohl nicht utilitaristisch als „das größte Glück der größten Zahl" umschrieben werden. Abgesehen davon, daß dieses doppelte Maximum sich nicht eindeutig definieren läßt, ist es nicht vertretbar, das Leid des einen mit dem Nutzen des anderen „quantitativ" zu verrechnen.
c) Gemeinwohl ist aber auch nicht, etatistisch gedacht, eine Art von Staatsräson, die es erlaubt, den einzelnen für politische Ziele einzusetzen.
d) Nicht in jedem Falle gilt: Gemeinnutz geht vor Eigennutz.
e) Noch weniger gilt, daß um des Gemeinwohlprinzips willen jeder Eigennutz ausgeschlossen wird. Vielmehr verfolgt der einzelne mit dem Dienst am Gemeinwohl auch seine wohlverstandenen und langfristigen Eigeninteressen. Wie das Verhältnis von Eigeninteressen und Gemeinwohl zu regeln ist, muß in jedem einzelnen Fall nach Werthöhe und Wertdringlichkeit bestimmt werden.

Wenn auch jede Gesellschaft oder Gemeinschaft ihr spezifisches 138 Gemeinwohl besitzt (entsprechend dem spezifischen Gemeingut der betreffenden Gesellschaft oder Gemeinschaft), spricht man in einem ausgezeichneten Sinne vom Gemeinwohl beim *Staat*, dessen inhaltliches Ziel (Gemeingut) geradezu dadurch definiert wird, die rechte Verfassung (Gemeinwohl) des staatlich organisierten Volkes zu sein. Durch Rechtssicherheit nach innen und außen bietet der Staat die absolut notwendigen Möglichkeitsbedingungen für die Sicherheit der Bürger. Dieses Gemeingut des Staates, nämlich die gute Verfaßtheit des Zusammenlebens in Recht und Gerechtigkeit, hat Vorrang vor allen rangniedrigeren Gütern und Werten. Deshalb gilt hier der Satz: „Gemeinnutz geht vor Eigennutz".

Seine Grenze findet das Gemeinwohl an den *Menschenrechten* der 139 Bürger, wenn der sittliche Wert der Person unmittelbar tangiert wird, wenn also von einem einzelnen etwas verlangt wird, was der sittlichen Integrität der Persönlichkeit widerstreitet. Bei *freien* Vereinigungen ist außerdem der einzelne zum Eintreten für das Gemeingut und damit für die Berücksichtigung des Gemeinwohls nur in dem Maße verpflichtet, als er sich dazu beim Eintritt in die Gemeinschaft verpflichtet hat. Er braucht für den Bestand der Gemeinschaft nicht mehr Opfer auf sich zu nehmen, als die Satzungen erfordern, auf die er sich verpflichtet hat.

Das so verstandene Gemeinwohl ist unmittelbar Gegenstand der 140 staatlichen Tätigkeit, der Vorsorge der gesellschaftlichen Autorität: Diese ist dadurch definiert, daß sie für die gute Verfaßtheit des ge-

sellschaftlichen Ganzen zu sorgen hat. Verschiedene Bedeutungen des Ausdrucks „bonum commune" lassen sich unterscheiden:
a) „Bonum commune" kann in einem allgemeinsten Sinne jedes *äußere* Gut heißen, das Zielpunkt des Strebens mehrerer ist.
b) „Bonum commune" kann auch verstanden werden als jenes Gut, das für eine bestimmte Art von Seienden *spezifisch* gleich ist, insofern alle Individuen in ihrer Seinsart übereinkommen. Je weiter man in den Abstraktionsstufen aufsteigt, um so mehr wächst diese Gemeinsamkeit. So läßt sich schließlich auch die theologische These wagen: Insofern alle Seienden ihre letzte Ausrichtung auf Gott hin haben, ist Gott das *bonum commune* aller Geschöpfe. Dieser Gedanke hat aber mit Gemeingut oder Gemeinwohl nichts zu tun.
c) „Bonum commune" kann auch ein äußeres Gut genannt werden, das nur durch das *Zusammenwirken* mehrerer erstellt oder beschafft werden kann.
d) „Bonum commune" kann in dem Sinne verstanden werden, wie oben „Gemeingut" definiert wurde, nämlich als „ein Sein, das als solches Gemeinsamkeit besagt und in den Gliedern bei voller Berücksichtigung ihrer Verschiedenheit verwirklicht ist" (Utz 1958, 133). Bei Utz und seiner Schule ist darüber hinaus das personale Wohl des einzelnen im Gemeinwohl voll enthalten. (Vgl. Kettern, 1992)
e) „Bonum commune" kann schließlich „Gemeinwohl" im oben definierten Sinne bedeuten, nämlich die gute Verfaßtheit einer Gesellschaft.

§ 17 Autorität

141 Wenn man den gesellschaftlichen Organisationen ähnlich wie den real existierenden Personen eine eigene Wirklichkeit zuerkennt, muß man noch einmal genauer das Verhältnis dieser „juristischen Personen" zum einzelnen und untereinander bestimmen. Dann stellt sich das Problem der Autorität oder der Macht solcher Institutionen.

142 Autorität kann zunächst grob umschrieben werden als die Fähigkeit, die Zustimmung anderer zu gewinnen, ihr Handeln zu beeinflussen und sie zu führen. Jedes Autoritätsverhältnis enthält wenigstens vier Elemente:
a) einen Autoritäts*träger*, der Einfluß ausübt;
b) einen die Autorität *Anerkennenden,* auf den Einfluß ausgeübt wird;

c) einen *Akt* der Beeinflussung, der sich auf ein bestimmtes Gebiet des Handelns bezieht;
d) eine *Legitimation* der Autorität, die den Einfluß rechtfertigt.
„Autorität" ist ein nicht rein *beschreibender* Begriff, weil er sowohl soziologisch-faktische als auch normative Tatbestände umfaßt. Er ist kein *rein soziologischer* Begriff, der eine soziale Beziehung wertfrei ausdrücken würde, weil er nämlich die sittliche Legitimität des ausgeübten Einflusses schon impliziert und mitbehauptet und somit schon als positiver Wertbegriff definiert ist. Rein soziologische Begriffsbestimmungen wie etwa die von Max Weber vorgeschlagenen für „Macht" („Jede Chance, innerhalb einer sozialen Beziehung den eigenen Willen auch gegen Widerstreben durchzusetzen, gleichviel worauf diese Chance beruht") (Weber [1922] 1972, 28) oder „Herrschaft" („Die Chance, für einen Befehl bestimmten Inhalts bei angebbaren Personen Gehorsam zu finden") (ebd.) sind also schon vom Ansatz her ungenügend zur Beschreibung des Phänomens „Autorität". Wer Macht besitzt oder Herrschaft ausübt, muß dazu noch nicht legitimiert sein. Wer Autorität besitzt, gilt als legitimiert. 143

Dieser Begriff und sein Wortgebrauch ist scharf gegenüber jenem Verständnis abzugrenzen, das zur Wortbildung „autoritär" geführt hat, zunächst im positiven Sinne am Ende der Zwanziger Jahre bei Ernst Jünger, Arthur Moeller van den Bruck u.a. (vgl. Rabe 1971), dann im negativen Sinne (Adorno 1975, 143–509). Eine „autoritäre Persönlichkeit" wird im letzteren Verständnis gerade dadurch definiert, daß sie ein nicht legitimiertes Herrschaftsverhältnis anerkennt oder ausnützt – „Herrschaft" hier im Sinne von Herbert Marcuse (1969, 55–156) als nicht-rationale Machtausübung verstanden.

Andererseits genügt der bloß moralische *Anspruch* allein auch noch nicht dazu, ein Autoritätsverhältnis herzustellen. Der Anspruch eines Erziehers auf den Gehorsam seiner Schüler mag noch so legitim sein und sich auf noch so gute Gründe stützen – solange er keine Anerkennung findet, besitzt er (dem gewöhnlichen Wortsinn nach) noch keine eigentliche Autorität. Autorität ist eine zwar asymmetrische, aber wechselseitige Beziehung, weil der Autoritätsträger die Reaktion des zu Beeinflussenden berücksichtigen muß, wenn sein Anspruch anerkannt werden soll. Insofern geht die Autorität nicht vom Übergeordneten aus, sondern wird von den Untergeordneten verliehen, indem sie den Einfluß des Übergeordneten anerkennen. 144

Der Begriff „Autorität" impliziert also *auch* einen *soziologischen* Tatbestand, gehört nicht der *rein* normativen Ebene an. Als „Krise der Autorität" wird empfunden, wenn sich legitime Autoritätsansprüche nicht mehr durchzusetzen vermögen oder sogar jedes Auto- 145 ritätsverhältnis als solches wegen der darin zum Ausdruck kommenden Ungleichheit als illegitim angesehen wird. Zwar hatten Autoritätspersonen schon immer mit Widerstand und Ungehorsam zu rechnen. Aber die Notwendigkeit von Befehl und Gehorsam wurde im sozialen Zusammenleben grundsätzlich anerkannt. Wer die Anordnungen der Autorität mißachtete, tat dies gewöhnlich mit schlechtem Gewissen und mußte mit sozialer Mißbilligung rechnen. Neu ist heute, daß die Bereitschaft, sich einer Autorität unterzuordnen, als solche oftmals eine negative Bewertung erfährt.

146 Nun besitzt der Mensch keine schöpferische Freiheit in dem Sinne, daß er völlig aus sich heraus nach eigenen Ideen sein Handeln bestimmen könnte, unabhängig vom Einfluß anderer einen gänzlich spontanen Entwurf seiner selbst zustande brächte, in absoluter Freiheit von jeder Autorität sein Leben zu gestalten. Der Mensch „kann zwar frei sein von einer direkten Beziehung zu diesem oder jenem Seienden, aber nur darum, weil dessen Stelle von einem anderen schon eingenommen ist" (Max Müller 1959, 528). Beispielsweise bedeutet die negative Freiheit von Tradition, von Bindungen an die Vergangenheit, zugleich ein um so restloseres Eingebundensein in die Gegenwart, ihren Alltag, ihre Bedürfnisse und Zwecke.

147 Versteht man „Autorität" in dem umfassenden Sinne der klassischen Philosophie, besagt dieser Begriff „Vorrang, Ansehen und Einfluß, welche eine physische oder moralische Person, u.U. auch eine sachliche Gegebenheit, auf Grund von gewissen Eigenschaften oder eines amtlichen Charakters genießt" (Hauser 1957, 808). Ähnlich Jaspers 1947, 767: „Unter Autorität verstehen wir eine in der Welt wirksame Daseinsmacht, die Gehorsam (oder abgeschwächt: Einfluß, Nachfolge, Geltung) beansprucht und geleistet erhält." In diesem Sinne wird der Mensch nie frei sein von Autorität, kann die Autorität als solche kaum in eine Krise geraten. *Bestimmte* physische oder moralische Personen, die bisher aufgrund ihrer *auctoritas*, ihrer „maßgebenden und bindenden Urheberschaft" (Krüger 1958, 144), ihrer „Seinsüberlegenheit" das Handeln anderer bestimmten, mögen an Einfluß verlieren; dafür wird sich der einzelne oder werden sich ganze Gruppen an anderen „Autoritäten" ausrichten, seien dies eine bestimmte öffentliche Meinung, der Einfluß der Massenmedien, der Druck, der von gesellschaftlichen pressure groups ausgeht, die Überzeugungen, die im Namen der Wissenschaft als richtig und verbindlich vorgetragen werden.

148 Wohl vermag der einzelne sich für sein Handeln in bestimmten Fragen ein eigenes Urteil zu bilden, das von dem seiner Umgebung und der vorherrschenden Meinung abweicht, und sich so von vorgegebener Autorität zu emanzipieren. Das wird gesellschaftlich aber nur

dann bedeutsam, wenn es ihm gelingt, auf andere mit seiner Meinung Autorität auszuüben, und bleibt hineingebunden in die sachliche Autorität, die nach seiner echten oder vermeintlichen Einsicht von einem bestimmten Sachverhalt ausgeht: Der einzelne ist nicht in der Lage, sich auf Dauer und in gesellschaftlich relevanter Weise über allen Autoritätsanspruch hinwegzusetzen.

149 Obwohl Autorität etwas mit Befehl und Gehorsam zu tun hat, ist sie nicht eingeschränkt auf die Bereitschaft, einem *Befehl* bestimmten Inhalts Gehorsam zu leisten. Sie umgreift vielmehr auch ein praktisches Vertrauen, sich an der Einstellung eines anderen, seinen Grundsätzen und den von ihm vorgegebenen Zielen in seinem Handeln zu orientieren, auch wenn kein ausdrücklicher Befehl vorliegt.

150 Dabei ist nicht erforderlich, sondern sogar eher ausgeschlossen, daß der durch Autorität in seinem Handeln Bestimmte die inneren Gründe, die für die sachliche Richtigkeit einer bestimmten Handlungsweise sprechen, selber voll durchschaut. Er muß aber Gründe angeben können, warum er die Autorität des anderen anerkennt. Diese Gründe können beispielsweise die erfahrene Überlegenheit des anderen in der Beurteilung bestimmter praktischer Sachverhalte sein oder auch eine moralische Überlegenheit, durch die sich annehmen läßt, daß die Entscheidung des anderen richtig ist, ohne daß sie in dieser sachlichen Richtigkeit voll durchschaut wird.

151 Autorität kann auch einer Institution oder einer *sachlichen* Gegebenheit auf Grund von gewissen Eigenschaften oder eines amtlichen Charakters zukommen. So spricht man beispielsweise von der Autorität der Heiligen Schrift, insofern der Gläubige davon überzeugt ist, darin das für sein Leben richtungweisende Wort Gottes zu besitzen. Weil und insofern „der Kirche" die Verheißung zukommt, daß sie die Botschaft und das Werk ihres Stifters unverfälscht durch die Jahrhunderte bewahrt und weiterträgt, wird der Gläubige ihre Autorität anerkennen.

152 Jede (irdische) Autorität ist grundsätzlich auf *Teilgebiete* und Teilaspekte des Handelns beschränkt. Ein Verhältnis totaler Abhängigkeit in allen Bereichen ist unvereinbar mit menschlicher Freiheit. Immer besteht Gefahr, daß ein Autoritätsverhältnis über das legitime Teilgebiet hinaus auf Tätigkeitsfelder ausgedehnt wird, wo keine Legitimation mehr vorliegt, daß beispielsweise kirchliche Autorität im Felde der reinen Politik oder die Autorität der Schrift im Gebiet der Naturwissenschaften (Fall Galilei) geltend gemacht wird.

153 Zur Krise der Autorität hat ein *Mißverständnis* beigetragen, das in gleicher Weise von vielen Verteidigern wie von Gegnern der Autorität geteilt wird, daß man nämlich jedes Autoritätsverhältnis nach dem Schema *elterlicher Vormundschaft* interpretiert. Im Verhältnis

der Kinder zu ihren Eltern wird tatsächlich in einer ersten und grundlegenden Weise Autorität erfahren. Diese Art von Autoritätsbeziehungen stellt aber nur eine Teilmenge dar, der vielerlei andere Autoritätsbeziehungen gegenüberstehen.

154 *Erziehungsautorität* ist begründet
   a) in einer *Unmündigkeit* des Gehorchenden,
   b) an *dessen Stelle* und zu dessen Wohl der Autoritätsträger zu entscheiden hat.
   c) Sie sollte ihre eigene *Aufhebung* erstreben durch Erziehung des Gelenkten zur Mündigkeit.

155 Weil der Gehorchende nicht in der Lage ist, eine zu treffende Entscheidung voll zu verantworten, weil es ihm an eigener Einsicht oder Entscheidungsfähigkeit mangelt, hat er das Urteil eines anderen in der betreffenden Sache als gültig anzuerkennen und zu übernehmen. Diese Notwendigkeit wird überflüssig in dem Maße, in dem er selber mündig wird und selbst zu entscheiden vermag. Weil diese Abhängigkeit an sich ein Übel ist, besteht eine moralische Pflicht des Autoritätsträgers, diese Mündigkeit des Gelenkten zu fördern und ihn zu eigenen Entscheidungen fähig werden zu lassen.

156 *Gesellschaftliche* Autorität ist demgegenüber begründet
   a) in der Notwendigkeit, das Handeln der Mitglieder eines gesellschaftlichen Ganzen auf ein *gemeinsames Ziel* hin auszurichten.
   b) Sie besagt *keine persönliche Überlegenheit* des Autoritätsträgers über die anderen.
   c) Sie wird deshalb auch bei voller Mündigkeit der vom Autoritätsanspruch Betroffenen *nicht überflüssig*.

157 Bei der gesellschaftlichen Autorität geht es also darum, das Handeln einer Mehrzahl von vollmündigen, zu eigener Entscheidung fähigen Personen auf ein gemeinsam zu erreichendes Ziel auszurichten. Sie ist begründet in der Notwendigkeit, den konkreten gemeinsamen Weg zu einem als gültig anerkannten Ziel festzulegen. Aus der Anerkennung des abstrakt gefaßten Zieles läßt sich nämlich gewöhnlich noch nicht ableiten, welche konkreten Schritte auf dieses Ziel hin im einzelnen zu unternehmen sind. Aus abstrakten Prinzipien allein ergeben sich noch keine konkreten Imperative.

158 Außerdem wäre die Einheit des praktischen Handelns ohne Autorität zu wenig gesichert, weil einzelne immer geneigt sein werden, sich den Lasten der Gemeinschaftsaufgaben zu entziehen („Gefangenendilemma", „Trittbrettfahrer"; vgl. oben § 15). Darum muß jede Gemeinschaft oder Gesellschaft die Möglichkeit besitzen, einen bestimmten Weg verbindlich festzulegen und die einzelnen zu veranlassen, ihn auch tatsächlich einzuschlagen. In dieser Notwendigkeit liegt die gesellschaftliche Autorität begründet. Sie ist primär Herr-

schaft *der Gemeinschaft* als ganzer über den einzelnen, nicht Herrschaft einzelner *über* die Gemeinschaft – selbst dann nicht, wenn diese von einzelnen ausgeübt wird.

Gesellschaftliche Autorität besagt also aus sich heraus keinen *persönlichen Vorzug*, kein „Über-Sein" des Autoritätsträgers über die anderen; der Vorsitzende des Schachclubs braucht nicht der beste Schachspieler zu sein, nicht einmal der beste Organisator, obgleich beides selbstverständlich wünschenswert ist. Es genügt, daß seine Stellung als Vorsitzender anerkannt wird. An Umfang und Verpflichtungsgrad wird die gesellschaftliche Autorität vom jeweiligen Ziel einer gesellschaftlichen Vereinigung bestimmt. 159

Gesellschaftliche Autorität kann ausgeübt werden 160

a) entweder in der Weise, daß alle Entscheidungen der *Gesamtheit* der Mitglieder einer gesellschaftlichen Vereinigung nach anerkannten *Verfahrensregeln* vorbehalten bleiben (fundamentaldemokratische Form), wobei immerhin die bei der Abstimmung Unterlegenen zur Anerkennung der Autorität dieser Entscheidung verpflichtet sind, oder

b) in der Weise, daß einer *bestimmten Person* die volle Entscheidungsgewalt übertragen wird (monarchische bis diktatorische Form), oder

c) in den verschiedensten Zwischenformen. Damit stellt sich die Frage der eigentlichen *Amtsautorität.*

Die Unterscheidung zwischen *Amtsautorität* und *persönlicher Autorität* überschneidet sich teilweise mit der zwischen gesellschaftlicher und persönlicher Autorität und beruht ebenfalls auf verschiedenen Arten der Legitimation: 161

a) *Amtsautorität* kann ein Träger beanspruchen aufgrund der *Stellung*, die er in einem gesellschaftlichen Ganzen einnimmt. Amtsautorität ist grundsätzlich *gesellschaftliche* Autorität, d.h. begründet und begrenzt durch das Ziel des gesellschaftlichen Ganzen, in dessen Namen sie ausgeübt wird.

b) *Persönliche Autorität* beruht auf *Eigenschaften* des Trägers, die ihm eine gewisse Überlegenheit über andere geben, aufgrund derer er Einfluß auszuüben vermag. Diese Überlegenheit bezieht sich grundsätzlich nur auf Teilgebiete; auf anderen Gebieten mag ein umgekehrtes Autoritätsverhältnis vorliegen. Drei Formen persönlicher Autorität lassen sich unterscheiden:

- *Persönlichkeitsautorität* im engeren Sinne, wenn die Chance der Einflußnahme auf allgemein geschätzten Charaktereigenschaften beruht, umschrieben durch Begriffe wie: Ansehen, Vertrauen, moralische Integrität, Gerechtigkeitsgefühl, aber auch Durchsetzungsvermögen;

- *funktionale Autorität*, die auf überlegener Sachverständigkeit zur Lösung bestimmter Probleme beruht;
- *koordinative Autorität*, die auf der Fähigkeit zur Lenkung sozialer Prozesse beruht.

162 Konflikte entstehen vor allem bei einem *Auseinanderklaffen* von Amtsautorität und persönlicher Autorität. Wenn es sich als notwendig erweist, auf formale Amtsautorität zu pochen, ist häufig schon ein Verlust an persönlicher Autorität vorausgegangen. Umgekehrt ergeben sich aber auch Probleme aus der Chance der persönlichen Autorität, über die vom Amt gesetzten Grenzen der Einflußnahme hinauszugehen.

163 Viele zur Entscheidung anstehende Sachprobleme sind heute so unüberschaubar geworden, daß ein Amtsträger eine echte funktionale Autorität im Sinne einer fachlichen Überlegenheit in Einzelfragen häufig nicht mehr gewinnen kann. Sie ist aber vielfach auch nicht erforderlich. Er sollte sie darum auch gar nicht vorzutäuschen versuchen. Wichtiger ist die *koordinative Autorität* geworden, d.h. die Fähigkeit, die fachliche Kompetenz anderer beurteilen und für die Organisationsziele in Dienst nehmen zu können.

164 Einer eigenen, sehr differenzierten Analyse bedürfte die Frage, wieweit echte, also als legitim vorausgesetzte Autorität zu ihrer Durchsetzung *Zwangsmittel* anwenden darf. Soweit es sich um eigentliche Rechtsbeziehungen handelt, dürfte sich die Anwendung von Macht bis hin zur staatlichen Gewalt unter der Einschränkung der Verhältnismäßigkeit der Mittel kaum bezweifeln lassen. Auch eine freie Vereinigung, etwa ein Schachklub, kann gegebenenfalls, wenn dies notwendig erscheint und rechtlich vereinbart ist, die ausstehenden Mitgliedsbeiträge durch den staatlichen Gerichtsvollzieher zwangsweise einziehen lassen.

165 Wieweit ist aber der Einsatz von Macht und Gewalt bei der *Erziehungsautorität*, also zum Wohl des Gelenkten, legitim? Die Eltern dürfen (und müssen) ihre Kinder unter Umständen auch gegen ihren Willen und mit physischer Gewalt vor Schaden bewahren. Andererseits dürfte das „Compelle intrare", die Zwangsbekehrung der Ungläubigen zu deren eigenem Wohl, wie sie Augustinus mit verheerenden geschichtlichen Folgen vertreten hat, der Würde und Freiheit des Menschen widersprechen. (Vgl. Seckler 1994; Mandouze 1968, 383–386)

166 Darf aber unter Umständen auch ein *Erwachsener,* der nicht wegen offenkundiger Unzurechnungsfähigkeit entmündigt ist, durch Zwangsmaßnahmen oder Manipulation von einem ihm selber verderblichen Tun abgehalten werden, etwa vom Selbstmord, von der Drogenabhängigkeit, von sexuellen Exzessen, wenn klar ist, daß er –

wenigstens in Teilbereichen – zu den nicht voll Erwachsenen, ihrer Freiheit Mächtigen gehört? Aber wer ist schon voll erwachsen und seiner Freiheit mächtig?

Aus diesen Überlegungen lassen sich *Folgerungen* über den Umgang mit Autorität ableiten:

a) Die Anerkennung von Autorität als einer gewissen *Fremdbestimmung,* wenn sie sachlich begründet und entsprechend eingegrenzt wird, ist insofern notwendig und damit gerechtfertigt und geboten, als die Kompetenz des einzelnen zum Treffen sachlich richtiger Entscheidungen beschränkt ist. Für Sachverhalte, über die er sich selbst kein zureichendes Urteil bilden kann, muß er sich auf das Urteil anderer verlassen. Volle „Mündigkeit" in allen Dingen ist nicht zu erreichen. Die Abhängigkeit vom Urteil anderer und damit die Anerkennung von deren Autorität gehört unabdingbar zum Menschen.

b) Menschliches Zusammenleben in seiner institutionellen Verfaßtheit, ganz gleich wie demokratisch organisiert, bringt ebenfalls die Notwendigkeit von Autoritätsbeziehungen mit sich, die allerdings grundsätzlich anderer Art sind. Der Traum von einem völlig herrschaftsfreien menschlichen Zusammenleben ist eine gefährliche Illusion.

Von dem skizzierten Ansatz her dürfte verständlich werden, warum die Texte der christlichen Offenbarung und der Tradition, die *alle Autorität von Gott* herleiten und gerade die Staatsgewalt in Gott begründet sehen, nicht positivistisch oder im Sinne einer ideologischen Rechtfertigung der bestehenden Machtverhältnisse interpretiert werden dürfen, sondern durchaus eine rationale Erklärung der Autoritätsbeziehungen erlauben und fordern: Weil und insofern der Mensch von Gott so geschaffen ist, daß er sein Leben nur in einer politisch-staatlichen Ordnung verwirklichen kann, weil dafür die Anerkennung einer staatlichen Autorität erforderlich ist, darum ist die Staatsgewalt als solche in Gott begründet und geht von Gott aus. Weil diese staatliche Autorität aber in erster Linie dem Staatsvolk als solchem in seiner Ganzheit zukommt und erst sekundär, durch Konsens, Tradition oder Wahl übertragen, der Regierung oder dem Monarchen, darum „geht alle Staatsgewalt vom Volke aus". Zwischen den beiden Sätzen besteht ebensowenig ein Widerspruch wie in der Gnadenlehre zwischen den beiden Sätzen, daß kausal jede freie Handlung ganz vom Menschen ausgeht und ganz von Gott. Insofern läßt sich aus dem hier verteidigten Autoritätsbegriff keine Unterstützung antiliberaler oder antidemokratischer Strömungen ableiten. Allerdings haben Äußerungen des kirchlichen Lehramtes vor allem im 19. Jahrhundert auf Grund eines undifferenzierten

Autoritätsverständnisses in dieser Richtung gewirkt und bedürfen deshalb einer gewissen Korrektur, ohne daß sie im Kerngehalt aufgegeben werden müßten. (Vgl. die Enzykliken Papst Leos XIII.: besonders „Diuturnum illud" [in: Denzinger – Hünermann, no. 3150–3152] und „Libertas praestantissimum" [ebd., no. 3245–3255])

169 Kann die hier vorgelegte Autoritätsauffassung auch auf die *Kirche* als sichtbare Organisation übertragen werden? Hier muß zunächst festgehalten werden: Was für jede menschliche sichtbare Gesellschaft und Gemeinschaft gilt, muß auch für die Kirche gelten. Es wären also die Besonderheiten herauszuarbeiten, ob und warum dieser Ansatz nicht auf die Kirche übertragen werden kann. Diese Aufgabe fällt aber in erster Linie den Theologen und hier den Kanonisten zu.

§ 18 Das Solidaritätsprinzip

170 Die Sozialethiker führen eine ganze Reihe von „*Sozialprinzipien*" an, nach denen sich das gesellschaftliche Leben aufbaut. Wie viele derartige Prinzipien es gibt, wie sie sich voneinander unterscheiden, nach welchen Gesichtspunkten sie ihrerseits wieder zu gliedern sind, darüber herrscht keine Einigkeit. (Vgl. Ermecke 1977, 70–89)
Hier sollen zunächst zwei häufig genannte Sozialprinzipien behandelt werden, weil sie besonders bedeutungsvoll und auch umstritten sind, nämlich das Solidaritätsprinzip und das Subsidiaritätsprinzip. Anschließend soll noch von der Demokratie unter grundsätzlicher Rücksicht die Rede sein, also vom „Demokratieprinzip".

171 „Solidarität" bedeutet auf deutsch „Gesamthaftung". Man spricht im *Recht* und in der Ethik von einer Haftung „in solidum", wenn beispielsweise ein einzelner für einen Schaden voll verantwortlich einstehen muß, den er zusammen mit anderen verursacht hat, obwohl er nur mitwirkend beteiligt war, aber doch so, daß ohne sein Mitwirken der Schaden nicht entstanden wäre.

172 In der *Sozialphilosophie* wird unter Solidarität nicht nur ein bloßes Gemeinschaftsgefühl, eine soziale *Gesinnung* verstanden, als ob mit dem Solidaritätsprinzip an den einzelnen appelliert werden sollte, sich nach dem Grundsatz „Einer für alle – alle für einen!" zu verhalten. Solidarität bedeutet hier vielmehr eine in der menschlichen Natur seinshaft begründete Wechselbezogenheit: Der Mensch ist seinem Wesen nach hingeordnet auf die Gesellschaft; ebenso wesensnotwendig ist die Gesellschaft ihrerseits hingeordnet auf die Einzelmenschen, die ihre Glieder sind. Das Solidaritätsprinzip macht also

zunächst eine Aussage über das gesellschaftliche *Sein*: In der Natur des Menschen findet sich die Ausrichtung auf die Gesellschaft, in der sich seine Anlagen entfalten. Daraus folgt das *Sollen*, das heißt die Verpflichtung, sich auch dieser seinshaften Naturfinalität entsprechend zu verhalten.

Dieser Übergang vom *Sein* zum *Sollen* vollzieht sich in der Weise, daß aus der im Menschen angelegten Teleologie, der Wertmöglichkeit, Wertdringlichkeit, Wertbefruchtung und Wertbegrenzung (vgl. oben § 11) sich Sollenssätze ableiten lassen. Der Mensch hat sich in seinem Handeln an dieser Wertwirklichkeit zu orientieren. Das Solidaritätsprinzip ist deshalb ethisches Prinzip, weil es zuvor ein Seinsprinzip ist.

Inhaltlich kommt im Solidaritätsprinzip nichts anderes zum Ausdruck, als was schon oben unter dem Stichwort „Gefangenendilemma" entwickelt wurde (vgl. § 15): Die Glieder des gesellschaftlichen Ganzen sind auf die Gemeinschaft bezogen und finden ihre Entfaltung im Dienste der Gemeinschaft, und zwar nicht erst kraft einer freien Entscheidung, sondern mit Notwendigkeit aus dem Wesen des Menschen heraus. Zur Erklärung der menschlichen Gesellschaft darf man nicht einseitig vom Individuum oder vom sozialen Ganzen ausgehen, sondern es besteht eine Wechselbezogenheit. Umgekehrt ist aber auch die Gemeinschaft gebunden an die Glieder, in denen und aus denen allein sie sich letzten Endes zusammensetzt. Es besteht eine *gegenseitige* Abhängigkeit: Das Glied kann nichts ohne die Gemeinschaft, die Gemeinschaft nichts ohne die Glieder. (Vgl. Nell-Breuning 1951, 362) Die Personen sind „aus innerer Wertfülle heraus an das Ganze gebunden, aber so, daß das Ganze seine eigene Wertfülle nur hat in seiner Gebundenheit an die persönliche Wertfülle der Glieder" (Gundlach 1931, 1614).

Dieses Solidaritätsprinzip kommt auch in einem Urteil des Bundesverfassungsgerichts vom 20. Juli 1954 zum Ausdruck: „Das Menschenbild des Grundgesetzes ist nicht das eines isolierten souveränen Individuums. Das Grundgesetz hat vielmehr die Spannung Individuum und Gemeinschaft im Sinne der Gemeinschaftsbezogenheit und Gemeinschaftsgebundenheit der Person entschieden, ohne dabei deren Eigenwert anzutasten." (BVerfGE 4,120)

Geschichtlich wurde der Begriff der Solidarität vor allem in Frankreich in die sozialwissenschaftliche Literatur eingeführt. Auguste Comte (1778–1857) ging vom Gedanken einer dynamischen Menschheitsentwicklung aus und betonte vor allem die Solidarität in der Abfolge der Generationen, die im „positiven Stadium" der

Menschheit zu einer Art „Religion" der Menschheit führt. Solidarität der Menschheit bedeutet für ihn aber eher die Einsicht, daß jedes Individuum kausal (funktional) mit allen anderen verbunden ist. Bei dem französischen Sozialisten Pierre-Joseph Proudhon (1809–1865) bedeutet Solidarität eine solche Sicherung der Herrschaft des „Gemeinsinns", daß die Selbstsucht ausgeschlossen ist. (Vgl. Gundlach 1962, bes. 119) Für Ferdinand Lassalle (1825–1864) bedeutet Solidarität das Ergebnis der durch den Geschichtsprozeß hindurchgehenden Menschheitsidee, wie sie sich in der Arbeiterbewegung ankündigt. Auch das „Godesberger Programm" der SPD spricht von der Solidarität als einem der „Grundwerte des Sozialismus". In den Sozialenzykliken von Papst Johannes Paul II. spielt der Gedanke der Solidarität eine zentrale Rolle. Zu einem eigenen sozialphilosophischen System wurde die Solidarität von Heinrich Pesch S.J. (1854–1926) ausgebaut, das er „Solidarismus" genannt hat, um sich damit gegen Individualismus und Sozialismus abzugrenzen.

§ 19 Das Subsidiaritätsprinzip

176 Als ein spezifisch katholischer Beitrag zur Sozialethik gilt das sog. „Subsidiaritätsprinzip". Diese Kennzeichnung als typisch *konfessionelles* Prinzip ist allerdings nicht ganz sachgerecht. Es ist nämlich viel älter als die ausdrückliche katholische Sozialehre. Schon Abraham Lincoln formulierte im Jahre 1854:

„The legitimate object of government is to do for a community of people whatever they need to have done but cannot do at all, or cannot so well do for themselves in their separate and individual capacities. In all that the people can individually do as well for themselves, government ought not to interfere." (Lincoln 1907, 215)

Das Subsidiaritätsprinzip hat allerdings seinen Namen und seine klassische Formulierung in der päpstlichen Enzyklika „Quadragesimo anno" (1931) gefunden, von wo es auch in die philosophische Gesellschaftslehre übernommen wurde:

„Wie dasjenige, was der Einzelmensch aus eigener Initiative und mit seinen eigenen Kräften leisten kann, ihm nicht entzogen und der Gesellschaftstätigkeit zugewiesen werden darf, so verstößt es gegen die Gerechtigkeit, das, was die kleineren und untergeordneten Gemeinwesen leisten und zum guten Ende führen können, für die weitere und übergeordnete Gemeinschaft in Anspruch zu nehmen; zugleich ist es überaus nachteilig und verwirrt die ganze Gesellschaftsordnung. Jede Gesellschaftstätigkeit ist ja ihrem Wesen und Begriff nach subsidiär; sie soll die Glieder des Sozialkörpers unterstützen, darf sie aber niemals zerschlagen oder aufsaugen." (Pius XI., Enzyklika „Quadragesimo anno", Nr. 79)

Es handelt sich um ein Prinzip, das die Tätigkeit des gesellschaftli- 177 chen Ganzen als solchen gegenüber der Eigentätigkeit der Glieder abgrenzt. Die Gemeinschaft handelt aber durch die gesellschaftliche *Autorität*. Somit dient das Subsidiaritätsprinzip als Maßstab, welche Rechte der gesellschaftlichen Autorität im Verhältnis zur Eigentätigkeit der Mitglieder zukommen. Dabei gilt das Subsidiaritätsprinzip sowohl für das Verhältnis der Gemeinschaft gegenüber dem einzelnen wie auch für das Verhältnis der größeren und umfassenderen Gemeinschaft gegenüber den Gliedgemeinschaften. Im letzteren Falle spricht man vom „Recht der kleinen Lebenskreise".

Das *Wort* „Subsidiarität" geht auf das lateinische „subsidium" zu- 178 rück, das in der römischen Militärsprache „Hilfe aus der Reservestellung" bedeutet. „Subsidiarii cohortes" waren die hinter der Front bereitstehenden Reservekohorten. (Vgl. Höffner 1983, 52) „Subsidium" heißt also „Hilfe, Hilfeleistung, Hilfestellung". Im Deutschen hat das Wort „subsidiär" einen leichten Bedeutungswandel ins Abschätzige erfahren im Sinne von „aushilfsweise, behelfsweise, ersatzweise", eine ursprünglich nicht damit gemeinte Bedeutung. „Subsidiarität" darf nicht in dem Sinne mißverstanden werden, als solle die Gesellschaft nur in Ausnahmefällen als Lückenbüßer einspringen (vgl. Nell-Breuning [1955/56] 1956, 67–78), sondern es geht ganz allgemein um den „hilfreichen Beistand" (Nell-Breuning – Prinz 1961), den die Gesellschaft zu leisten hat.

Das Subsidiaritätsprinzip als „Grundsatz der ergänzenden Hilfelei- 179 stung" (Schuster 1935, 7) grenzt die Zuständigkeit der gesellschaftlichen Autorität nach *zwei Seiten* hin ab:

a) Die Glieder eines gesellschaftlichen Ganzen haben ein *Recht auf Hilfe* in allen Angelegenheiten, zu denen ihre eigenen Kräfte nicht ausreichen (*positive* Bedeutung des Subsidiaritätsprinzips);

b) die gesellschaftliche Autorität darf den Gliedern nur solche Leistungen abnehmen, die sie nicht selbst erbringen *können* (*negative* Bedeutung des Subsidiaritätsprinzips).

Was die *positive Seite* des Subsidiaritätsprinzips angeht, so muß 180 ohne Zweifel die Gemeinschaft

a) alle *notwendigen* Aufgaben übernehmen, welche die Einzelglieder für sich *schlechterdings nicht* erfüllen können, z.B. die staatliche Rechtsordnung;

b) auch alle nicht unbedingt notwendigen, aber *erwünschten* Aufgaben übernehmen, die nur *gemeinsam* geleistet werden können, z.b. die Bekämpfung ansteckender Krankheiten, der Bau eines gemeindlichen Schwimmbades;

c) den Gesellschaftsgliedern auch *Hilfe zur Eigentätigkeit* leisten, durch die sie dann selber tätig werden können im Hinblick auf die Verwirklichung von notwendigen oder erwünschten Zielen, wenn diese Unterstützung durch gesellschaftliche Organe erforderlich ist, z.B. die wissenschaftliche Forschung.
Bei der gemeinschaftlichen Hilfe läßt sich noch einmal unterscheiden zwischen *Fremdhilfe* und *gemeinsamer Selbsthilfe*. Im angeführten Beispiel der wissenschaftlichen Forschung wird von einer außenstehenden Institution, von Wirtschaftsverbänden oder vom Staat, subsidiäre Hilfe geleistet.

d) Eine Hilfe kann dem einzelnen aber auch dadurch zuteil werden, daß alle einzelnen, die für ein Vorhaben allein zu schwach sind, sich zu einer eigenen Gemeinschaft zusammenschließen und gemeinsame Selbsthilfe leisten, z.B. als Genossenschaften.

181 Im *negativen* Sinne gibt das Subsidiaritätsprinzip ein *Abwehrrecht*: Die gesellschaftliche Autorität darf den einzelnen oder die kleinere Gemeinschaft nicht bevormunden, wo diese selbst tätig werden können. Viele Menschen sind geneigt, die Verantwortung für die eigene Lebensgestaltung an übergeordnete Instanzen abzugeben, die ihrerseits die Entscheidungsmacht gerne an sich ziehen. Man läßt sich aus gemeinsamen Kassen helfen, ohne zu bedenken, daß man im Endeffekt selbst diese Hilfen wieder bezahlen muß. Außerdem treten bei jeder Umverteilung „Sickerverluste" auf.

182 Daraus wird deutlich: Das Subsidiaritätsprinzip steht keineswegs im Gegensatz oder in einem Spannungsverhältnis zum *Solidaritätsprinzip*, als ob dieses die Zusammengehörigkeit der Menschen, das Subsidiaritätsprinzip aber die Individualität des Menschen betonen würde. Beide Elemente, Sozialität und Individualität, sind vielmehr im Subsidiaritätsprinzip gleichgewichtig berücksichtigt.

183 Das Subsidiaritätsprinzip enthält eine *institutionenkritische Dynamik*, die sich unmittelbar aus dem radikalen sozialphilosophischen Ansatz ergibt und in den Dreißiger Jahren, als es verkündet wurde, wohl noch gar nicht bewußt werden konnte. Ausgangspunkt gesellschaftskritischer Überlegungen ist der Satz: „Jedwede Gesellschaftstätigkeit ist ihrem Wesen und Begriff nach subsidiär." Dieses Prinzip sagt etwas über die Eigenart jeder Gesellschaftstätigkeit aus. Es handelt sich

a) um einen *Ist-Satz* (nicht um ein Werturteil!), aus dem sich aber normative Konsequenzen ziehen lassen;

b) um einen *All-Satz*, der keiner empirischen Begründung bedarf, sondern dessen Richtigkeit unmittelbar aus den verwendeten Begriffen einleuchtet;

c) nicht um eine volle *Tautologie*, weil es in der gesellschaftlichen Wirklichkeit durchaus nicht selbstverständlich ist, daß soziale Institutionen ausschließlich im Dienst der Menschen stehen. Man kann diesem Prinzip also durchaus zuwider handeln.

Daraus ergibt sich: Alle gesellschaftlichen Regelungen, die mit dem Anspruch auf Verbindlichkeit auftreten, jedwede Autorität, die im Namen eines gesellschaftlichen Ganzen zu sprechen oder zu handeln vorgibt, jede soziale Institution, ganz gleich wie ehrwürdig und durch die Jahrhunderte erprobt sie sein mag, kann und darf unter der Rücksicht in Frage gestellt werden, ob sie tatsächlich dem personalen Wohl der vergesellschafteten Menschen dienen. 184

Damit wird nicht geleugnet oder bezweifelt: 185

a) Nur in *Verbundenheit* mit anderen erfährt der Mensch als Person seine Erfüllung. Die Werte, die seinem Leben Sinn verleihen, sind fast ausschließlich soziale Werte, die er als einzelner allein gar nicht verwirklichen könnte.

b) Es gibt eine in die Personstruktur des Menschen eingezeichnete Hinordnung auf bestimmte Institutionen wie etwa *Ehe und Familie* oder *Staatlichkeit*, die der bloßen Willkür entzogen sind. Bei allem geschichtlichen Wandel läßt sich ein gewisser Kernbestand an bleibenden „naturrechtlichen" Gesellschaftsformen mit Allgemeingültigkeit ausmachen.

c) Ein Versuch, alle überkommenen Formen gesellschaftlichen Zusammenlebens *tatsächlich* in Frage zu stellen, ist unrealistisch und zum Scheitern verurteilt. Wir können nicht aus unserer Geschichte herausspringen und uns auf einen neutralen Standpunkt stellen. Die langfristige Sinnhaftigkeit vieler sozialer Regelungen, die sich in der Erfahrung über längere Zeit bewährt haben, ist rational nicht voll durchschaubar. Wir besitzen keinen zureichenden Begriff vom konkreten Menschen mit seinen Möglichkeiten und Anlagen. Darum ist eine aufklärerische *volle* Rekonstruktion und kritische Rechtfertigung aller Facetten des sozialen Lebens unmöglich.

Seine Begründung findet das Subsidiaritätsprinzip in der sozialen Anlage des Menschen, die durch jede Vergesellschaftung entfaltet werden soll. Das Subsidiaritätsprinzip bestimmt nun das Verhältnis der Tätigkeit der Gesellschaft als solcher, ausgeübt durch die gesellschaftliche Autorität, zur Eigentätigkeit der Gesellschaftsglieder. Jedes Wahrnehmen gesellschaftlicher Autorität schränkt die Freiheit der Gesellschaftsglieder ein. Diese Einschränkung der Freiheit muß *begründet* werden aus gesellschaftlichen Werten oder Zielen, ist also 186 zu beweisen und nicht vorauszusetzen. Sonst könnte sich leicht eine unbegründete Herrschaft von Menschen (Autoritätsträgern) über Menschen (die anderen Gesellschaftsmitglieder) ergeben.

187 Das Gemeingut einer Gesellschaft besteht genau genommen nicht in *äußeren Gütern*, bei denen es belanglos wäre, auf welche Weise sie zustande kommen, sondern in der Entfaltung der Personwerte, die nur durch aktive, geistige, freie Tätigkeit der Menschen verwirklicht werden können. Die äußere Organisation (Gemeinwohl) kann nur die Vorbedingungen garantieren, daß die einzelnen selber diese personalen gesellschaftlichen Werte schaffen, sie erleben, daran teilhaben.

188 Man hat gegen das Subsidiaritätsprinzip eingewandt, es sei rein *formal* und sage nichts über die tatsächliche Verteilung der Kompetenzen aus. Das ist richtig: Es verteilt im Grunde nur die *Beweislast* für Kompetenzansprüche in hypothetischer Form: *Wenn* der einzelne sich selbst helfen kann oder die Gliedgemeinschaft, dann darf die gesellschaftliche Organisation ihm keine Hilfe aufdrängen; wenn sie bestimmte notwendige oder erwünschte Leistungen nicht zu erbringen vermag, hat die größere Gemeinschaft hilfreich einzuspringen. Die *Tatsachenfrage*, wozu der einzelne fähig ist, wird durch das Subsidiaritätsprinzip als solches nicht geklärt.

189 An diesen Bedingungssatz, was der einzelne zu leisten vermag (Schätzungsurteil und nicht Werturteil), kann man *verschieden strenge Maßstäbe* anlegen, je nachdem ob der einzelne alle seine Kräfte einsetzt oder vielleicht noch andere Verpflichtungen zu erfüllen hat. Diese Frage muß entschieden werden durch eine vernünftige, gesamtmenschliche Einschätzung, was ihm an Selbsthilfe zuzumuten ist. (Vgl. Nell-Breuning – Prinz 1961, 1741f.) Dafür spielt aber auch die psychologische und soziologische Bereitschaft des einzelnen und der Gliedgemeinschaft eine wesentliche Rolle, die entfaltet werden kann. Zur Aufgabe der gesellschaftlichen Autorität gehört es auch, diese Bereitschaft, Verantwortung für das gesellschaftliche Ganze zu übernehmen, zu fördern, zu entwickeln und zu stärken. Wie ein Muskel allmählich erschlafft, wenn er nicht gebraucht wird, so können auch soziale Kräfte erlahmen, wenn sie nicht eingesetzt werden.

190 Wer entscheidet nun tatsächlich, für welche Aufgaben der einzelne oder die Gliedgemeinschaft und für welche nur die übergeordnete Instanz kompetent ist? Eine Schwierigkeit bei der *Durchsetzung* des Subsidiaritätsprinzips ergibt sich aus der Tatsache, daß die umfassendere Gemeinschaftsform meistens auch über die sog. „Kompetenz-Kompetenz" verfügt, d.h. zuständig ist für die Prüfung der Zuständigkeit, wer die betreffende Aufgabe wahrzunehmen hat. Selten

findet sich aber ein Autoritätsträger dazu bereit, eine einmal erworbene Zuständigkeit und Macht freiwillig wieder nach unten abzugeben. Darum ist es besonders wichtig, die Bedeutung des Subsidiaritätsprinzips klar im Bewußtsein der Bevölkerung zu verankern.

Subsidiarität bedeutet etwas grundsätzlich anderes als die ebenfalls geforderte und in vielen Organisationen mit Erfolg praktizierte *Delegation von Verantwortung*. Wer einer nachgeordneten Instanz die Autorität überträgt, nach eigenem Ermessen zu entscheiden und zu handeln, dem bleibt das Recht und die Pflicht zur Kontrolle, ob der mit dieser Autorität Betraute im Sinne des Auftraggebers vorangegangen ist. Subsidiarität bedeutet demgegenüber ein originäres Recht; der Entscheidungsträger ist nicht einer übergeordneten Instanz, sondern den Personengruppen gegenüber verantwortlich, in deren Namen er handelt und entscheidet. Delegation von Verantwortung kann leicht zum Unterlaufen echter Subsidiarität mißbraucht werden: Man läßt bestimmte Aufgaben „bürgernah" von einem Stellvertreter erledigen und macht gewisse Zugeständnisse, ohne die eigentliche Autorität, auch anders entscheiden zu können, aus den Händen zu geben. 191

In einer immer mehr zusammenrückenden Welt wird es notwendig, immer mehr Sachverhalte übergreifend zu regeln. Darum gewinnt gerade heute das Subsidiaritätsprinzip als Gegengewicht zur Zusammenballung aller Macht in wenigen Händen an Bedeutung, weil nur so die Freiheit gegenüber einer total verwalteten Gesellschaft erhalten bleiben kann. Wirksam kann das Subsidiaritätsprinzip in einer demokratischen Gesellschaft aber nur werden, wenn es fest im Bewußtsein der Menschen verankert ist. 192

§ 20 Das Demokratieprinzip

„Demokratie" ist ein vielschichtiges Thema. Anders als in früheren Jahrhunderten gilt heute „Demokratie" fast allgemein als eine positiv zu wertende Form gemeinsamer Entscheidungsfindung, wird „undemokratisch" beinahe wie ein Schimpfwort gebraucht. Politische Herrschaftssysteme verschiedenster Prägung, die man im gewöhnlichen Sprachgebrauch kaum als „demokratisch" bezeichnen könnte, nehmen wenigstens das Wort „Demokratie" für sich in Anspruch. Dem Wort entspricht also kein eindeutiger begrifflicher Inhalt mehr, außer der positiven Bewertung einer Staats- und Regierungsform als auf den Volkswillen gegründet. 193

Hier sollen nur einige Grundlinien ausgezogen werden in dem Versuch, das Demokratie*prinzip* in idealtypischer Reinheit darzustellen 194 und es philosophisch zu rechtfertigen. Dabei sei als Grundgehalt einer Begriffsdefinition der Demokratie vorgeschlagen: „die aktive Beteiligung aller Mitglieder eines Sozialgebildes an den sie betreffenden Entscheidungen der gesellschaftlichen Autorität".

195 Mit diesem Definitionsvorschlag ist insofern schon eine Vorentscheidung getroffen, als hier Demokratie, unter ihrem Wertaspekt betrachtet, nicht eingeschränkt verstanden wird bloß auf den *staatlich-politischen* Raum. Es ist also nicht nötig, hier schon eine eigene Staatstheorie zu entwickeln und zu begründen, obwohl selbstverständlich Elemente einer Sozialphilosophie vorausgesetzt werden, aus denen sich eine solche Staatstheorie entwickeln läßt. Demokratie als Wert betrifft nicht nur den Staat, sondern alle institutionalisierten Formen menschlichen Zusammenlebens, wenn auch auf verschiedene Weise. Die staatliche Machtausübung ist aber ohne Zweifel der bevorzugte und wichtigste Anwendungsfall des demokratischen Prinzips. Der vorgeschlagene Begriff der Demokratie als Partizipation ist also weiter als der im Diskussionspapier des Beirats für politische Fragen beim Zentralkomitee der Deutschen Katholiken verwendete: „Demokratie ist eine politische Ordnung und findet ihre Grenze dort, wo der Bereich der Politik aufhört und die nichtpolitischen Bezirke der Gesellschaft beginnen." (Neun Thesen gegen den Mißbrauch der Demokratie, in: Berichte und Dokumente des Zentralkomitees der deutschen Katholiken, Nr. 13, August 1971, 22)

196 „Demokratie" wird hier verstanden als eine Weise, wie *gesellschaftliche Autorität* ausgeübt wird. (Vgl. oben § 17) Damit wird vorausgesetzt, daß es kein völlig herrschaftsfreies soziales Zusammenleben geben kann. Demokratie besagt nicht, daß jeder einzelne oder jede gesellschaftliche Gruppe tun kann, was er oder sie gerade will oder was ihnen als richtig erscheint, sondern daß allen die Möglichkeit eingeräumt wird, sich am Zustandekommen der für alle verbindlichen Entscheidungen aktiv zu beteiligen. Demokratie steht insofern im unmittelbaren Gegensatz zur Anarchie und zu anarchistischen Tendenzen, als es demokratisches Ringen um gesellschaftliche Entscheidungen nur dort geben kann, wo die verbindliche Geltung dieser Entscheidungen anerkannt wird. Eine Gesellschaft ist in Gefahr, wenn eine schwache Führung demokratisch zustandegekommene Entscheidungen nicht mehr erfolgreich durchzusetzen vermag, wenn solche Entscheidungen nur dann noch als legitim anerkannt werden, wenn sie inhaltlich den eigenen Vorstellungen entsprechen.

197 Demokratie als eine Form der gesellschaftlichen Entscheidungsfindung ist vor allem dann wichtig, wenn keine inhaltliche Einheit der Meinungen und Übereinstimmung der Willenshaltungen über das besteht, was gemeinsam getan werden soll. In solchen Fällen ge-

winnt die Anerkennung der *formalen Verfahrensregeln* an Bedeutung, gemäß denen gemeinsame Entscheidungen zustande kommen. Weil die weltanschaulichen und politischen Gegensätze in der heutigen pluralen Gesellschaft so tiefgreifend geworden sind, kann nur noch mit Hilfe solcher formalen „Spielregeln" der Demokratie die notwendige gesellschaftliche Einheit des Handelns gesichert werden. Das Ergebnis eines demokratischen Entscheidungsprozesses ist nicht notwendigerweise richtig, wahr oder gerecht; es verdient aber Anerkennung, weil wir keine andere Methode besitzen, allgemeinverbindlich das gesellschaftlich Richtige, Wahre und Gerechte inhaltlich zu bestimmen.

Damit verletzt aber jede gesellschaftliche Gruppe die Regeln der Demokratie, die einen privilegierten Zugang zur gesellschaftlichen Wahrheit zu besitzen beansprucht und deshalb meint, diese Wahrheit durchsetzen zu dürfen, ohne sie dem demokratischen Meinungsbildungsprozeß zu unterwerfen. Man mag mit noch so guten Gründen von der Wahrheit und Richtigkeit einer Auffassung überzeugt sein, demokratische Geltung kann sie nur insofern beanspruchen, als es gelingt, eine Mehrheit von dieser Wahrheit und Richtigkeit zu überzeugen. 198

Selbst die katholische Kirche, die für ihre Lehre einen hohen, teilweise unfehlbaren Wahrheitsanspruch erhebt, hat durch die Konzilserklärung „Dignitatis Humanae" des Zweiten Vatikanischen Konzils über die Religionsfreiheit eine philosophische und theologische Grundlage dafür erarbeitet, wie dieser absolute Wahrheitsanspruch des katholischen Glaubens mit einem relativen politischen Geltungsanspruch vereinbart werden kann.

Wichtiger noch als die Anerkennung von Verfahrensregeln ist für den Bestand einer Demokratie ein *Grundkonsens* über Rechte und Pflichten der in einer Gesellschaft vereinigten Menschen, verbunden mit der Bereitschaft, sich entsprechend diesem Grundkonsens einzusetzen auch über die bloßen Partikularinteressen hinaus. Hierbei handelt es sich um das Selbstverständnis („soziale Identität") eines Sozialgebildes, beim Staat um Grundwerte und unverzichtbare Grundrechte, die nicht einer Mehrheitsentscheidung unterworfen werden können. Gerade weil die demokratische Mehrheitsentscheidung verbindliche Anerkennung verlangt, obwohl sie nicht unbedingt wahr und richtig zu sein braucht, muß es bestimmte als verbindlich anerkannte Grundsätze geben, die der Diskussion entzogen sind, um der Gemeinschaft und eventuellen Minderheiten einen Schutz zu sichern. So gehört eine Verfassung, sei sie geschrieben ausformuliert oder bloß tatsächlich anerkannt, zu jedem institutionalisierten Sozialgebilde. Sie muß einerseits weit genug sein, um die 199

Anerkennung aller Mitglieder der Gesellschaft zu verdienen und auch im gesellschaftlichen Wandel bestehen zu können. Andererseits muß sie eindeutig und inhaltlich bestimmt genug sein, um den Bestand der Gesellschaft und die Rechte der Mitglieder zu sichern.

200 Die nähere Umgrenzung solcher Grundwerte und Grundrechte ist eine schwierige Aufgabe nicht nur bei der *Gründung* eines demokratischen Gemeinwesens. Werden solche Grundwerte im Bewußtsein der Mitglieder nicht mehr als verbindlich erfahren, verlieren die damit zusammenhängenden Grundrechte ihre Geltung und lassen sich auch durch juristische Absicherungen auf die Dauer nicht aufrechterhalten.

201 Die *aktive Beteiligung* an den Entscheidungen läßt Grade zu: Sie kann reichen von der bloßen Nominierung der Repräsentanten oder einer Partei durch eine Wahl bis zum unmittelbaren Wahrnehmen der Leitungsaufgaben durch alle Mitglieder. Unter dieser Rücksicht kann eine Gesellschaft mehr oder weniger demokratisch verfaßt sein, je nachdem wie unmittelbar die Mitglieder an den Entscheidungen der gesellschaftlichen Autorität beteiligt sind. Allerdings kann von einer demokratischen Gesellschaft nur dann gesprochen werden, wenn tatsächlich *alle* Mitglieder grundsätzlich am Entscheidungsprozeß beteiligt sind und keine Gruppe völlig ausgeschlossen ist. Wohl aber läßt sich kaum vermeiden, daß verschiedene Mitglieder oder Gruppen einen verschieden starken Einfluß ausüben.

202 Die Forderung nach möglichst weitgehender Demokratie ist *begründet* in dem grundsätzlichen Recht des Menschen auf Freiheit und Selbstbestimmung. Diese These knüpft an die Überlegungen an, die oben über die gesellschaftliche Autorität angestellt wurden. (Vgl. § 17) Personales und gesellschaftliches Leben kann sich nur entfalten, wenn sich der einzelne in der Ausübung seiner Freiheit an Werten und Zielen orientiert, die er nur gemeinsam mit anderen verwirklichen kann. So kommt jeder gesellschaftlichen Vereinigung als solcher, insbesondere dem Staat, eine eigene gesellschaftliche Autorität zu, welche die einzelnen auf das gemeinsame Ziel hin ausrichtet. Die Gemeinschaft als solche ist der primäre Träger dieser Autorität. Traditionell wird dieser Tatbestand in der Staatslehre als „Volkssouveränität" bezeichnet, doch gelten diese Überlegungen mit den entsprechenden Abwandlungen für jede Gemeinschaft und Gesellschaft. (Vermutlich trifft dies sogar für die katholische Kirche zu, obwohl sich diese als eine unmittelbar von Gott gestiftete Institution versteht; vgl. oben § 17.)

203 Damit ist über die Form, wie diese gesellschaftliche Autorität ausgeübt werden soll, an sich noch nichts vorentschieden. Ausgeschlossen ist nur die Willkürherrschaft eines einzelnen oder einer Gruppe über

das Ganze. Für den einzelnen ergibt sich aber die Verpflichtung, den Gesetzen und Anordnungen der legitimen Autorität zu gehorchen. Damit erfährt der einzelne eine Einschränkung seiner individuellen Freiheit, diese als die Willkür verstanden, das zu tun, was er gerade möchte.

204 Diese Einschränkung seiner Freiheit findet ihr Gegenstück in dem Anspruch, daß alle von einer gesellschaftlichen Entscheidung Betroffenen nach Möglichkeit am Zustandekommen der sie einschränkenden Entscheidungen beteiligt werden sollten. Dieser Anspruch ist einerseits begründet im *Vorrang der Freiheit*, die nicht mehr als notwendig eingeschränkt werden sollte, andererseits in der grundsätzlichen *Gleichheit* aller innerhalb einer Gemeinschaft, durch die keine privilegierten Ansprüche auf eine Herrschaftsposition anerkannt werden.

205 Demokratie ist also um ihrer selbst willen als wertvoll anzusehen, als ein *eigenständiger Wert* und nicht nur als ein instrumentaler oder funktionaler Wert, etwa um eine effizientere Regierung zu gewährleisten. Wenn Menschen das Recht auf demokratische Beteiligung an gesellschaftlichen Entscheidungen einfordern und wenn es möglich ist, sie ihnen zu gewähren, verstößt es gegen die Gerechtigkeit, sie ihnen zu verweigern. Demokratie steht also nicht gleichwertig neben anderen Regierungsformen. Die These von der sozialethischen Indifferenz der verschiedenen Formen der Ausübung gesellschaftlicher Autorität ist abzulehnen. Aus diesem abstrakten Vorrang der Demokratie folgt aber nicht mit Notwendigkeit, daß eine nichtdemokratische Form, Autorität auszuüben, unter allen Umständen ungerecht sei. Demokratie ist nicht immer gefordert. Demokratische Selbstbestimmung ist nur *ein* Wert unter mehreren, die zur Beurteilung einer konkreten Situation berücksichtigt werden müssen.

206 Neben dieser Selbstbestimmung als Eigenwert verwirklicht die Demokratie noch andere wichtige soziale Werte in größerem oder geringerem Umfang. Einer demokratisch gefaßten Entscheidung pflegt eine *Diskussion* vorauszugehen. Dabei bringen die verschiedenen Teilnehmer und Gruppen ihre Erfahrungen, Gesichtspunkte und Stellungnahmen ein. Wie immer die Entscheidung ausfallen mag, so besteht doch die Aussicht, daß sie von mehr Sachwissen, Informationsvielfalt und kreativen Ideen getragen ist, als wenn nur ein einzelner oder eine bestimmte Gruppe mit ihrem administrativen Stab sie vorbereitet hätte. Wenn viele über ein Problem nachdenken, besteht eine höhere Wahrscheinlichkeit, daß jemand die *optimale* Lösung findet, als wenn einer oder wenige die Richtung bereits festlegen.

207 Außerdem bietet eine Demokratie auch eine größere Chance, daß

eine für alle Beteiligten annehmbare *gerechte Lösung* verwirklicht wird. Da niemand im vorhinein weiß, in welche Situation er einmal kommen könnte, wird in einer Demokratie jeder ein Interesse daran haben, daß nur solche sozialen Regeln (Gesetze) verbindlich gemacht werden, die ihn nicht ungerecht benachteiligen, wenn er selbst einmal von ihnen betroffen werden sollte. Daraus ergibt sich eine gewisse Chance (aber auch nicht mehr!), daß allgemeine Regelungen, die eine mehrheitliche Zustimmung finden, auch inhaltlich gerecht sind. Allerdings ist damit die Gefahr nicht ausgeschlossen, daß Minderheiten in der Verteilung von Rechten und Pflichten benachteiligt werden, die nicht in der Lage sind, ihre Ansprüche wirksam zur Geltung zu bringen. Auch ein demokratisch zustandegekommenes Gesetz kann bestehende Herrschaftsverhältnisse zementieren und Minderheiten diskriminieren. Aber die Aussicht, dies auszuschließen, ist in der Demokratie größer.

208 Wie immer man diese Möglichkeiten und Chancen einer Demokratie beurteilen mag, eines steht außer Zweifel: Die Menschen unserer Zeit sind nicht bereit, eine Autorität als legitim anzuerkennen und ihre Entscheidungen zu übernehmen, wenn sie nicht selber Gelegenheit hatten, zu ihrem Zustandekommen ihre Erfahrungen und Wünsche, Bedürfnisse und Wertvorstellungen einzubringen. Dies ist zwar nur ein *pragmatischer Gesichtspunkt,* doch besitzen die in einer Gesellschaft vorherrschenden Wertvorstellungen, ganz gleich wie begründet, auch eine gewisse normative Verbindlichkeit.

209 Den Werten der Demokratie stehen auch spezifische *Gefahren* gegenüber. Das Demokratieprinzip führt nicht mit Notwendigkeit zu richtigen und vertretbaren Entscheidungen; es kann auch das Zustandekommen sachgerechter Problemlösungen beeinträchtigen oder verhindern. Demokratische *Wahlen* lassen sich auf vielfältige Weise manipulieren. Ihr Ergebnis braucht nicht unbedingt dem zu entsprechen, was das Volk „eigentlich will", doch muß es als normatives Faktum hingenommen werden.

210 Zum Abschluß sollen hier die beiden Prinzipien der Subsidiarität und der Demokratie gegenübergestellt und die Gemeinsamkeiten und Unterschiede zwischen ihnen verdeutlicht werden. Auch wenn Subsidiarität und Demokratie innerlich zusammenhängen, sind sie doch keine identischen Prinzipien. Das *Subsidiaritätsprinzip* ist das grundlegende. Es betrifft die Frage: Welche Lebensbereiche sollen überhaupt politisch geregelt und damit einer gesellschaftlichen Autorität unterworfen werden? Auf welcher *Ebene* soll entschieden werden? Was kann der Entscheidungsfreiheit des einzelnen oder der kleineren Lebenskreise überlassen bleiben? Es geht also um den Umfang und die Ebene von Entscheidungen, die von der gesell-

schaftlichen Autorität getroffen werden müssen. Das *Demokratieprinzip* hingegen betrifft die Art und Weise, wie solche Entscheidungen zustandekommen: Wer hat ein Mitwirkungsrecht bei den Entschlüssen der betreffenden gesellschaftlichen Institution?

In idealtypischer Abstraktion ließe sich wohl eine nach dem Subsidiaritätsprinzip verfaßte Gesellschaftsordnung denken ohne Demokratie wie umgekehrt eine demokratische Gesellschaftsform ohne Subsidiarität. Im ersten Falle würden zwar die Entscheidungen auf der richtigen Ebene getroffen, aber autoritär, ohne aktive Mitwirkung der Beteiligten. Im zweiten Falle wären die Entscheidungsträger zwar durch demokratische Wahlen legitimiert, aber die Entscheidungen würden auf einer zu hohen, bürgerfernen Ebene fallen. Dies hat dann auch Folgen für das Demokratieprinzip. Der einzelne erfährt sich als unfähig, auf die ihn unmittelbar betreffenden Entscheidungen Einfluß zu nehmen, und wird trotz seiner demokratischen Beteiligung staatsverdrossen. 211

Es dürfte deutlich geworden sein, daß die Prinzipien der Subsidiarität und der Demokratie nicht begründet sind in bloß pragmatischen Zweckmäßigkeitserwägungen, wie man innerhalb von Organisationen die Kompetenzen, d.h. die Ausübung von Autorität, am besten regelt, sondern daß sie fundamentale Freiheitsrechte des Menschen zum Ausdruck bringen. Dabei hat das Subsidiaritätsprinzip den Vorrang noch vor dem Demokratieprinzip. 212

Vierter Teil
Rechtsphilosophie

§ 21 Rein gesellschaftliche und rechtliche Normen

213 Die Sozialethik befaßt sich mit gesellschaftlichen Ordnungsstrukturen, die in die Verantwortung der Menschen gelegt und deshalb sittlicher Bewertung unterworfen sind, obwohl sie vom *einzelnen* nicht geändert werden können. Bisher wurden unter der Überschrift „allgemeine Sozialethik" normative Überlegungen zur Verfaßtheit menschlicher Institutionen angestellt, die *allgemein* für alle Gesellschaften und Gemeinschaften gelten. Jetzt soll auf besondere Arten von Institutionen eingegangen werden.

214 Die tragenden Ordnungsstrukturen gesellschaftlichen Lebens werden vom *staatlichen Recht* gebildet. Das Recht wird in seiner Geltung garantiert vom *Staat*. Recht und Staat hängen eng zusammen; das eine kann nicht ohne das andere gedacht werden. Von beiden Seiten her lassen sich die einschlägigen Probleme beleuchten. Deshalb muß hier dem Recht und dem Staat je ein eigenes Kapitel gewidmet werden. Weil eine der wichtigsten Aufgaben des Staates in der Sicherung der Rechtsordnung nach innen und außen besteht, ist eine gewisse Überschneidung unvermeidlich. Hier wurde nun entschieden, mit normativen Überlegungen zur Rechtsordnung zu beginnen und erst im folgenden Teil (§ 28–34) in die Staatslehre einzuführen.

215 Das gesellschaftliche Leben spielt sich in vielerlei institutionalisierten Formen ab. Ob einer in einem Sportklub Fußball spielt, am Sonntag den Gottesdienst besucht, als Angestellter in einem Büro arbeitet oder bei einer Bausparkasse einen Bausparvertrag abschließt: Immer übernimmt er dabei in gesellschaftlichen Institutionen bestimmte Rollen, muß festgelegte *Verhaltensnormen* beachten. In Wirtschaftsunternehmen wird der Ausgestaltung solcher Verhaltensnormen, auch wenn sie keine eigentlich rechtliche Verbindlichkeit erlangen, heute eine gesteigerte Aufmerksamkeit gewidmet unter dem Stichwort „Unternehmenskultur" (vgl. Wever 1989). Allerdings handelt es sich bei den angezogenen Beispielen um Institutionen, zu denen sich der Betreffende frei entschlossen hat: Er muß nicht einem Sportklub beitreten; niemand zwingt ihn, am Sonntag in die Kirche zu gehen. Auch in der Wahl seines Arbeitsplatzes ist er in gewissem Umfang frei. Der „Unternehmenskultur" wird deshalb heute erhöhte Aufmerksamkeit geschenkt, weil man den Mitarbeiter an das Unternehmen binden und seine Arbeitsleistung steigern

möchte. Dieser kann grundsätzlich seinen Arbeitsvertrag kündigen, muß sich dann aber einen anderen Arbeitsplatz suchen, wenn er nicht finanziell unabhängig ist. Solange er aber in einem Betrieb tätig ist, hat er die Normen dieser Institution zu beachten.

Ganz anders ist das Verhältnis gegenüber den *staatlichen Gesetzen,* 216 einer besonderen Art gesellschaftlicher Normen. Ihre Befolgung wird vom Bürger verlangt, ohne daß er um seine vorherige Zustimmung gefragt worden wäre. Beispielsweise wird einer zum Wehrdienst einberufen, wenn er ein bestimmtes Alter erreicht hat und keine gesetzlich vorgesehenen Gründe für eine Wehrpflichtbefreiung oder Rückstellung geltend machen kann. Die Eltern werden gezwungen, ihre Kinder in die Schule zu schicken. Kommen sie dieser Pflicht nicht nach, werden die Kinder notfalls von der Polizei in den Unterricht abgeholt. Handelt einer im Widerspruch zu den geltenden Gesetzen, kann er verhaftet und zu einer Gefängnisstrafe verurteilt werden.

Solche Zwänge, die nicht auf freier Selbstverpflichtung, sondern auf 217 staatlichem Gesetz beruhen und denen sich der einzelne ungefragt unterwerfen muß, werden als echte Einschränkung der Freiheit empfunden und bedürfen darum der besonderen Rechtfertigung. Aber auch die freien gesellschaftlichen Institutionen berufen sich gelegentlich auf die allgemeinen Gesetze, um den einzelnen zur Erfüllung der Verpflichtungen zu zwingen, die er freiwillig übernommen hat. So kann einer gezwungen werden, in seinem Arbeitsvertrag die Kündigungsfristen einzuhalten, oder er muß mit Strafen rechnen. Nach dem Abschluß von Kaufverträgen hat schon mancher herbe Überraschungen erlebt, wenn ihm Zwangsvollstreckung angedroht oder der Gerichtsvollzieher ins Haus geschickt wurde. Dieser Zwang ist eine besondere Eigenart der staatlichen Gesetze. Es soll gezeigt werden, daß er gerade um der Freiheit willen notwendig ist.

§ 22 Subjektives und objektives Recht

Menschliche Freiheit darf nicht als subjektive Willkür mißverstan- 218 den werden; sie verwirklicht sich nur in Gemeinschaft und gegenüber Werten, die von der Gesellschaft vermittelt werden. Deshalb muß eine Ordnung gefunden werden, die dem einzelnen einen Freiheitsraum sichert, innerhalb dessen er sich bewegen kann, ohne mit der Freiheit des anderen in Konflikt zu geraten, und die zugleich positiv die Verwirklichung der gesellschaftlichen Werte ermöglicht, auf die er durch seine Sozialität hingeordnet ist. Die *Rechtsordnung* bildet dieses tragende Gerüst des gesellschaftlichen Lebens. Das

Recht ist die Grundlage für die personale Entfaltung des Menschen in Gemeinschaft. Es findet seinen Ausdruck in den für alle geltenden staatlichen Gesetzen.

219 Um die Notwendigkeit einer solchen Freiheitsordnung einsichtig zu machen, soll von der Freiheit des Individuums ausgegangen werden. Der einzelne kann sich viele Dinge wünschen. Beispielsweise möchte einer im Straßenverkehr möglichst rasch irgendwohin kommen, ohne irgendwelche Beschränkungen einhalten zu müssen. Wenn er aber ein Rotlicht überfährt, bringt er sich und andere in Gefahr, und wenn die Verkehrsregeln allgemein mißachtet würden, bräche bald der gesamte Verkehr zusammen, und *keiner* würde mehr an sein Ziel gelangen. Die Freiheit des einen Verkehrsteilnehmers wird also beschränkt durch die gleiche Freiheit der anderen und durch das gemeinsame Ziel eines möglichst geordneten Verkehrsablaufs. Die Straßenverkehrsordnung legt fest, welche Regeln jeder einzelne zu beachten hat. Sie dient der Freiheit aller.

220 Dies läßt sich verallgemeinern: Recht läßt sich mit Kant definieren als „die Einschränkung der Freiheit eines jeden auf die Bedingung ihrer Zusammenstimmung mit der Freiheit von jedermann, in so fern diese nach einem allgemeinen Gesetze möglich ist" (Über den Gemeinspruch: Das mag in der Theorie richtig sein, taugt aber nicht für die Praxis, Akademie-Ausgabe 8, Berlin 1923, 289f.) Echte Freiheit ist nur möglich im Rahmen des Rechtes, weil sie für alle möglich sein muß.

221 Dabei lassen sich noch verschiedene Begriffe von „Recht" unterscheiden:
a) Recht als *Rechtsbefugnis* oder *Rechtsanspruch*. Eine Familie besitzt beispielsweise das Wohnrecht in einem Haus. Dieses Wohnrecht kann in einem Eigentumsverhältnis begründet sein oder in einem Mietvertrag. Die Rechtsbefugnis umschließt die Vollmacht, ungehindert ein- und ausgehen zu können, das Haus verschlossen zu halten, jeden Eindringling daraus zu entfernen, notfalls mit Gewalt oder unter Zuhilfenahme der Polizei, das Haus zu möblieren, es den eigenen Bedürfnissen anzupassen usw. Man spricht in diesem Zusammenhang von *subjektivem Recht* als dem Recht, das einem Subjekt zukommt. Selbstverständlich handelt es sich dabei nicht um etwas „rein Subjektives" im Sinne persönlicher Willkür.
b) Recht als *Rechtsnorm* bedeutet die gesetzlichen Bestimmungen, aus denen sich die Rechtsbefugnis herleitet. Darunter wird sowohl die gesamte Rechtsordnung verstanden als auch einzelne Rechtsnormen, die einen Bestandteil dieser Ordnung bilden. In diesem Sinne spricht man beispielsweise vom Mietrecht oder

Wohnrecht, das die Benutzung von Gebäuden regelt, vom Bürgerlichen Recht oder vom Strafrecht, vom Deutschen Recht im Gegensatz zum Römischen Recht oder dem Recht anderer Völker.
Dieses *objektive* (oder besser: *normative*) Recht enthält also die Regeln, aus denen sich die subjektiven Rechte ableiten. Beide Begriffe hängen eng miteinander zusammen.
Unter dem Gesichtspunkt der Freiheit ist nun von Bedeutung, daß das subjektive Recht ein *Können* beinhaltet: Die Rechtsordnung erlaubt mir, all das zu tun, worauf ich einen Rechtsanspruch habe. Das bedeutet negativ: Keiner darf mich in der Ausübung dieses meines Rechtes hindern. Das subjektive Recht umschreibt den Raum der Freiheit.
Umgekehrt bedeutet die Rechtsnorm, von der sich mein Rechtsanspruch herleitet, für den anderen ein *Sollen:* Er hat mich in meinem Anspruch zu respektieren, er darf nicht in meine Freiheitssphäre eingreifen, er hat mir all das zu lassen und zu geben, worauf ich einen Anspruch geltend machen kann. Das normative Recht regelt also das Verhältnis der Menschen zueinander, es legt aber auch fest, wie jeder einzelne zur gemeinsamen Wertverwirklichung beitragen soll. Auf den ersten Blick scheint es die Freiheit einzuengen.

Wer wäre angesichts der vielen Gesetze, Vorschriften und Erlasse, die einzuhalten von ihm verlangt wird, angesichts des ganzen Formelkrams der Behörden nicht schon von dem Gefühl beschlichen worden, er müsse ausbrechen aus dieser verwalteten Welt, um endlich frei zu sein! Sicher bleibt immer zu prüfen, ob nicht mit wohlgemeinten Rechtsvorschriften und Verwaltungsakten zu viel des Guten getan wird. Aber ebenso sicher ist, daß die Gesetze der Freiheit dienen sollen und daß ohne eine Rechtsordnung ein friedliches Zusammenleben der Menschen in Freiheit auf so engem Raum unmöglich wäre.

§ 23 Gerechtigkeit als Maß des Rechts

Nach welchem Maßstab soll das Gesetz die Ansprüche der einzelnen gegeneinander abgrenzen und die Rechte und Pflichten in der Gesellschaft verteilen? Spontan gibt jeder die Antwort: Die soziale Ordnung soll *gerecht* sein. Gerechtigkeit ist im Verständnis der abendländischen Tradition immer dann gegeben, wenn jeder das erhält, worauf er einen Anspruch hat.
Damit ist aber die Frage nur verschoben: Worauf hat einer einen Anspruch? Wenn man (sachlich zutreffend) antwortet, der Anspruch (subjektives Recht) bestehe in dem, was das Gesetz (normatives

Recht) dem einzelnen zuerkennt, scheint man sich in einen Zirkel zu verstricken: Die Gerechtigkeit des Gesetzes wird definiert durch das Gesetz selbst. Über den Inhalt des Gerechtigkeitsbegriffs, bezogen auf das Gesetz als solches, ist damit noch nichts ausgesagt.

226 Dennoch enthält dieser scheinbare Zirkel schon ein wichtiges Element der Gerechtigkeit. Indem nämlich das allgemeine Gesetz in gleicher Weise für jeden gilt, der als Mensch angesprochen werden kann, stellt es schon einen gewissen (wenn auch unvollkommenen) Ausgleich dar. Es bringt den wichtigen Gedanken zum Ausdruck, daß jeder Mensch als Person in grundlegender Gleichheit Rechtssubjekt, d.h. *Träger von Rechten* ist. Es wird damit ausgeschlossen, daß die bloße Willkür oder die blanke Macht herrscht. Die Verteilung von Lebenschancen erfolgt vielmehr nach allgemein geltenden Regeln, eben den Gesetzen. Wie immer diese Gesetze näher inhaltlich bestimmt sein mögen, so darf in die Rechte des einzelnen nur wieder aufgrund eines allgemeinen Gesetzes eingegriffen werden. Welchen Anspruch einer erhebt, muß er unter gleichen Bedingungen auch dem anderen zugestehen.

227 Damit wird schon eine wichtige Regel der Ethik erfüllt, die besagt, daß ein Handeln nur dann als sittlich richtig anzusehen ist, wenn sich die Maximen, an denen es sich ausrichtet, verallgemeinern lassen. (Vgl. Kant, Grundlegung zur Metaphysik der Sitten, in: Akademie-Ausgabe 4, Berlin 1903, 421) Populär wird das in der *goldenen Regel* ausgesprochen: „Was du nicht willst, daß man dir tu', das füg' auch keinem andern zu!"

228 Damit ist auch politisch schon eine wichtige Sicherung der Freiheit erreicht. Jeder hat ein Interesse an gerechten Gesetzen, weil auch er einmal von ihnen betroffen werden könnte. Daraus ergibt sich eine gewisse *Chance* auch inhaltlicher Gerechtigkeit, zumindest in einer Demokratie. (Vgl. oben § 20)

229 Allerdings ist damit die Gefahr noch nicht ausgeschlossen, daß jene *Minderheiten,* die nicht in der Lage sind, ihre Ansprüche wirksam zur Geltung zu bringen, bei der Verteilung der Rechte und Pflichten benachteiligt werden. So spiegelt das Recht einer bestimmten Gesellschaft immer auch ihre Herrschaftsverhältnisse wider. Minderheiten sind auf den Gerechtigkeitssinn der nicht unmittelbar Betroffenen angewiesen. Gleichheit vor dem Gesetz ist eine notwendige, aber noch keine hinreichende Bedingung für Gerechtigkeit.

230 Nun gibt es aber auch inhaltlich einen Grundbestand an Rechten und Freiheiten, die dem Menschen als Person zukommen und ihm nicht genommen werden dürfen. Der Gedanke, solche *allgemeinen Menschenrechte* als subjektive Rechte des einzelnen zu formulieren, feierlich zu proklamieren und verfassungsmäßig dem politischen

Leben zugrundezulegen, ist kaum mehr als zwei Jahrhunderte alt. (Zum ersten Mal scheint der amerikanische Staat Virginia am 12. Juni 1776 in der sog. Virginia Bill of Rights seiner Verfassung eine Erklärung solcher Menschenrechte vorangestellt zu haben.) Die Einsicht aber, daß jeder Mensch einen rechtlichen Anspruch auf menschenwürdige Behandlung erheben kann, ist viel älter. Die Ausgestaltung und Begründung solcher Menschenrechte findet in den einzelnen Kulturen recht unterschiedliche Formen. Im Christentum wird diese Auffassung begründet im theologischen Gedanken, daß jeder Menschen ohne Rücksicht auf seine gesellschaftliche Stellung *Ebenbild Gottes* ist.

Heute enthalten die meisten geschriebenen Verfassungen Grundrechtskataloge, in denen dem einzelnen bestimmte Rechte ausdrücklich zugesprochen werden. Die Vereinten Nationen haben 1948 eine „Allgemeine Erklärung der Menschenrechte" verabschiedet, durch die allen Menschen der Erde solche Rechte gesichert werden sollten. Leider hat diese Erklärung nur volle völkerrechtliche Verbindlichkeit erlangt. In der Enzyklika „Pacem in terris" (1963) hat die katholische Kirche den Inhalt dieser Erklärung der Menschenrechte in ihre Lehrverkündigung übernommen. (Johannes XXIII., Pacem in terris, Nr. 11–27; vgl. Höffe u.a. 1981)

Im Umfang und in der Begründung solcher Grundrechte unterscheiden sich die verschiedenen staatlichen Verfassungen erheblich. Im *Grundgesetz* für die Bundesrepublik Deutschland bekennt sich das deutsche Volk zu unverletzlichen und unveräußerlichen Menschenrechten als Grundlage jeder menschlichen Gemeinschaft, des Friedens und der Gerechtigkeit in der Welt (Art. 1, 2 GG). Damit wird ausgesprochen, daß solche Rechte dem Menschen nicht erst aufgrund einer staatlichen Gesetzgebung, etwa aufgrund der geschriebenen Verfassung, sondern vorgängig zu allem geschriebenen Gesetz einfachhin aufgrund der Tatsache zukommen, daß er, insofern er Mensch *ist, Würde* besitzt. Um der Gerechtigkeit willen muß der Staat solche Menschenrechte respektieren. 231

Das Grundgesetz umschreibt dann in Art. 2–19 eine ganze Reihe von *Grundrechten,* die in keinem Falle in ihrem Wesensgehalt angetastet werden dürfen und die als unmittelbar geltendes Recht Gesetzgebung, Verwaltung und Rechtsprechung binden (Art. 19,2 GG; Art. 1,3 GG). Nicht alle diese Grundrechte lassen sich unmittelbar als unabdingbare Menschenrechte aus der menschlichen Personwürde ableiten, aber der Grundsatz von der Geltung der Menschenrechte kann auch durch eine Verfassungsänderung nicht berührt werden (Art. 79, 3 GG). 232

Die Formulierung der Grundrechte im Grundgesetz ist überwiegend 233 *negativ:* Es wird bestimmt, welche Freiheiten dem Menschen im Geltungsbereich des Grundgesetzes unter keinen Umständen *genommen* werden dürfen. Dies hat den Vorteil relativ großer Eindeutigkeit und Klarheit: Die obersten Gerichte, vor allem das Bundesverfassungsgericht, können anhand des Verfassungstextes verhältnismäßig genaue Grenzen ziehen, wo der rechtliche Freiheitsraum des einzelnen verletzt worden ist. Geschichtlich wurde diese Art der Formulierung vor allem im Hinblick auf den nationalsozialistischen Unrechtsstaat gewählt, in dem man die Erfahrung machte, daß die öffentliche Gewalt dem Bürger die Freiheit nehmen kann, ohne daß formell die Gesetze verletzt werden müssen. Daneben spielte auch die Absicht eine Rolle, sich von den totalitären Staaten des damaligen Ostblocks abzugrenzen.

234 Es kann aber nicht übersehen werden, daß durch diese negative Formulierung von liberalen Grundrechten die wirkliche Freiheit des einzelnen und die Gerechtigkeit noch nicht genügend gesichert sind. Der Staat muß dem einzelnen auch positiv die Möglichkeit gewährleisten, diese formalen Freiheitsrechte wirklich *auszuüben.* Nicht nur staatlicher Zwang, auch gesellschaftliche und wirtschaftliche Zwänge können den einzelnen seiner Freiheit berauben. Gerechtigkeit in diesem Sinne kann aber nur durch eine entsprechende staatliche Politik verwirklicht werden.

Beispielsweise führt Arbeitslosigkeit zu Abhängigkeit und Unfreiheit. Man hat darum vorgeschlagen, auch ein „Recht auf Arbeit" in den Grundrechtekatalog aufzunehmen. Zweifellos ist der Staat verpflichtet, durch seine Wirtschafts- und Sozialpolitik dafür zu sorgen, daß alle Arbeitswilligen Beschäftigung finden und der einzelne eine Absicherung gegen wirtschaftliche Notfälle erhält. In Zeiten einer allgemeinen Arbeitslosigkeit ist es aber auch für die staatlichen Organe nicht immer möglich, jedem einzelnen eine Beschäftigung zu verschaffen. Was nützt dann ein im Grundgesetz verankertes „Recht auf Arbeit" dem Arbeitslosen? Es entwertet nur die Bedeutung der negativen Grundrechte, insofern sie unmittelbar geltendes Recht zu sein beanspruchen. Die Väter unseres Grundgesetzes waren gut beraten, zurückhaltend zu sein in der Auswahl der Grundrechte, die sie zur Sicherung der Freiheit ausdrücklich in die Verfassung aufgenommen haben. (Art 20,1 GG: „Die Bundesrepublik Deutschland ist ein demokratischer und sozialer Bundesstaat." Vgl. Blüm – Zacher 1989)

235 Aber noch unter einer anderen Rücksicht vermag das Recht die Freiheit nur in unvollkommener Weise zu schützen. In den letzten Jahren ist öfters von *gesellschaftlichen Zwängen* die Rede gewesen. Man sprach von „Konsumzwang", der durch die Werbung auf den Verbraucher ausgeübt werde, von „Leistungszwang", dem die Menschen

im Arbeitsprozeß ausgesetzt seien, von sozialen Abhängigkeiten, denen ganze Gesellschaftsschichten infolge von Armut, mangelnder Bildung oder sonstiger Chancenungleichheiten unterworfen seien. Die Vorurteile, denen Frauen auch heute noch im Berufsleben begegnen, verlangen von ihnen einen höheren Leistungseinsatz, um dieselben Positionen wie die Männer zu erreichen. Auch in solchen Fällen handelt es sich um eine ungerechte Einschränkung von Freiheiten, die aber nicht allein durch das staatliche Recht überwunden werden kann. Auch gesellschaftliche Leitbilder vermögen die Freiheit der Entfaltung der Persönlichkeit einzuschränken. Eine Überwindung solcher Zwänge ist nur durch gesellschaftliche Bewußtseinsbildung zu erreichen. Beides ist also notwendig: Einerseits muß das Gerechtigkeitsgefühl geweckt werden; andererseits müssen rechtliche Maßnahmen zur Überwindung von Ungleichheiten eingeleitet werden. Auch unter dieser Rücksicht ist gleiches staatliches Recht für alle nur eine notwendige, noch keine hinreichende Bedingung der Gerechtigkeit. Es kommt also entscheidend darauf an, daß die durch das Recht begründete Gesellschaftsordnung selbst gerecht sei. Damit kehrt aber die Frage wieder: Was macht eine Gesellschaftsordnung als solche gerecht?

Jahrhunderte hindurch bedeutete „Gerechtigkeit" die sittliche *Haltung* des einzelnen, die ihn geneigt macht, Recht und Gesetz zu achten. In der heutigen Fragestellung wird das Wort „Gerechtigkeit" in erster Linie verwendet für die Beschreibung eines gesellschaftlichen *Zustandes* einer Gesellschaftsordnung und erst in zweiter Linie zur Kennzeichnung einer Tugend. 236

§ 24 Verschiedene Gerechtigkeitsbegriffe

Wenn der traditionelle Begriff der Gerechtigkeit (zu § 24f. vgl. die ausführlichere Darstellung in Kerber 1981, 30–67), von Aristoteles geprägt (Rhet. 1366 b 9ff.), fordert, daß „jedem das Seine" gegeben werden solle, wodurch wird dieses „Seine" bestimmt? In einer geschichteten Gesellschaft, wie sie bis ins 18. Jahrhundert in Europa vorherrschte, bildete die gewachsene Struktur der Gesellschaft eine einleuchtende Grundlage für die Bestimmung dieses „Seinen". „Von Natur", d.h. durch Geburt, wurde der einzelne Glied einer Bevölkerungsschicht, Berufsgruppe (Zunft) oder Klasse mit recht klar umschriebenen gesellschaftlichen Rechten und Pflichten. (Vgl. oben § 2) Bei aller philosophischen Reflexion über die Gerechtigkeit der Verteilung wurde diese gesellschaftliche Ordnung als „natürlich", d.h. selbstverständlich vorgegeben, angesehen und nicht in Frage 237 gestellt, ja sogar als Teil des göttlichen Schöpfungsplans interpretiert. (Eine gute Darstellung dieser Auffassung von Gerechtigkeit findet sich noch in: Geiger 1959.)

238 Der so verstandene Begriff von „Gerechtigkeit" war ausgerichtet auf die Stabilisierung der gegebenen Ordnung der Gesellschaft. Man könnte von „konservativer Gerechtigkeit" (vgl. Miller 1976) oder „*Besitzstandsgerechtigkeit*" sprechen, weil sie inhaltlich bestimmt wird von Stand und Besitz, die einer in der Gesellschaft erlangt hat, wobei „Besitz" nicht eingeschränkt auf wirtschaftliche Güter zu verstehen ist, sondern auch immaterielle Rechte, Ansehen, politischen Einfluß umgreift.

239 Diese Schichtung der Gesellschaft nach Ständen geriet in Bewegung, als sich im Zuge der industriellen Revolution die Produktionsbedingungen änderten. Die Zünfte lösten sich auf, und damit wurden Löhne und Preise durch das Gesetz von Angebot und Nachfrage auf dem Markt und nicht mehr durch Gewerbeordnungen nach dem Maßstab der Standesgerechtigkeit geregelt. An die Stelle der statischen trat in der Sozialphilosophie des Wirtschaftsliberalismus eine dynamisch verstandene „natürliche Ordnung" der Gesellschaft, nämlich die Vorstellung von der Harmonie der Einzelinteressen durch das Gesetz des Wettbewerbs: Wenn man nur dem einzelnen die Möglichkeit gibt, ohne staatliche Behinderung seinen wohlverstandenen Eigennutz zu verfolgen, führt das von selbst zum allgemeinen Wohlstand. Das Wort „Gerechtigkeit" wird dann nur noch eingeschränkt verstanden als Kennzeichnung individuellen Verhaltens, daß man beispielsweise einen anderen nicht durch Gewalt oder Täuschung unterdrückt.

240 Auch dieser Gesellschaftsauffassung liegt das Leitbild einer idealen „rechten" Ordnung zugrunde, nur wird die diesem Leitbild entsprechende „Gerechtigkeit" jetzt als „*Leistungsgerechtigkeit*" verstanden: Nicht die Zugehörigkeit zu einem Geburtsstand oder überkommene Privilegien umschreiben das, worauf einer als das „Seine" einen Anspruch erheben kann, sondern die persönliche Leistung bestimmt die Stellung des einzelnen in der Gesellschaft und damit seine Rechte und Pflichten. Eine quasi-theologische Rechtfertigung dafür gibt Adam Smith durch das Bild von der „unsichtbaren Hand": Ähnlich wie Gott den Lauf der Gestirne durch die Gesetze der Gravitation lenkt, so hält er die rechte Ordnung der Gesellschaft durch die Gesetze des Eigennutzes im Wettbewerb aufrecht.

241 Dieser Leistungsgedanke gab dem individuellen Erwerbsstreben starke Impulse und führte – zusammen mit den neuen technischen Möglichkeiten der Maschinenproduktion – zu einem vorher unvorstellbaren Aufschwung der abendländischen Wirtschaft. Zugleich

aber gerieten die von den Fesseln der alten Gesellschaftsordnung befreiten unteren Gesellschaftsschichten in eine um so drückendere wirtschaftliche Abhängigkeit. Mit dieser sog. „Arbeiterfrage" stellte sich zum ersten Mal in der abendländischen Geistesgeschichte ausdrücklich die Frage einer „*sozialen Gerechtigkeit*", d.h. eines gerechten Gesellschaftsaufbaus, der allen Schichten und Klassen den ihnen zukommenden Anteil am gesellschaftlichen Leben sichert.

Was in einer Gesellschaft als „gerecht" gilt, hängt also auch vom 242 soziologisch bedingten Aufbau dieser Gesellschaft ab, insbesondere von den wirtschaftlichen Produktionsbedingungen. Am schärfsten und einflußreichsten hat sich Karl Marx mit der Ungerechtigkeit der liberal-kapitalistischen Wirtschafts- und Gesellschaftsordnung auseinandergesetzt. Er vermeidet bemerkenswerterweise das Wort „Gerechtigkeit" oder verwendet es fast nur ironisch, weil er darunter eine von den bürgerlichen Produktionsverhältnissen bestimmte Idee versteht, die mit diesen der Vergangenheit angehört. (Dahrendorf 1971, 14) Der von ihm so stark betonte Gegensatz von Kapital und Arbeit hat sich dabei als ein bloßer Anwendungsfall einer umfassenderen Problematik der Gerechtigkeit herausgestellt: In einer dynamischen Gesellschaft drohen jene Gruppen tendenziell benachteiligt zu werden, die sich nicht machtmäßig zur Geltung zu bringen vermögen.

Die Vieldeutigkeit des Gerechtigkeitsbegriffs läßt sich also nur 243 überwinden, wenn man angibt, welche *Art* von Gleichheit hergestellt werden soll. Tatsächlich werden die Menschen ungleich geboren, sind mit ungleichen Anlagen und Fähigkeiten ausgestattet, durchlaufen eine ungleiche Erziehung und Ausbildung, treten ein ungleiches Erbe an, gehen ungleiche gesellschaftliche Verbindungen ein, entwickeln ungleiche Bedürfnisse und Lebensziele. Bedeutet „Gerechtigkeit", daß man „dem, der viel leistet, auch viel schuldet, oder umgekehrt von dem, der viel leisten kann, auch viel fordert" (Weber 1988, 505)?

„Soziale Gerechtigkeit" kann nicht „jedem das Gleiche" bedeuten, 244 also nicht völlige Gleichheit der Lebenssituationen, der Ergebnisse des gesellschaftlichen Verteilungsprozesses. Eine solche Ergebnisgleichheit würde den Menschen in ihrer Verschiedenheit nicht gerecht, würde außerdem insofern wieder gegen die Gerechtigkeit verstoßen, als alle Anstrengungen der einzelnen, eine für die Gesellschaft wertvolle Leistung zu erbringen, ohne Anerkennung blieben und damit auch der Anreiz dazu wegfiele.

„Soziale Gerechtigkeit" kann also bestenfalls Gleichheit der *Aus-* 245 *gangschancen* bedeuten, der Startbedingungen, unter denen der einzelne die Möglichkeit erhält, durch eigene Leistung im Leben voranzukommen und jene gesellschaftliche Stellung zu erreichen, die er sich wünscht und die seinen Fähigkeiten entspricht. Aber auch eine solche volle Chancen*gleichheit* ist nicht zu verwirklichen angesichts der großen Verschiedenheit der Ausgangslagen, Fähigkeiten und Begabungen, der Unschärfe der Bewertungskriterien, der Schwierigkeiten bei der praktischen Durchführung einer Umverteilung.

246 So wird der Versuch, soziale Gerechtigkeit herzustellen, sich beschränken müssen auf den Abbau ganz bestimmter, vor allem extremer Chancenungleichheiten, durch die ganze Gruppen und Klassen von vornherein vom Zugang zu wichtigen Lebensgütern abgeschnitten werden. Was als derartig zu korrigierende Ungleichheit anzusehen ist und mit welchen Maßnahmen eine solche Korrektur erfolgen soll, darüber muß ein politischer Konsens erzielt werden. „Soziale Gerechtigkeit" ist unter dieser Rücksicht also als *„Chancengerechtigkeit"* zu verstehen – ein notwendigerweise etwas unscharfer Begriff.

247 Dieser Definitionsversuch von „sozialer Gerechtigkeit" knüpft noch immer an die Leistungsgerechtigkeit an, für die er die Voraussetzungen garantieren will. Man kann aber auch unmittelbar von den Bedürfnissen der Menschen ausgehen und „soziale Gerechtigkeit" bestimmen als den gleichen Anspruch aller auf eine Grundausstattung mit bestimmten materiellen und immateriellen Gütern, deren jeder für ein menschenwürdiges Dasein bedarf. In unserem Jahrhundert hat sich immer stärker das Bewußtsein durchgesetzt, daß keine gesellschaftliche Ordnung als gerecht angesehen werden kann, die nicht allen Bürgern die Befriedigung ihrer Grundbedürfnisse ermöglicht und gewährt. In vielen Industriestaaten ist aus der sozialen Fürsorge ein strenger Rechtsanspruch auf Sozialhilfe im Bedürfnisfall geworden. „Soziale Gerechtigkeit" wird also zunehmend als *„Bedürfnisgerechtigkeit"* verstanden: Die Gesellschaft gewährleistet allen ihren Mitgliedern die Erfüllung bestimmter, als grundlegend anerkannter Bedürfnisse.

§ 25 Vergleich der Gerechtigkeitsbegriffe

248 Aus dem in § 24 Gesagten dürfte klar geworden sein, warum der zunächst so eindeutig erscheinende Begriff der Gerechtigkeit, definiert als „jedem das Seine", in der heutigen Diskussion von den verschiedensten, zum Teil gegenläufigen Tendenzen in Anspruch genommen werden kann. Je nach der Interpretation des „Seinen" fächert er sich auf in

- *Besitzstandsgerechtigkeit,*
- *Leistungsgerechtigkeit,*
- *soziale Gerechtigkeit,* die ihrerseits wieder verschieden verstanden werden kann als
- *Chancengerechtigkeit* oder als
- *Bedürfnisgerechtigkeit.*

Jede der genannten Interpretationen läßt sich mit guten Argumenten begründen, führt aber zu einem jeweils etwas *anderen Ergebnis.* Dies gilt grundsätzlich und nicht nur wegen der immer noch hinzutretenden Abgrenzungsschwierigkeiten. Daher muß jetzt der Versuch unternommen werden, die daraus sich ergebenden Konflikte schärfer herauszuarbeiten und die Bedeutung der einzelnen Interpretationen etwas zu gewichten. 249

Was hier *Besitzstandsgerechtigkeit* genannt wurde, sichert jedem das Seine ím Sinne einer einmal erworbenen Position in der Gesellschaft. Sie ist umschrieben durch die Rechte, die einer aufgrund öffentlich anerkannter Regeln, früherer Leistungen, gewährter Ansprüche und Privilegien geltend machen kann. Sie hängt nicht ab von seinem jetzigen Verhalten oder seinen persönlichen Eigenschaften und Fähigkeiten. 250

Ihre bleibende Bedeutung liegt darin, daß sie eine verläßliche Ordnung der *Rechtssicherheit* garantiert: Die Gesellschaft ist auf klare, überschaubare und allgemein anerkannte Regeln angewiesen, damit die einzelnen in ihren Erwartungen nicht enttäuscht werden. Die Besitzstandsgerechtigkeit ist die bevorzugte Domäne der Juristen. Sie beschäftigen sich mit den geltenden Gesetzen: Regeln, die im allgemeinen dem überkommenen, eingespielten Gerechtigkeitsbewußtsein entsprechen. Mag das positive Gesetz nicht allen Forderungen einer idealen Gerechtigkeit genügen, so hat es doch um der Rechtssicherheit willen gewöhnlich den Vorrang vor allen anderen Überlegungen bei der Entscheidung von Streitfällen. Was immer an normativen Argumenten zugunsten von mehr Leistungsgerechtigkeit oder mehr sozialer Gerechtigkeit vorgebracht werden kann, muß schließlich seinen Ausdruck finden im geltenden Gesetz und somit Besitzstandsgerechtigkeit werden. Andererseits muß jeder, der einen erworbenen Besitzstand mit noch so guten Argumenten anzutasten versucht, mit dem erbitterten Widerstand der Betroffenen im Namen der „Gerechtigkeit" rechnen. Einmal gewährte Rechte lassen sich nur schwer zurücknehmen.

Das Prinzip der *Leistungsgerechtigkeit* wird vor allem im Namen der Freiheit der individuellen Lebensgestaltung und der *Selbstverantwortung* der Bürger verteidigt. Persönliche Tüchtigkeit rechtfertigt in viel stärkerem Maße eine höhere gesellschaftliche Position als 251 überkommene oder ererbte Rechtsansprüche. Eine auf dem Leistungsprinzip aufgebaute Gesellschaft – so argumentieren mit Vorliebe die Wirtschaftswissenschaftler – nimmt den Egoismus der einzelnen in Dienst, um über den Markt mit einem Mindestmaß an staatlicher Regelung ein Höchstmaß an Effizienz und Flexibilität zu erreichen.

252 Andererseits tendiert das Leistungsprinzip aus sich heraus dazu, die bestehenden *Ungleichheiten* in einer Gesellschaft noch zu vergrößern. Was als persönliche Leistung geltend gemacht wird, ist oftmals nur das Ergebnis einer vorteilhafteren Ausgangslage und gesellschaftlicher Machtstellung. Außerdem wirkt die Leistungsgerechtigkeit eher *trennend,* nicht verbindend, weil sie den einen zum Rivalen des anderen macht. Jeder individuelle Aufstieg, durch den einer seine gesellschaftliche Stellung verbessert, bedeutet für den anderen eine zumindest relative Verschlechterung seiner Lage. Der Wettbewerb um die grundsätzlich knappen oberen Positionen kann zu einem egoistischen Kampf aller gegen alle führen und menschliche Werte wie Solidarität, soziale Geborgenheit, Existenzsicherheit zerstören. Vielfach bestimmt zuletzt nicht mehr die sachliche Leistung, sondern die Selbstbehauptung gegenüber dem Mitbewerber entscheidend das Handeln und zieht Kräfte von der eigentlich zu bewältigenden Aufgabe ab.

Zahlreiche gesellschaftliche Fehlentwicklungen dieser Art sind unübersehbar und werden vielfach unter dem Stichwort „Kritik an der Leistungsgesellschaft" diskutiert:

a) in der *Wirtschaft* etwa manche Formen des Verdrängungswettbewerbs und der Werbung,

b) in der *Politik* unsachliche Formen des Wahlkampfes bei knappen Mehrheitsverhältnissen, Verunglimpfung des politisch Andersdenkenden, falsche Versprechungen u.ä.

c) im *Bildungssystem* das Lernen nur für den Notendurchschnitt im Hinblick auf die knappen Studienplätze.

Eine rein auf dem individuellen Leistungsstreben und den Marktgesetzen aufgebaute Gesellschaft ist eine zutiefst inhumane Gesellschaft.

253 Demgegenüber tragen beide Formen der *„sozialen Gerechtigkeit"* der Natur des Menschen als eines *Gemeinschaftswesens* Rechnung. Auf Grund der wesensmäßig gleichen Würde aller Menschen und ihrer sozialen Verbundenheit verlangt die soziale Gerechtigkeit eine gewisse Gleichheit der Lebensbedingungen aller – jedenfalls insofern diese von gesellschaftlich-institutionellen Regelungen abhängen.

254 Negativ fordert die *Chancengerechtigkeit* zunächst den *Abbau* von

rechtlichen und sozialen *Diskriminierungen,* von nicht sachlich begründeten Zugangsbeschränkungen zu gesellschaftlichen Stellungen. In diesem Sinne verbietet Art. 2 der „Allgemeinen Erklärung der Menschenrechte der Vereinten Nationen" jede Diskriminierung nach Rasse, Hautfarbe, Geschlecht, Sprache, Religion, nach politischer oder sonstiger Überzeugung, nationaler oder sozialer Herkunft, nach Eigentum, Geburt oder sonstigen Umständen. Trotz aller Abgrenzungsschwierigkeiten, was als „Diskriminierung" oder was als sachlich begründete Unterscheidung im einzelnen anzusehen ist, verdient diese Forderung doch uneingeschränkte Unterstützung und Verwirklichung.

Eine reale Chancengerechtigkeit ist aber durch die rein formale Aufhebung rechtlicher Schranken noch nicht gewährleistet. Zusätzliche *Hilfen* sind erforderlich, damit bestimmte Bevölkerungsgruppen die ihnen rechtlich eröffneten Möglichkeiten auch *tatsächlich* wahrnehmen können. Solche zusätzlichen Hilfen, besonders wenn sie mit finanziellen Aufwendungen verbunden sind, müssen aber immer in der einen oder anderen Weise von der Gesellschaft aufgebracht werden. Jede gesellschaftliche Veränderung zugunsten Benachteiligter greift in den gegebenen Besitzstand ein, bedeutet eine Umverteilung gesellschaftlicher Positionen. 255

In einer Gesellschaft wirtschaftlichen *Wachstums* bleibt dies oftmals unbemerkt, weil die Umverteilung über den Zuwachs erfolgt und die absoluten Besitzstände erhalten bleiben können, die höheren Gesellschaftsschichten also nur relativ schlechter gestellt werden. Die Chancengerechtigkeit wird dann weniger auf Kosten der Besitzstandsgerechtigkeit als vielmehr der Leistungsgerechtigkeit verwirklicht. Diese Einebnung des Zuwachses kann den allgemeinen Leistungswillen beeinträchtigen, weil der Anreiz zurückgeht, sich um ein höheres, aber auch mit höheren sozialen Lasten verbundenes Einkommen zu bemühen. Damit sinkt aber die Effizienz des gesellschaftlichen Gesamtsystems, und es bleibt insgesamt für alle weniger zu verteilen. Zwischen wirtschaftlicher Effizienz und sozialer Gleichheit besteht wenigstens partiell ein Spannungsverhältnis. So steht die Gesellschaftspolitik oftmals vor der Alternative, ob sie den „Kuchen" wirtschaftlichen Wohlstandes allgemein wachsen lassen oder „gerechter", d.h. gleichmäßiger, verteilen will. 256

Außerdem entstehen bei jeder sozialen Umverteilung Sickerverluste durch den dazu erforderlichen öffentlichen Verwaltungsapparat. Berechtigte und gut gemeinte Hilfen zugunsten einzelner benachteiligter Gruppen können oftmals auch von anderen in Anspruch genommen werden, für die sie eigentlich nicht gedacht waren. Weitere Gruppen unter ähnlichen Umständen erheben dann im Namen der 257

Gerechtigkeit Anspruch auf Gleichbehandlung, und schließlich wird das gesamte System sozialen Chancenausgleichs völlig undurchschaubar.

258 Ähnliche Schwierigkeiten treten noch verstärkt bei dem Versuch auf, „soziale Gerechtigkeit" im Sinne von *Bedürfnisgerechtigkeit* zu verwirklichen. Aus der gleichen Menschenwürde und der Sozialnatur des Menschen läßt sich zwar die Forderung ableiten, daß in einer Gesellschaft die *dringlichsten Bedürfnisse* an erster Stelle befriedigt werden sollten. Demzufolge sind die knappen Güter so zu verteilen, daß jedem wenigstens das Existenzminimum sichergestellt wird. In gewissen Notsituationen, etwa in Kriegszeiten, erfolgt deshalb die Verteilung der Nahrungsmittel nach dem Bedürfnisprinzip (Lebensmittelkarten, Sonderzuteilungen für „Schwerarbeiter").

259 Der Gedanke positiver „*sozialer Grundrechte*", d.h. eines Anspruchs auf die Erfüllung gewisser Grundbedürfnisse, findet in jüngster Zeit immer stärkeren Anklang, gerade im Hinblick auf bestimmte Situationen in Entwicklungsländern. Als solche „natürlichen Menschenrechte" werden unter anderem aufgeführt:
– Recht auf Arbeit (vgl. oben § 23),
– Anspruch auf eine Lebenshaltung, die Gesundheit und Wohlbefinden des einzelnen und seiner Familie gewährleistet,
– einschließlich Nahrung, Kleidung, Wohnung, ärztlicher Betreuung und der notwendigen Leistungen der sozialen Fürsorge, Recht auf Bildung, auf Urlaub usw.

260 So wünschenswert und einleuchtend diese Forderungen sind, so genügt es doch nicht, jedem Menschen bestimmte Ansprüche als positive soziale Menschenrechte zuzuerkennen, wenn nicht zugleich Wege angegeben werden, wie diese Ansprüche erfüllt werden können. Wie lassen sich – gerade in den Entwicklungsländern – die zur Überwindung der Not erforderlichen Güter überhaupt produzieren? Sollte sich die Ethik nicht viel mehr um die Produktion der Güter als um die Verteilung kümmern?

261 Aber auch in den Industrieländern stößt der Versuch, jedem in gleicher Weise den Anspruch auf bestimmte Güter unter Rücksicht der Bedürfnisgerechtigkeit zu erfüllen, auf erhebliche Schwierigkeiten bei der *Durchführung,* sobald die Ansprüche über das absolute Existenzminimum angehoben werden. Es ist beispielsweise nicht leicht, die mißbräuchliche Inanspruchnahme eines Systems sozialer Sicherheit zu verhindern (etwa in der Arbeitslosenversicherung oder bei der Lohnfortzahlung im Krankheitsfall). Ein auf dem Bedürfnisprinzip aufgebautes Verteilungssystem enthält wenig Anreize, mit den Mitteln sparsam umzugehen, welche die Solidargemeinschaft zur Verfügung stellt. Es kann darum sehr kostspielig bis verschwen-

derisch und/oder sehr bürokratisch werden (beispielsweise im Gesundheitswesen). Viel hängt davon ab, wieviel Solidaritätsbewußtsein und soziale Verantwortung von den Gliedern einer Gesellschaft erwartet werden kann.

Zwischen den einzelnen Auffassungen von Gerechtigkeit, besonders 262 zwischen Leistungsgerechtigkeit und Bedürfnisgerechtigkeit, besteht also ein *Spannungsverhältnis,* das sich nicht durch einfache Formeln oder Prinzipien ganz auflösen läßt, sondern einer wertenden Abwägung und Gewichtung Raum läßt. In die inhaltliche Bestimmung dessen, was in einer geschichtlichen Situation als gerecht gilt, spielen einerseits grundsätzliche Auffassungen vom Menschen herein, wie man sich etwa das Verhältnis zwischen seiner Individual- und Sozialnatur denkt. Andererseits sind aber auch viele konkrete und geschichtlich wandelbare Umstände zu berücksichtigen, über die es berechtigte Meinungsverschiedenheiten geben kann. Die hier vorgetragenen Unterscheidungen wollen eine Hilfe bieten, verschiedene Positionen im Spektrum politischer Parteien genauer zu orten und die Argumente und Gegenargumente klarer gegeneinander abzuwägen.

§ 26 *Recht und Moral*

Das Recht steht im Dienste der Gerechtigkeit. Die Gerechtigkeit ist 263 das Maß des Rechts (§ 23). Dem Menschen kommen „von Natur" bestimmte Rechte zu, die er nicht erst durch staatliche Verleihung, sondern schlechthin als Mensch besitzt. Zwischen diesen „natürlichen Rechten" des Menschen und den positiven Gesetzen kann es aber Unterschiede, Diskrepanzen, Widersprüche geben bis zu dem extremen Fall, daß der staatliche Rechtsapparat selbst in den Dienst des Unrechts gestellt wird. Was dann?

Das Spannungsverhältnis zwischen *positivem* („gesatztem", von 264 Menschen formuliertem) Recht und einem noch näher zu bestimmenden „Naturrecht" ist ein juristisches Grundproblem, das in der einen oder anderen Form die gesamte Geschichte der Rechtsphilosophie und Rechtstheologie durchzieht. Nach dem Zweiten Weltkrieg glaubte man, eine „ewigen Wiederkehr des Naturrechts" (Rommen 1947) feststellen zu können, doch bald wurde ebenso von einer „ewigen Wiederkehr des Rechtspositivismus" (Schneider 1956, 98) gesprochen.

Der Terminus „Naturrecht" wird dabei in der Jurisprudenz etwas 265 anders als in der Ethik und in der Moraltheologie gebraucht, und zwar einerseits eingeschränkter, andererseits allgemeiner. Hier bezeichnet „Naturrecht" den Inbegriff jener Normen der Gerechtigkeit, von denen behauptet wird, daß sie als Grundlage allen Rechtes vorgängig zur Tätigkeit des Gesetzgebers und unabhängig von ihr gelten. Das so verstandene Naturrecht hat also (einschränkend) nur einen Teilbereich der sittlichen Ordnung zum Gegenstand, nämlich sittliche Normen der *Gerechtigkeit*, die grundlegend und unabdingbar für menschliches Zusammenleben gelten. Andererseits soll damit nicht notwendigerweise eine *bestimmte* philosophische Tradition der Begründung sittlicher Normen vorausgesetzt werden, etwa die aristotelisch-thomistische oder die stoische, sondern (allgemeiner) nur die grundsätzliche Begründbarkeit solcher sittlicher Normen überhaupt in ihrer Bedeutung für das Recht.

266 Ein so verstandenes Naturrecht gehört also einerseits der *sittlichen* Ordnung an, insofern es aus der „Natur" des Menschen oder der Sachverhalte auf philosophischem Wege bestimmte Rechte als verpflichtend geltend einsichtig machen will, andererseits der *Rechts*ordnung, insofern seine Normen auch unmittelbar rechtliche Geltung beanspruchen. Es will also dem Bedürfnis nach einem „rechtfertigenden Grund und kritischen Richtmaß" allen positiv gesetzen Rechts genügen (Wolf 1964, 13). Dabei wird vorausgesetzt, daß nicht nur dem individuellen menschlichen Handeln, sondern auch der rechtlichen Gestaltung menschlichen Zusammenlebens gewisse erkennbare Ordnungsinhalte normativ vorgegeben sind, die nicht der Willkür des Gesetzgebers unterliegen (selbst wenn dieser volle demokratische Legitimation besäße), sondern von denen her die Gesetzgebung selbst und das positive Recht ihre Rechtfertigung erhalten.

267 Als das entscheidende Problem einer so verstandenen Naturrechtslehre stellt sich die Frage, wie das Verhältnis zwischen diesem überpositiven Recht und dem positiven Gesetzesrecht, zwischen Sittlichkeit und Recht genauer zu bestimmen ist. Wenn es sich nicht um zwei völlig getrennte Sphären handelt, können Widersprüche zwischen gut begründeten Normen der Moral und positiven Gesetzen auftreten. Was soll in einem derartigen Konfliktfall dann aber rechtlich „gelten": die Norm des Naturrechts und der Ethik oder das entgegenstehende positive Gesetz? Lassen sich Fälle denken, in denen ein Richter, dem ein positives Gesetz dem Naturrecht zu widersprechen scheint, unter Berufung auf die höhere Norm der Ethik und des Naturrechts *gegen* dieses positive Gesetz Recht sprechen kann, darf oder sogar soll? Wenn man aber eine Verwurzelung des positiven Rechts im Naturrecht und der Moral ablehnt, wie läßt sich dann die Gewissensverbindlichkeit der Gesetze begründen?

268 Die Naturrechtslehre beruht auf zwei Annahmen, bei deren Leugnung die skizzierte Problematik als gegenstandslos entfällt. Daher

sollen zuerst die beiden grundsätzlich möglichen Gegenpositionen negativ markiert und kritisiert werden, bevor auf einzelne Naturrechtsauffassungen positiv eingegangen wird:

In einem *Moralskeptizismus* oder grundsätzlichen *Wertrelativismus* 269 wird die Möglichkeit verneint, inhaltliche Normen der Sittlichkeit und Gerechtigkeit mit dem Anspruch auf objektive Geltung zu erkennen. Dann gibt es auch kein Kriterium, anhand dessen ein Gesetz als ungerecht oder naturrechtswidrig angesehen werden könnte. Der eine Spannungspol der Problematik entfällt.

Im eigentlichen *Rechtspositivismus* wird die Möglichkeit einer in- 270 haltlichen normativen Ethik nicht geleugnet, aber ihre Bedeutung für das *Recht* bestritten. Die Geltung moralischer Normen für die individuelle Lebensführung und persönliche Gewissensentscheidung wird anerkannt; zwischen Moral und Recht besteht aber kein notwendiger innerer Zusammenhang. Damit entfällt der andere Spannungspol der Problematik.

Am konsequentesten hat Hans Kelsen diese Position vertreten. Nach ihm hat die *Rechtsgeltung* eines Gesetzes nichts mit seinem *Inhalt* (Gerechtigkeit) zu tun, sondern beruht einzig auf der Tatsache, daß es in einer bestimmten Weise, nämlich entsprechend der staatlichen Verfassung (und letztlich einer vorausgesetzten Grundnorm) erzeugt ist. Gerechtigkeit kann als Eigenschaft nur von menschlichem Verhalten, nicht im eigentlichen Sinne von Rechtsnormen ausgesagt werden. Darum ist es nicht möglich, daß beide in Widerspruch zueinander geraten. Von einem „ungerechten Gesetz" zu reden kann nur bedeuten, daß der Normsetzungsakt dem Gerechtigkeitswert nicht entsprach. (Vgl. Kelsen 1960)

Der entscheidende Unterschied zwischen Rechtspositivismus und 271 Naturrecht besteht offensichtlich im Begriff des *Rechts:* Liegt der Sinn einer Rechtsnorm nur darin, daß in der staatlichen Zwangsordnung an ein bestimmtes Handeln die vom Gesetz vorgesehenen Folgen geknüpft sind, oder ist der Rechtsbegriff selbst ein Wertbegriff, der eine dem Menschen gemäße, gerechte Ordnung des sozialen Zusammenlebens zum Inhalt hat? Gehört das Recht ausschließlich der Ordnung des Seins an (tatsächlich geltende Normen) oder auch der des Sollens (gerechte Normen)?

§ 27 Naturrecht und positives Gesetz im Konflikt

Nimmt man den Anspruch von Gerechtigkeitsnormen auf volle 272 Rechtsgeltung ernst, muß die Frage entschieden werden, wie im Falle eines Konfliktes zwischen einem vorpositiven „Naturrecht" und dem positiven Gesetz rechtlich zu verfahren ist. Ohne Zweifel kann auf demselben Rechtsgebiet nur *ein* Recht gelten, entweder das positive, wie es in den staatlichen Gesetzen formuliert ist, oder die Norm einer übergesetzlichen Gerechtigkeit.

273 Kein Konflikt entsteht, wenn die staatlichen Gesetze den Kriterien der Gerechtigkeit entsprechen. Soll Gerechtigkeit wirklich herrschen und sich nicht zu einem unbestimmten Ideal verflüchtigen, das bestenfalls den Gesetzgeber (moralisch) bindet, müssen sich Fälle denken lassen, in denen eine Gerechtigkeitsnorm das entgegenstehende positive Gesetz bricht, ähnlich wie die höhere die niedrigere Gesetzesnorm, also wie etwa in der Bundesrepublik Deutschland das Bundesrecht das Landesrecht bricht.

274 Zunächst hat das legal zustande gekommene positive Gesetz eine gewisse Rechtsvermutung für sich, gerecht zu sein und der Gerechtigkeit zu dienen. Dem Gesetzgeber ist ein Vertrauensvorschuß zuzugestehen. Er trägt in erster Linie die Verantwortung für die Gerechtigkeit der Gesetze. Andererseits ist eine bloße Rechtsvermutung widerlegbar. Eine vorurteilsfreie Prüfung kann zu dem Ergebnis führen, daß ein Gesetz nicht nur schlecht, sondern ungerecht ist, daß es in klarem Widerspruch zu Gerechtigkeitspostulaten steht. Dann ergibt sich selbstverständlich für jeden zunächst die *sittliche* Forderung, mit legalen Mitteln und entsprechend seinen Möglichkeiten auf eine Änderung und Verbesserung des Gesetzes hinzuwirken. Wie steht es aber in der Zwischenzeit um die Rechtsgeltung solcher ungerechter Gesetze?

275 Hier wird man unterscheiden müssen: Allein aus der Tatsache, daß ein Gesetz nicht allen Gerechtigkeitsansprüchen genügt, folgt an sich noch nichts über seine mangelnde Rechtsgeltung. Entscheidend dafür ist der Gedanke, daß das positive Gesetz durch seine Eindeutigkeit und Unabhängigkeit von den persönlichen Wertüberzeugungen und Interessenstandpunkten dem sozialen Leben Sicherheit und Stabilität verleiht, den Frieden ermöglicht und durch die staatliche Zwangsgewalt auch schützt. Die Rechtsordnung wäre geradezu aufgehoben, wenn ein jeder seinen noch so ehrlichen persönlichen Überzeugungen von der Gerechtigkeit folgen und ihm mißliebige Gesetze für ungültig oder nicht verbindlich ansehen könnte.

276 Dies gilt selbst für den Fall, daß die moralische Beurteilung des Sachverhaltes eindeutig ist. Die Gerechtigkeit fordert nämlich auch die Rücksicht auf die Rechtssicherheit und die damit verbundenen Werte. Diese fundamentale Forderung der Gerechtigkeit hat im Normalfall den Vorrang vor den Gerechtigkeitspostulaten im einzelnen. Zugespitzt könnte man formulieren: Die Befolgung des positiven Gesetzes ist selbst eine Forderung der Gerechtigkeit.

In besonderem Maß verpflichtet dies den *Richter*, der ein ihm als 277 ungerecht erscheinendes Gesetz anwenden muß. Er kann sich in den normalen Konfliktfällen zur Urteilsfindung nicht auf eine Norm der *überpositiven* Gerechtigkeit, sondern nur auf die geltende positivrechtliche Norm berufen. Er darf nicht geltendes positives Recht beiseiteschieben, wenn die Anwendung eines Gerechtigkeitspostulates eine angemessenere oder gerechtere Lösung bietet. (Vgl. Geiger 1989, 83)

Auch wer durch die Unvollkommenheit der gegebenen Rechtsord- 278 nung vor Gericht unterliegt und so echte Ungerechtigkeit erleidet, wird diese im Normalfall hinnehmen müssen. Es ist ihm nämlich zuzumuten, zugunsten der gegebenen Rechtsordnung, an deren Segnungen auch er teilhat, auf echte Ansprüche zu verzichten, die er im Namen der Gerechtigkeit geltend machen könnte. Das schließt selbstverständlich nicht aus, daß er alle legalen Mittel einsetzt, um zu seinem Recht zu kommen.

Dennoch hat das positive Gesetz nicht das letzte Wort. Es lassen 279 sich nicht nur abstrakte Möglichkeiten denken, sondern es gab und gibt tatsächlich in der jüngeren Vergangenheit Deutschlands und vieler anderer Länder Fälle, bei denen das positive Gesetz nicht nur gewissen Randforderungen der vollen Gerechtigkeit nicht entspricht, sondern *fundamentale Menschenrechte* verletzt und so selbst zur Norm des Unrechts und der Unterdrückung wird. Die einem solchen positiven Gesetz entgegenstehende Gerechtigkeitsnorm hat dann Geltung kraft ihrer klaren und eindeutigen Bestimmtheit und Verankerung in der sittlichen Einsicht des Gewissens. Im Fall einer ganz klaren und fundamentalen Verletzung der Gerechtigkeit ist kein Richter berechtigt, sich auf ein ungerechtes positives Gesetz zu berufen, kein Mensch berechtigt, der Durchsetzung solcher Gesetze seine Hilfe zu leisten.

Problematisch bleibt dabei die *Unterscheidung* zwischen den beiden 280 Klassen von Fällen, wo entweder Unterwerfung unter das schlechte Gesetz geboten ist oder ein Recht zum Widerstand, vielleicht sogar die Pflicht des Widerstandes besteht. Als Kriterium der Unterscheidung wurde vorgeschlagen: „Wenn Gesetze den Willen zur Gerechtigkeit bewußt verleugnen, z.B. Menschenrechte Menschen nach Willkür gewähren und versagen, dann fehlt diesen Gesetzen die Geltung, dann schuldet das Volk ihnen keinen Gehorsam, dann müssen auch die Juristen den Mut finden, ihnen den Rechtscharakter abzusprechen." (Radbruch 1956, 336) Letztlich wird in einer solch verzweifelten Situation niemand, der Verantwortung für das Recht trägt, einer persönlichen Gewissensentscheidung ausweichen können, wie er unter Berücksichtigung aller Umstände und angesichts aller Konsequenzen zu entscheiden hat. Daß sich die Notwendigkeit ergeben kann, der Gerechtigkeit gegen ein positives Gesetz Geltung zu verschaffen, diese Möglichkeit sollte im Rechtsbewußtsein verankert bleiben.

Fünfter Teil
Staatsethik

§ 28 Die Rechtsordnung als staatliche Zwangsordnung

Die vorausgehenden Überlegungen haben sich schon mehrfach mit 281
der politischen Ordnung und mit dem *Staat* beschäftigt, ohne daß sie
darauf eingeschränkt gewesen wären (beispielsweise im Abschnitt
über das Demokratieprinzip in § 20). Jetzt soll ausdrücklich das
Verhältnis des Menschen zur politischen Ordnung Gegenstand der
Untersuchung werden.

Das Wort „Staat" (ital. „stato" = Zustand) ist erst zu Beginn des 16. 282
Jahrhunderts zur Bezeichnung eines politischen Gemeinwesens aufgekommen, also noch recht jungen Ursprungs. Die *Sache* ist aber mit
dem Wesen des Menschen gegeben, wie aufgezeigt werden soll. Es
wird hier also ein sehr allgemeiner Staatsbegriff zugrundegelegt,
nicht eine historisch-empirische Erscheinungsform (etwa der Staat
einer griechischen Πόλις, eines mittelalterlichen Lehenswesens,
eines absolutistischen Fürstenstaates oder eines heutigen Nationalstaates). Mit solchen Reflexionen über „Staatlichkeit" als solche
bewegt man sich auf einer hohen Stufe normativ-staatstheoretischer
Abstraktion, indem bestimmte Aufgaben herausgearbeitet werden,
die „der Staat" in jedem Falle zu erfüllen hat. Dabei soll jedoch keine umfassende Staatstheorie entwickelt, sondern nur auf ein paar
Gesichtspunkte zur Legitimation staatlicher Autorität hingewiesen
werden. Daraus lassen sich einige konkrete Folgerungen für die
Ausübung der Staatsgewalt ziehen.

Menschliche Freiheit – das wurde oben schon gezeigt (vgl. § 22) – 283
bedeutet nicht Willkür, sondern verwirklicht sich nur im Rahmen
des *Rechtes*. Das Recht ist die Ordnung der Freiheit im menschlichen Zusammenleben. Es sichert dem einzelnen einen Raum, in dem
sich seine Freiheit entfalten kann, und lenkt zugleich sein Handeln
auf jene Werte, ohne deren Berücksichtigung Freiheit nicht möglich
wäre.

Nun darf das Recht nicht eine bloß *ideale* Ordnung bleiben, die zu 284
respektieren nur dem guten Willen des einzelnen obliegt, sondern es
muß *reale Geltung* besitzen und sich grundsätzlich durchsetzen lassen, um die Freiheit wirksam zu schützen. Es geht nicht nur darum,
daß einer recht *hat*, sondern wichtig ist vor allem, daß er Recht *bekommt*! Nicht durch eine Fülle hervorragender Gesetze allein wird
eine Gesellschaft gerecht, sondern dadurch, daß diese Gesetze beobachtet werden.

285 Daraus ergibt sich die gesellschaftliche Notwendigkeit, die Rechtsordnung mit Zwang durchzusetzen. Diese *Sicherung des Rechts* ist die erste und fundamentale Aufgabe des Staates. Indem er dafür sorgt, daß das menschliche Zusammenleben von Gesetzen geregelt wird, die im Normalfall Anerkennung finden, verleiht er den gesellschaftlichen Abläufen Verläßlichkeit und Sicherheit. Weil aber nicht alle freiwillig die Gesetze beobachten, muß der Staat gegen jede *Gesetzesübertretung* mit Zwang einschreiten, allerdings abgestuft im Verhältnis zu der Bedeutung des Rechtsgutes, das durch das Gesetz geschützt werden soll: Die Übertretung eines staatlichen Gebotes wird mit einer mehr oder minder schweren Strafe bedroht.

286 Auf die vielen zum Teil recht schwierigen Fragen, die das staatliche *Strafrecht* aufwirft, kann hier nicht eingegangen werden. Wichtig ist der Gedanke, daß Strafe, besonders Freiheitsentzug, in einem echten Sinne Schuld, d.h. Mißbrauch der Freiheit, voraussetzt. Darum darf der Rechtsstaat keine Mühe scheuen, dem Verbrecher seinen Verstoß gegen das Gesetz so nachzuweisen, daß kein vernünftiger Zweifel an dessen Schuld bestehen bleibt, und muß im Zweifelsfall eher zugunsten des Angeklagten entscheiden. Dies entspricht dem Grundsatz, daß nicht der Zwang, sondern die Freiheit den Vorrang hat. Nicht die Erlaubnis der Freiheit, sondern die Notwendigkeit des Zwangs muß nachgewiesen werden.

287 Warum bedarf es aber eines Staates mit seinen Organen, um das Recht durchzusetzen? Warum wird nicht einfach jeder Bürger damit beauftragt, selbst dafür zu sorgen, daß die Gesetze beachtet werden? Tatsächlich hat in bestimmten Fällen jeder das Recht oder sogar die Pflicht zur Gewalt- und Zwangsanwendung, wenn die Gesetze verletzt werden. Es kann sich jeder auch mit Gewalt *verteidigen*, um einen gegenwärtigen rechtswidrigen Angriff von sich oder einem anderen abzuwenden. So definiert das positive Recht: „Eine durch Notwehr gebotene Handlung ist nicht widerrechtlich. Notwehr ist diejenige Verteidigung, welche erforderlich ist, um einen gegenwärtigen rechtswidrigen Angriff von sich oder einem anderen abzuwenden." (§ 227,1f. BGB; vgl. § 53,1f. StGB) Es ist aber nicht mehr Gewalt erlaubt, als zur Abwehr des Angriffs erforderlich ist. Wird einer auf frischer Tat ertappt oder verfolgt, so ist, wenn er der Flucht verdächtig ist oder seine Identität nicht sofort festgestellt werden kann, jedermann befugt, ihn auch ohne richterlichen Befehl vorläufig festzunehmen (§ 127,1 StPO). Auch in diesen Fällen dient der angewandte Zwang der Wahrung der Rechtsordnung.

288 Von solchen Ausnahmen abgesehen, die im Gesetz genau umschrieben werden, ist dem einfachen Bürger die Anwendung körperlicher Gewalt verboten und nur dem Staat und seinen Organen zur Durch-

setzung des Rechtes vorbehalten. So konnte der Staat soziologisch geradezu definiert werden als „jener politische Anstaltsbetrieb, dessen Verwaltungsstab erfolgreich das *Monopol legitimen physischen Zwanges* für sich in Anspruch nimmt" (Weber [1922] 1972, 29).

Dafür gibt es gute Gründe. Wenn die Anwendung von Gewalt und Zwang jedem gestattet würde, der sich im Recht glaubt, wären der öffentliche Friede und die Gerechtigkeit nicht aufrechtzuerhalten. Der physische Zwang stellt eine derartige Beeinträchtigung der menschlichen Freiheit dar, daß seine rechtmäßige Anwendung nur unter ganz strengen Bedingungen erlaubt werden kann. Schon im Falle der Notwehr ist häufig nur schwer festzustellen, wer der eigentliche Angreifer war. Deshalb muß die zwangsmäßige Verteidigung des Rechts solchen Personen vorbehalten bleiben, die nicht in den Konflikt verwickelt sind. Wie die gesamte Rechtspflege, so wird darum auch die legitime Anwendung von Gewalt dem Staat und seinen Organen übertragen. 289

Allerdings ist auch bei der staatlichen Gewalt ein Mißbrauch möglich. Beispielsweise können Polizisten im Einsatz bei Demonstrationen durch unnötige Härte und Brutalität gegen Gesetz und Recht verstoßen. In solchen Fällen ist es besonders schwierig, die Tatbestände klar festzustellen und dem Recht auch dann Geltung zu verschaffen, wenn die Hüter des Rechts sich selber nicht an das Recht halten. Ähnliches gilt für Fälle politischer Korruption. Hier eröffnet ein unparteiischer Ermittlungsausschuß oftmals einen Ausweg. 290

Trotz dieser Möglichkeiten des Amtsmißbrauchs können der Staat und seine Organe bis zum Erweis des Gegenteils die Vermutung für sich in Anspruch nehmen, in der Ausübung von Zwang und Gewalt das Recht auf ihrer Seite zu haben. Es ist ein grundsätzlicher Unterschied (normativer, nicht nur rein faktischer Art), ob ein Polizist oder ein einfacher Bürger Gewalt anwendet. Sie stehen sich nicht gewissermaßen gleichberechtigt gegenüber, nur daß der Polizist im allgemeinen besser ausgerüstet ist. Vielmehr sollte jeder Bürger in einem Rechtsstaat im Interesse seiner eigenen Freiheit die Polizei unterstützen. 291

Andererseits muß die Öffentlichkeit sorgfältig darüber wachen, daß die Ordnungskräfte die ihnen vom Recht gezogenen Grenzen nicht überschreiten. Es liegt im Interesse des Staats und der Polizeibeamten selbst, daß von ihrer Seite nicht nur keine Rechtsverletzungen vorkommen, sondern daß sie auch nicht ins Zwielicht geraten, damit das Vertrauen der Öffentlichkeit gestärkt wird, daß die Polizei wirklich die Freiheit der Bürger schützt. 292

§ 29 Die politische Ordnung als Rahmen der Gesellschaft

293 In der sozialphilosophischen Tradition galt der Staat als der oberste Hüter des Gemeinwohls, als „societas perfecta". Das bedeutete keine Verherrlichung des Staates, als ob er als „vollkommen" in einem moralischen Sinne angesehen worden wäre, sondern man wollte damit nur ausdrücken, daß er keine andere Instanz mehr über sich hat und alle sozialen Grundbedürfnisse der Bürger zu erfüllen vermag. „Souveränität" war das entscheidende Kennzeichen eines Staates.

294 Auch heute noch kann man wohl davon sprechen, daß der Mensch auf eine politische Organisation hin ausgerichtet ist, aber „der Staat" verkörpert sich in sehr unterschiedlichen Formen. Die Staatlichkeit hat sich aufgefächert und auf verschiedene Ebenen verlagert, die zwar alle etwas vom früheren „Staat" enthalten, aber nicht als solche den Staat bilden. So ergibt sich eine Art Stufenleiter: Gemeinde, Regierungsbezirk, Bundesstaat, Bundesrepublik, Europäische Gemeinschaft, Westliche Allianz, Vereinte Nationen.

295 Andererseits folgt aus der Tatsache, daß dieser vielfältige „Staat" im Gemeinwohl Werte zu verwirklichen hat, die für die Gesamtentfaltung des Menschen notwendig sind, noch nicht, daß alle gesellschaftlich notwendigen Werte vom Staat selber zu verwirklichen sind. Man wird vielmehr zwischen Staat und Gesellschaft wenigstens in dem Sinne unterscheiden müssen, daß der *Staat* die Gemeinschaft des Volkes ist, „insofern sie als rechtlich und machtmäßig geeint in Erscheinung und Tätigkeit tritt", während die *„freie Gesellschaft"* dieselbe Gemeinschaft des Volkes ist, „insofern sie sich in der Eigentätigkeit aller ihrer Glieder entfaltet" (Nell-Breuning 1948, 16), wobei die „freie Gesellschaft" ihrerseits wieder vielfältige Vergesellschaftungen und Vergemeinschaftungen umfaßt.

296 Es gibt zwar keine „staatsfreien Räume" der Gesellschaft in dem Sinne, daß dort der Staat überhaupt keinen Einfluß geltend machen dürfte oder daß die einzelnen dort gewissermaßen aufhören würden, Staatsbürger zu sein und somit den Staat zu bilden. Die einzelnen handeln darin aber nicht ausdrücklich *als* Staatsbürger, sondern zunächst einfach als Glieder der betreffenden Gemeinschaft. So muß das Mitglied eines Schachklubs selbstverständlich auch die allgemeinen Gesetze beobachten, der Schachklub mag sich nach dem allgemeinen Vereinsrecht zusammengeschlossen haben, damit wird er aber noch nicht zu einer staatlichen Organisation. Der Staat darf, um nicht die Freiheit der Bürger zu sehr zu beschränken, nur jene Aufgaben in eigener Regie erfüllen, die tatsächlich die Gesamtheit betreffen und von kleineren, personnäheren Sozialgebilden nicht

oder nicht so gut bewältigt werden können. Auch hier gilt das Subsidiaritätsprinzip. (Vgl. oben § 19)

Der Staat muß also regelnd in das gesellschaftliche Leben eingreifen, um eine gerechte Ordnung herzustellen und besonders um die sozial Schwächeren gegen die Übermacht der Stärkeren zu schützen. Er ist dazu aber nur in dem Maße genötigt und berechtigt, als freie gesellschaftliche Kräfte nicht selber für eine befriedigende Ordnung sorgen. Mit dem Eingreifen des Staates ist nämlich gewöhnlich auch eine Einschränkung der individuellen Freiheit verbunden, weil staatliche Regelungen zwangsweise für alle gelten müssen. Über diese Frage, welche Aufgaben im einzelnen durch den Staat („die öffentliche Hand") übernommen werden sollen und was den Kräften der „freien Gesellschaft" überlassen bleiben kann, sind Meinungsverschiedenheiten möglich. Oft genügt es, daß der Staat einen allgemeinen *Rahmen* setzt, vielleicht *Hilfe zur Selbsthilfe* leistet und *überwacht,* daß die angestrebten Ziele tatsächlich erreicht werden.

Immer stärker wurde in diesem Jahrhundert an den Staat die Forderung herangetragen, einen *sozialen Ausgleich* herbeizuführen. Bei dieser – grundsätzlich berechtigten – Forderung wird häufig übersehen, daß der Staat solche Forderungen nur erfüllen kann, indem er seinerseits den Bürger dafür in Pflicht nimmt und dabei oft recht unerwünschte Nebenwirkungen auftreten. Aus diesem Grund sollte der Tendenz zum „Versorgungsstaat" entgegengetreten werden, der den einzelnen von möglichst allen Lebensrisiken zu entlasten sucht, damit aber die Freiheit aller beeinträchtigt.

Eine merkwürdige und oft in ihrer Eigenart nicht richtig verstandene Zwischenstellung nimmt in der Bundesrepublik Deutschland die Tarifautonomie ein, d.h. die Übertragung der Verantwortung für die Einstellungs-, Arbeits- und Entlohnungsbedingungen von abhängig Beschäftigten an die „Tarifpartner": Arbeitgeber bzw. deren Verbände und Gewerkschaften. An sich könnte man erwarten, daß die Regelung der Beschäftigungsbedingungen als ein zentraler Bereich staatlicher Tätigkeit angesehen werden muß. Im Grundgesetz (Art. 9, Abs. 3 GG) und im Tarifvertragsgesetz wird aber die eigenständige Sphäre der Entscheidungen der Tarifpartner anerkannt.

§ 30 Politische Daseinsvorsorge

Die Gewährleistung formaler Rechtssicherheit, d.h. die Durchsetzung der Gesetze und damit die Wahrung grundlegender Freiheitsrechte, ist die wichtigste, aber nicht die *einzige* Aufgabe des Staates. Menschliche Freiheit darf nicht nur negativ verstanden werden als

Unabhängigkeit des Individuums von der Willkür der anderen und der gesellschaftlichen Instanzen, sondern sie bedarf zu ihrer Verwirklichung auch positiv des *institutionalisierten Zusammenwirkens* mit anderen im Hinblick auf gemeinsame Werte. Nun ist es durchaus Aufgabe der Individuen, sich frei mit anderen zu solchen institutionalisierten Gemeinschaften im Hinblick auf zu verwirklichende Werte zusammenzuschließen. Der Staat stellt dafür durch seine Rechtsordnung einen gesetzlichen Rahmen zur Verfügung. Es gibt aber auch Werte und Ziele, die anzustreben dem einzelnen nicht einfach freigestellt bleiben kann, sondern die zu einem menschenwürdigen Dasein unbedingt erreicht werden müssen. Auch für solche öffentlichen Aufgaben hat der Staat zu sorgen und kann und muß dafür notfalls seine Zwangsgewalt einsetzen.

301 Was sind diese über die allgemeine Rechtssicherheit hinausgehenden Aufgaben des Staates im einzelnen? Darüber läßt sich kein verbindlicher Katalog aufstellen, der allgemein gültig auf die verschiedenen im Laufe der Geschichte aufgetretenen politischen Gebilde zuträfe. Zurückzuweisen ist aber in jedem Falle die Auffassung eines bestimmten *Liberalismus,* der die Aufgabe des Staates *nur* auf die Sicherung der Freiheitssphäre des einzelnen, insbesondere seiner wirtschaftlichen Betätigung einschränkt. Man hat den so eng verstandenen Rechtsstaat als „Nachtwächterstaat" bezeichnet, weil ihm keine weiteren Aufgaben als die Sorge für Ruhe und Ordnung zugeschrieben werden. Heute herrscht aber weitgehend Einmütigkeit darüber, daß auch die Sicherung der *allgemeinen Wohlfahrt* vom Staat übernommen werden muß. Er muß die Bedingungen herstellen, die erforderlich sind, damit sich alle auf dem Staatsgebiet wohnenden Menschen in Freiheit entfalten können. So läßt sich das politisch zu verwirklichende *Gemeinwohl* verstehen als „die Gesamtheit jener Bedingungen des gesellschaftlichen Lebens, die sowohl den Gruppen als auch deren einzelnen Gliedern ein volleres und leichteres Erreichen der eigenen Vollendung ermöglichen" (Pastoralkonstitution „Gaudium et Spes", Nr. 26, ebd. Nr. 74; vgl. oben § 16). Manche dieser Bedingungen müssen zur Daseinsvorsorge *unbedingt* erfüllt sein; bei anderen ist es nur *vorteilhaft,* daß der Staat oder staatliche Organe sich darum kümmern. In jedem Fall ist aber der Staat kein Selbstzweck, sondern seine Tätigkeit hat den Menschen und ihrer Freiheit zu dienen. (Vgl. oben § 23)

302 Sucht man nach Beispielen für solche Staatsaufgaben, braucht man sich nur vor Augen zu führen, auf wie vielfältigen Gebieten der Staat durch seine Politik tätig wird. Wir erwarten beispielsweise, daß er durch seine
  – *Wirtschaftspolitik* Bedingungen schafft, in denen jeder Arbeitswillige eine Beschäftigung finden kann.

- In der *Bildungspolitik* geht es darum, die Bedingungen herzustellen, daß jeder die ihm gemäße berufliche Bildung erwerben kann.
- Die *Gesundheitspolitik* soll erreichen, daß keinem im Krankheitsfall untragbare Lasten aufgebürdet werden und daß nicht nur Krankheiten geheilt, sondern nach Möglichkeit schon vorbeugend vermieden werden.
- Im Rahmen der *Verkehrspolitik* sorgt der Staat durch Straßenbau und Eisenbahnen für Verkehrsverbindungen.
- Eine *Umweltpolitik* muß verhindern, daß wir durch eine hemmungslose Ausbeutung der Natur in der Verfolgung einzelwirtschaftlicher Interessen uns selbst das Leben unerträglich oder gar unmöglich machen.

Alle derartigen staatlichen Leistungen, die wir täglich wie selbstverständlich in Anspruch nehmen und deren wir uns nur bewußt werden, wenn sie aus irgend einem Grunde einmal ausfallen, gehören zum staatlichen Gemeinwohl. Ob bestimmte Maßnahmen einer solchen Daseinsvorsorge durch den Staat im einzelnen notwendig und richtig sind, darüber sind Meinungsverschiedenheiten und politische Auseinandersetzungen möglich. Daß aber in solchen Bereichen eine staatliche Politik notwendig ist, daß das Unterlassen staatlicher Vorsorge auch eine bestimmte (vielleicht falsche) Politik darstellt, darüber ist kein Zweifel möglich. Weil Bedingungen hergestellt werden müssen, die alle betreffen, darum muß der einzelne durch staatliche Zwangsgewalt auch veranlaßt werden, zum Erreichen dieser Ziele beizutragen (zumindest durch die Steuern) oder doch wenigstens nicht dagegen zu handeln. Auch dieser Zwang dient der Freiheit aller. 303

Die Aufgaben des Staates betreffen aber nicht nur die Herstellung und Sicherung einer gerechten sozialen Ordnung nach innen, d.h. innerhalb der Grenzen eines bestehenden Staatsgebietes. Die Freiheit bedarf auch eines Schutzes gegen Unterdrückung *von außen*. Auch in den Beziehungen *zwischen* den einzelnen Staaten sollen Recht und Gerechtigkeit sich durchsetzen können. Auf *innerstaatlicher* Ebene sorgt die Polizeigewalt dafür, daß Unrecht geahndet und Verbrechen bestraft werden. (Vgl. oben § 28) Wer aber sichert das Recht unter den Völkern? 304

Zwischen den Völkern existiert – von einigen schüchternen Versuchen abgesehen – keine höhere Instanz, die Recht und Gerechtigkeit wirksam durchsetzen könnte. Die einzelnen Staaten müssen sich deshalb bisher selbst durch die Androhung oder den Einsatz von Gewalt vor fremder Willkür schützen. So hat man den Staat geradezu aus seiner Fähigkeit heraus definiert, sich gegen Unrecht mit Gewalt zu verteidigen und dabei auch Kriege zu führen. Der Einsatz 305 physischer Gewalt im Kriege bis hin zur Tötung des Feindes wird gerechtfertigt einerseits aus der Pflicht des Staates, Schuldige zu bestrafen, andererseits aus dem Notwehrrecht des Staates gegenüber einem ungerechten Angreifer.

306 Daraus läßt sich zunächst der allgemeine Schluß ziehen, daß Kriege und Akte der Kriegsführung nicht als *immer in sich schlecht* angesehen werden müssen, wenn sie nämlich zur Durchsetzung von Recht und Gerechtigkeit erforderlich sind. Fest steht ferner, daß jede Verteidigungspolitik nur dem Schutz des Rechts und der Freiheit dienen darf.

Das Grundgesetz der Bundesrepublik Deutschland enthält deshalb ein ausdrückliches Verbot eines jeden Angriffskrieges: „Handlungen, die geeignet sind und in der Absicht vorgenommen werden, das friedliche Zusammenleben der Völker zu stören, insbesondere die Führung eines Angriffskrieges vorzubereiten, sind verfassungswidrig. Sie sind unter Strafe zu stellen." (Art. 26,1 GG)

307 Der *Wehrdienst* als eine Verpflichtung, zu der die einzelnen Bürger mit Zwangsgewalt herangezogen werden können, findet seine Begründung in dieser Notwendigkeit, die politische Freiheit gegen Angriffe von außen zu verteidigen. Die notwendige Gewissensfreiheit muß dabei dem Wehrdienstverweigerer eingeräumt werden.

308 Um die schlimmsten Auswüchse einer unkontrollierten Gewalt zu vermeiden, hat sich die Völkergemeinschaft auf gewisse Mindestregeln verpflichtet, die auch im Kriegsfall eingehalten werden müssen (Kriegsrecht als „ius in bello"). Man hat auch versucht, einzelne Prinzipien des Völkerrechts zu formulieren, die den Frieden zwischen den Staaten sichern sollen und die auch grundsätzliche Anerkennung gefunden haben (Kriegsrecht als „ius ad bellum"). Man hat mehrere Institutionen ins Leben gerufen und sucht nach „Frühwarnsystemen", die helfen sollen, den internationalen Frieden und die internationale Sicherheit aufrechtzuerhalten.

So gibt es bei den Vereinten Nationen den Internationalen Gerichtshof (mit Sitz in Den Haag), bei dem Streitigkeiten über konkrete Rechtsfragen anhängig gemacht und verhandelt werden können. Der Sicherheitsrat der Vereinten Nationen soll Bedrohungen des Friedens, Friedensbrüche und Angriffshandlungen feststellen und Ratschläge geben oder entscheiden, welche Gegenmaßnahmen zu ergreifen sind.

309 Trotz all dieser unterstützenswerten Bemühungen um Recht und Gerechtigkeit auch in internationalen Konflikten bleibt aber als Grundproblem bestehen: Wenn keine echte internationale Zwangs-

gewalt hinter den Friedensbemühungen steht, sondern bestenfalls nur die moralische Autorität der öffentlichen Meinung der Welt, dann hängt der Ausgang zwischenstaatlicher Konflikte viel stärker von der *Macht* als vom *Recht* ab. Die einzelnen Staaten müssen also selbst durch Verteidigungsbereitschaft und eine entsprechende Politik dafür sorgen, die Freiheit ihrer Bürger vor Bedrohung von außen zu schützen.

Die Sozialethik hat für die internationalen Konflikte eine eigene 310 Lehre vom gerechten Krieg entwickelt, die bis auf Augustinus und Thomas von Aquin zurückgeht und die auch heute noch viele Anhänger findet. Sie war zwar nie ganz unumstritten, aber sie erwies sich für die politische und militärische Praxis in der Vergangenheit als einigermaßen brauchbar. Diese traditionelle Lehre vom gerechten Krieg hat sich aber in der heutigen Welt als problematisch herausgestellt. Solche neue Aspekte erfordern eine eigene Behandlung unter den veränderlichen und situationsabhängigen sittlichen Forderungen und sollen an anderer Stelle noch einmal aufgegriffen werden (§ 42).

§ 31 Politische Demokratie

Schon in der allgemeinen Sozialethik (§ 14) wurden Bedeutung und 311 Grenzen des Demokratieprinzips angedeutet. Dieses Prinzip ist im Bereich der *staatlichen Politik* von besonderem Gewicht, weil sich kein Bürger ihrem Einfluß entziehen kann. Darum sollte jedem die Möglichkeit gegeben werden, an den ihn betreffenden Entscheidungen mitzuwirken (vgl. die Überlegungen zum Demokratieprinzip im allgemeinen, § 20). An die Demokratie knüpfen sich hohe Erwartungen, die aber auch leicht von Schwierigkeiten bei der konkreten Verwirklichung enttäuscht werden können. Darum sollen hier auch die grundsätzlichen Grenzen der Anwendbarkeit des demokratischen Prinzips überprüft und analysiert werden. Welche Voraussetzungen müssen für das Gelingen einer politischen Demokratie gegeben sein?

Eine funktionsfähige Demokratie ist kein Naturprodukt, das sich 312 gewissermaßen von selbst einstellt, wenn man es mit einigem guten Willen zu verwirklichen sucht. Gerade um die demokratischen Freiheitsrechte wurden im Laufe der Geschichte die heftigsten politischen Kämpfe geführt. Fast jede revolutionäre Bewegung tritt mit dem Anspruch auf, dem wahren Volkswillen und der Freiheit zum Durchbruch verhelfen zu wollen. Aber nur zu häufig führen solche Bewegungen zur Herrschaft einer kleinen, straff organisierten Gruppe und damit zum Ende der Demokratie und der bürgerlichen Freiheit.

313 Die Demokratie setzt die Anerkennung einer gerechten Verfassung und der darin niedergelegten Regeln für die politische Willensbildung voraus. Diese Verfassung muß nicht mit Notwendigkeit in schriftlicher Form und in Dokumenten niedergelegt sein, aber sie muß auf Anerkennung rechnen können. Auch wenn der demokratische Staat sich gegen Feinde der Verfassung um des Bestandes der Demokratie willen zur Wehr setzen und dafür seine Zwangsmittel einsetzen darf und muß, so kann er eine seiner Vorbedingungen nicht durch seine Machtmittel erzwingen: die Überzeugung der Bürger von der Gerechtigkeit dieser verfassungsmäßigen Ordnung. Geht diese Überzeugung in der Öffentlichkeit verloren, wird die Verfassung von innen her ausgehöhlt. Rein äußerer Zwang vermag sie dann nur noch schwer aufrechtzuhalten. Deshalb kommt in einer Demokratie der *politischen Bildung* eine hohe Bedeutung zu. Andererseits muß die Verfassung weit und elastisch genug sein, um einer berechtigten Meinungsvielfalt genügenden Raum zu geben. Andernfalls wird die verfassungsmäßige Ordnung nicht mehr als eine Sicherung der Freiheit erfahren.

314 Eine Übereinstimmung aller Bürger über die zu entscheidenden politischen Fragen ist selten zu erreichen. Auch ist es schwierig, in einer modernen Großdemokratie über alle Sachfragen das Volk direkt entscheiden zu lassen. In einer *repräsentativen Demokratie* kann aber das Volk seinen Willen nur durch die Wahl von Parteien und Abgeordneten zum Ausdruck bringen. Dies hängt mit verschiedenen Bedingungen zusammen:

a) Die Beschaffung und Verarbeitung der für die Entscheidung notwendigen *Informationen* ist schwierig und mit großen Unkosten verbunden. Die Komplexität der Sachfragen erfordert häufig Experten, und auch sie vermögen die Auswirkungen geplanter Maßnahmen und Gesetze nicht immer mit genügender Sicherheit vorauszusehen.

b) Die Ausarbeitung und Vorlage von *Handlungsalternativen* bedarf, selbst wenn genügend Informationen vorausgesetzt werden können, einer eigenen Arbeit mit viel Zeit, Kreativität, Energie. „Obgleich nur wenige eine politische Konzeption entwerfen und durchführen können, sind wir doch alle fähig, sie zu beurteilen." (Perikles von Athen, um 430 v. Chr.) Das Volk wird in vielen Fällen erst handlungsfähig durch Einzelpersönlichkeiten.

c) In der Politik müssen *laufend* Entscheidungen getroffen werden, ohne daß in jedem Einzelfall der Volkswille ermittelt werden könnte.

Direkte demokratische Entscheidung durch *Plebiszit* ist bestenfalls über gewisse grundsätzliche Fragen möglich, über die sich zu informieren und zu einem sachgerechten Urteil zu kommen dem Volk zugemutet werden kann. Aus dieser Notwendigkeit, die politische Macht durch *Vertreter* und Parteien auszuüben, ergibt sich die Gefahr, daß eine *oligarchische Führungselite* die Macht tatsächlich monopolisiert und die Demokratie in dem Sinne „formal" wird, daß sich die Träger der politischen Macht vom Volk emanzipieren, auf dessen Willen sie sich berufen. Zu solchen Zentren der eigentlichen Macht können neben den Regierungen auch Gruppen in den Parteien, der Industrie, den Gewerkschaften, dem Militär oder der Verwaltung (Technokratie) werden.

Diese Einschränkung der politischen Mitwirkung durch die Repräsentation ist bedauerlich, aber für die Funktionsfähigkeit der Demokratie wohl notwendig. Wer glaubt, die bestehenden demokratischen Organe umgehen zu können, und unmittelbar an das Volk appelliert oder auf den Versuch verzichtet, seine Ziele durch Gewinnung von Mehrheiten innerhalb der gegebenen demokratischen Möglichkeiten zu verwirklichen, gefährdet das bereits erreichte Maß an demokratischer Selbstbestimmung und bringt sich in den Verdacht, selbst undemokratisch seine politische Meinung der Mehrheit aufzwingen zu wollen. Wer sich am demokratischen Prozeß beteiligt, muß bereit sein, sich in der Verfolgung seiner politischen Ziele den „Spielregeln" der Demokratie zu unterwerfen und ausschließlich durch die Überzeugungskraft von Argumenten seiner Auffassung zum Durchbruch zu verhelfen. Je weiterreichend und schwererwiegend die zu entscheidenden Fragen sind, um so mehr müssen sie nach demokratischen Regeln entschieden werden! 315

Das Mehrheitsprinzip allein stellt noch keinen hinreichenden Schutz der Freiheit dar. Gewisse fundamentale Freiheitsrechte müssen auch gegen demokratisch zustandegekommene Mehrheitsentscheidungen gesichert werden, wenn die Demokratie nicht totalitär entarten soll. Durch die formalen Verfahrensregeln der Demokratie, wie sie in der Verfassung niedergelegt sind und nicht von Zufallsmehrheiten geändert werden können, soll einerseits eine möglichst breite Teilnahme eines jeden Bürgers an der politischen Willensbildung, andererseits eine wirksame Regierung ermöglicht werden, die auch schwierige und harte Entscheidungen durchzusetzen vermag. Die Demokratie ist in Gefahr, wenn ein schwacher Staat demokratisch zustandegekommene Entscheidungen nicht mehr wirksam durchzusetzen vermag und diese nur deshalb noch als legitim anerkannt werden, weil sie inhaltlich den eigenen Vorstellungen entsprechen. 316

Als zentrales Problem der Demokratie stellt sich darum die Frage, 317

103

durch welche Vorkehrungen gesichert werden kann, daß die von der politischen Führung ausgeübte Macht tatsächlich den Willen des Volkes als des eigentlichen politischen Souveräns repräsentiert. Ein politisches System verwirklicht in dem Maße die Werte der Demokratie, als es *flexibel* und *durchlässig* genug ist, neu an der „Basis" auftauchende Ideen, neu empfundene Bedürfnisse, neu erfaßte Möglichkeiten aufzugreifen und in politische Entscheidungen umzusetzen. Geschieht das nicht, erscheinen dem Bürger „der Staat" und die politischen Parteien wie große und undurchsichtige Apparaturen, die er nur schwer zu beeinflussen vermag, und er sieht für seinen Wunsch nach demokratischer Partizipation an den offiziellen demokratischen Institutionen vorbei einen Ausweg in Demonstrationen und Bürgerinitiativen, in einer „außerparlamentarischen Opposition". Um diese Durchlässigkeit zu gewährleisten, wird es darauf ankommen, daß die *Parteien* selbst in ihrer inneren Struktur demokratischen Prinzipien entsprechen. Über die bloße Teilnahme an der Wahl hinaus sollte der Bürger auch auf die Meinungsbildung und die Entscheidungsfindung innerhalb der Parteien Einfluß zu nehmen versuchen.

318 Den Werten der Demokratie stehen spezifische *Gefahren* gegenüber. Das Demokratieprinzip führt nicht mit Notwendigkeit zu richtigen und vertretbaren Entscheidungen; es kann auch das Zustandekommen sachgerechter Problemlösungen auf vielfache Weise beeinträchtigen oder verhindern.

a) Demokratische *Wahlen* lassen sich auf vielfältige Weise manipulieren. Ihr Ergebnis braucht nicht unbedingt dem zu entsprechen, was das Volk „eigentlich will", doch muß es als normatives Faktum hingenommen werden.

b) In einer Demokratie verleitet die Abhängigkeit vom Wähler Politiker und Parteien vielfach dazu, notwendige, aber *unpopuläre* Entscheidungen aufzuschieben oder bestimmten Wählergruppen *Versprechungen* zu machen, die entweder gar nicht oder nur auf Kosten des Gemeinwohls verwirklicht werden können.

c) Vielfach verstehen sich Politiker nicht als „Vertreter des ganzen Volkes", wie es Art. 38, Abs. 2, S. 2 GG verlangt, sondern ausschließlich als Vertreter ihrer Wähler und haben deren Interessen (und das ihrer eigenen Wiederwahl) im Auge. Wird Gesellschaft von einer Konflikttheorie her (vgl. oben § 15) verstanden als der Kampf politischer Interessengruppen in legalisierter Form, kann die Demokratie solche politischen Gegensätze noch verschärfen und einen Ausgleich erschweren, statt zur staatlichen Einheit beizutragen.

d) Weil vielen Politik als ein „schmutziges Geschäft" erscheint, werden oftmals gerade verantwortungsbewußte Persönlichkeiten davon abgeschreckt, sich aktiv und hauptberuflich in der Politik zu engagieren. Jede Politik ist aber nur so gut wie die Politiker, die sie betreiben. Die Regeln der formalen Demokratie dienen der Freiheit.

§ 32 Gewissensfreiheit

Aus diesem philosophischen Ansatz ergeben sich einige Folgerungen von großer praktischer Tragweite. Ein wichtiges, aber im Laufe der Jahrhunderte bis heute sehr umstrittenes Problem betrifft die Spannung zwischen der Freiheit des persönlichen Gewissens und den Erfordernissen des politischen Zusammenlebens. 319
Die Würde der menschlichen *Person* verlangt einerseits, daß niemand zu einer Handlung gezwungen werden darf, die ihm sein Gewissen verbietet. (Vgl. oben § 9) Andererseits folgt aus der *Sozialität* des Menschen, daß jeder den Beitrag zum Gemeinschaftsleben zu leisten hat, den das Gemeinwohl von ihm verlangt, und daß im Weigerungsfall die Staatsgewalt ihn dazu zwingen kann und muß, dieser seiner Verpflichtung nachzukommen. Zwischen diesen beiden Grundsätzen kann ein Konflikt dann entstehen, wenn das persönliche Gewissen einen einzelnen zu etwas verpflichtet, das im Gegensatz zu den objektiven Erfordernissen und Notwendigkeiten des Gemeinwohls steht. Hat in einem solchen Fall die Freiheit des Gewissens des einzelnen oder das Zwangsrecht der Gemeinschaft den Vorrang? 320
Man wird einen derartigen Konflikt zunächst dadurch zu lösen versuchen, daß man dem einzelnen die Gründe für die staatliche Forderung vor Augen führt und so darauf hinarbeitet, sein Gewissen durch *Überzeugung* umzustimmen. Dadurch wird die echte Gewissensfreiheit nicht beeinträchtigt. Es wäre aber eine Illusion zu hoffen, daß man damit immer Erfolg haben könnte. 321
Bleibt der Konflikt zwischen subjektivem Gewissensurteil und objektiven Notwendigkeiten bestehen, ist keine Lösung denkbar, die allen Ansprüchen voll genügen würde. Dabei sind aber noch zwei Arten von Fällen zu unterscheiden: Wenn jemand sich *aktiv* zu bestimmten Handlungen verpflichtet fühlt, welche die Rechte anderer oder der Gemeinschaft verletzen, wird der Staat die Rechtsordnung mit Zwangsgewalt auch gegen solche „Überzeugungstäter" schützen und sie von ihrem rechtswidrigen Tun abhalten müssen. Ihr Gewissen wird dadurch insofern nicht vergewaltigt, als ihnen damit nur die *Ausführung* einer Absicht unmöglich gemacht wird, an der sie im 322

Inneren weiterhin festhalten können. Im eigentlichen Sinne wird nicht der innerste Gewissensbereich berührt, weil sie nur an der äußeren Ausführung ihrer Absicht gehindert werden.

323 Fühlt sich aber jemand dazu verpflichtet, *passiv* eine Leistung zu verweigern, auf die der Staat einen Anspruch erheben muß, erscheint der Konflikt zwischen persönlicher Gewissensfreiheit und staatlichem Zwang als nahezu unlösbar. Glücklicherweise treten solche Grenzfälle nicht eben häufig auf. Dabei wird der Staat nicht immer *Toleranz* (im eigentlichen Sinne) üben, d.h ein rechtswidriges Tun dulden können, wenn beispielsweise eine religiöse Sekte glaubt, keine Steuern zahlen zu dürfen oder wenn Eltern aus religiösen Gründen die Zustimmung zu einer lebensnotwendigen Bluttransfusion für ein krankes Kind verweigern. Wenn der Staat in solchen Fällen auch gegen das Gewissen des Betroffenen Zwang anwendet, ergibt sich dies einfachhin aus der Notwendigkeit, die Rechtsordnung zu schützen, und der Betroffene hat noch den Ausweg, die staatliche Maßnahme einfach hinzunehmen, ohne ihr innerlich zuzustimmen.

324 Der klassische Fall eines Konfliktes zwischen dem subjektiven Gewissen und staatlicher Notwendigkeit ist der *Wehrdienst*. Dabei verlangt der Staat um der Landesverteidigung willen die Bereitschaft zu einem Tun, nämlich zu der Tötung des Feindes, das nicht wenige Bürger als mit ihrem Gewissen absolut unvereinbar ansehen und deshalb unter allen Umständen ablehnen zu müssen glauben. Hier scheint der Konflikt unüberbrückbar: Einerseits kann der Staat nicht grundsätzlich und allgemein auf die Wehrpflicht verzichten, wenn er die Freiheit seiner Bürger wirksam schützen will; andererseits wird niemand behaupten können, die Bedenken eines Kriegsdienstverweigerers aus Gewissensgründen seien mit Notwendigkeit unbegründet oder so unsinnig, daß sie keine Beachtung verdienten.

325 Im Gegensatz zu vielen anderen Staaten hat sich die Bundesrepublik Deutschland in ihrem Grundgesetz dafür entschieden, in diesem Konfliktfall der Gewissensfreiheit einen absoluten Vorrang einzuräumen. (Art. 4,3 GG) Dies gilt unabhängig davon, daß das Grundgesetz (Art. 26,1) ohnehin jeden Angriffskrieg und die Vorbereitung dazu als verfassungswidrig ausschließt und demzufolge der Wehrdienst überhaupt nur zur gerechtfertigten Landesverteidigung in Frage kommt. Das Grundgesetz schützt den Kriegsdienstverweigerer auch für den Fall, daß bei „objektiver Betrachtung" der Kriegsdienst als gerechtfertigt und als rechtlich und sittlich geboten angesehen werden muß, der Kriegsdienstverweigerer sich in seiner Beurteilung der sittlichen Situation also irrt. Das Recht zur Kriegsdienstverweigerung wird nicht abgeleitet aus einer Beurteilung der Erlaubtheit

oder objektiven sittlichen Zweifelhaftigkeit des modernen Krieges, sondern aus dem Recht, welches das persönliche Gewissen seinem Träger verleiht.

Diese freiheitliche Entscheidung des Grundgesetzes hat allerdings zu 326 der großen *Verfahrensschwierigkeit* geführt, wie die Echtheit des subjektiven Gewissensurteils festgestellt werden kann, auf das sich der Kriegsdienstverweigerer beruft. Solche Schwierigkeiten treten immer dann auf, wenn eine *innere,* nie voll nachprüfbare Einstellung zur Bedingung für das Eintreten *äußerer* Rechtsfolgen gemacht werden muß, also im genannten Beispiel zur Freistellung vom Wehrdienst. Ungeachtet solcher Schwierigkeiten geht das Grundgesetz von der Erwartung aus, daß bei einer Mehrheit der Wehrpflichtigen die Einsicht in die Notwendigkeit der Landesverteidigung genügen werde, daß sich also eine ausreichende Zahl von Bürgern dem Wehrdienst nicht entzieht. Das Grundgesetz räumt also dem persönlichen Gewissen auch gegen staatliche Notwendigkeiten einen unbedingten Vorrang ein. (Vgl. Kerber 1988)

§ 33 Widerstandsrecht

Bisher wurde davon ausgegangen, daß der Staat den Zwang nur an- 327 wendet zur Durchsetzung einer gesellschaftlichen Ordnung, die als *gerecht* angesehen werden kann. Der Zwang dient dann dem Recht und der Freiheit. Konflikte können sich aber auch daraus ergeben, daß die staatlichen Gesetze und das Staatshandeln selbst nicht den berechtigten Ansprüchen der Gerechtigkeit und Freiheit genügen. Hier liegt die Ursache des Konfliktes nicht im subjektiven Gewissen der einzelnen, sondern beim Staat.

Bei ungerechtem Staatshandeln wird man noch einmal unterscheiden 328 müssen, ob nur einzelne Staats*organe,* also beispielsweise Polizeibeamte, gegen die Gerechtigkeit verstoßen oder ob die Gesetze selbst als Mittel der Unterdrückung mißbraucht werden, ob also wenigstens grundsätzlich eine Rechtsordnung besteht, die der Freiheit der Bürger dient, oder nicht. Man wird nach allen Erfahrungen davon ausgehen müssen, daß es auch *gesetzliches Unrecht* geben kann, d.h., in formaljuristisch unanfechtbarer Weise zustandegekommenen Gesetzen kann die eigentliche Rechtsqualität fehlen, weil sie von ihrem Inhalt her in fundamentaler Weise der Gerechtigkeit widersprechen, z.B. den Menschen grundlegende Freiheitsrechte versagen. Darüber wurde im Abschnitt über das Recht schon einiges gesagt. (Vgl. oben § 22f.) Wie ist unter solchen Umständen aber politisch zu verfahren?

329 Sicher wird man nicht jedem das Recht zum Widerstand gegen die staatliche Gewalt zubilligen können, der davon überzeugt ist, der Staat und seine Gesetze verstießen gegen die Gerechtigkeit. Das staatliche Recht soll ja gerade die subjektive Willkür der einzelnen in der Auslegung dessen beseitigen, was in einer Gemeinschaft als gerecht gelten soll, und so *Rechtssicherheit* gewährleisten. Wer glaubt, daß die Gesetze nicht den Ansprüchen der Gerechtigkeit genügen, muß versuchen, im Rahmen der verfassungsmäßigen Ordnung seine Auffassung durchzusetzen. Dafür räumt das Grundgesetz der Bundesrepublik Deutschland der politischen Meinungsbildung einen breiten Spielraum ein, und jeder Bürger sollte daran interessiert sein, dieses Recht auch für abweichende Meinungen zu schützen und zu verteidigen. Wird das Interesse der Öffentlichkeit auf bestimmte Mißstände gelenkt, besteht in einem demokratischen Staat eine gewisse Aussicht auf Abhilfe. Allerdings ist das Recht hier wieder auf den Gerechtigkeitssinn der Bürger angewiesen.

330 Die Verpflichtung des Gewissens, unter keinen Umständen Unrecht zu tun, auch wenn es vom Staat geduldet oder *befohlen* wird, kann den einzelnen gegebenenfalls vor harte Entscheidungen stellen. Dies gilt nicht nur in totalitären Staaten, wenn beispielsweise im Dritten Reich einem Richter zugemutet wurde, Gesetze anzuwenden, die einzelnen Bürgern offenkundiges Unrecht zufügten. Auch in der Bundesrepublik Deutschland stehen manche Ärzte und Operationsschwestern unter einem Gewissensdruck, wenn von ihnen nach Lockerung des Abtreibungsverbotes die Mitwirkung an Operationen verlangt wird, die sie mit ihrem christlichen Gewissen nicht vereinbaren können.

331 Am schwierigsten stellt sich die Frage des Widerstandes gegen ungerechten staatlichen Zwang dann, wenn der gesamte Staatsapparat in den Händen einer Regierung ist, welche die Freiheit und die Rechte der Bürger unterdrückt. War der bewaffnete Widerstand gegen Hitler legitim? Wann genau hat das staatliche Unrecht ein derartiges Maß erreicht, daß aktiver Widerstand bis zum Sturz der Regierung als gerechtfertigt oder sogar als geboten angesehen werden kann? Dafür lassen sich nur einige allgemeine Bedingungen angeben. (Zum folgenden vgl. Angermair 1973, 676f.)

332 Aktiver Widerstand kann gerechtfertigt sein als Notwehr gegen eine verbrecherische Regierung, die unter Gefährdung oder Zerstörung des Gemeinwohls und wesentlicher Menschenrechte evtl. bis zur Tötung schuldloser Bürger zu gehen bereit ist. Aktiver Widerstand muß sich aber (ähnlich wie kriegerische Selbstverteidigung) an folgende Bedingungen halten:
a) Alle *friedlichen Mittel* müssen erschöpft oder aussichtslos sein.

b) Es muß moralische Sicherheit, mindestens aber begründete Hoffnung bestehen, daß der Widerstand *gelingen* und nicht die Situation noch verschlimmern wird. Darum muß das Maß und die Art der Vorbereitung die Aussicht auf Erfolg rechtfertigen, wobei bei unerwartetem Mißerfolg freilich auch Mut und Opferbereitschaft für das Gemeinwohl und die Ehre des Volkes als hohes Gut mit vielleicht in der Folge segensreichen Wirkungen in Anrechnung gebracht werden können.
c) Die angewandte Gewalt muß dem notwendigen Ziel *entsprechen*, d.h. dem möglichst sicheren Erfolg zuliebe groß genug, der bloßen Notwehr entsprechend aber auch begrenzt sein.
d) Die Widerstehenden dürfen nicht als blutige *Angreifer* erscheinen, drohen und handeln.

Der Gesetzgeber des Grundgesetzes hat versucht, das Widerstandsrecht auch juristisch abzusichern in Art 20, Abs. IV GG: „Gegen jeden, der es unternimmt, diese Ordnung zu beseitigen, haben alle Deutschen das Recht zum Widerstand, wenn andere Abhilfe nicht möglich ist." 333

Das so positivierte Widerstandsrecht gilt als eine der bedenklichsten Bestimmungen des GG. Diese Sanktionierung bewegt sich in einem Raum, „der sich rechtlicher Reglementierung fast ganz entzieht, und außerdem bergen Vorschriften wie die vorliegende stets die Gefahr in sich, daß sie in ruhigen Zeiten, in denen eine vernünftige, affektfreie Auslegung erreicht werden könnte, nicht aktuell werden, so daß sie in turbulenten Epochen u.U. Scheinlegalitäten schaffen, die dem Ziel, dem sie an sich dienen sollen, entgegenwirken." (Roman Herzog, Kommentar zu Art. 20, IX, in: Maunz – Dürig – u.a. 1994, 327)

Es läßt sich nicht ausschließen, daß in einer verzweifelten Situation ein *gewaltsamer Widerstand* als das letzte Mittel eingesetzt werden muß, um einen Rechtszustand wiederherzustellen. Von solchen Überlegungen waren die Männer geleitet, die am 20. Juli 1944 das Regime Hitlers zu stürzen versuchten. Dabei besteht aber immer die Gefahr, daß einzelne ihr Anliegen für so wichtig nehmen, daß sie ohne genügende Rechtfertigung zu Gewalt und Terror greifen. 334

In den letzten Jahrzehnten wurden neue Formen der Gegenwehr entwickelt, wie im Rechtsstaat politisch unterlegene Gruppen durch *gewaltlosen Widerstand* und *zivilen Ungehorsam* ihre Rechte wirksam zur Geltung bringen können. Dabei wird versucht, durch gemeinsame, konsequente *Mißachtung von Gesetzen,* die von einer Minderheit als ungerecht empfunden werden, eine Art von Gewalt auszuüben, durch die unter bestimmten Bedingungen der staatliche Zwang unterlaufen werden kann. 335

So hat der gewaltlose Widerstand, wie er von Mahatma Gandhi und Pandit Nehru als politische Waffe entwickelt wurde, zur nationalen Befreiung Indiens von der englischen Herrschaft nach dem Zweiten Weltkrieg beigetragen, und auch die Bürgerrechtsbewegung der farbigen Bevölkerung der Vereinigten Staaten (Martin Luther King) hat auf diese Weise manche Erfolge gegen die weiße Mehrheit erzielt. Diese Methode ist aber nur unter ganz bestimmten Bedingungen anwendbar und verlangt hohen Mut und Opferbereitschaft.

336 „Ziviler Ungehorsam" kann definiert werden als eine öffentliche, gewaltlose, gewissensbestimmte, aber politisch gesetzwidrige Handlung, die gewöhnlich eine Änderung der Gesetze oder der Regierungspolitik herbeiführen will. Sie bedeutet einen Appell an den Gerechtigkeitssinn der Mehrheit. (Rawls 1975, 401) „Ziviler Ungehorsam" ist nur möglich in einer *fast* gerechten Gesellschaft. (Ebd. 399) Er setzt also eine rechtmäßige demokratische Gewalt voraus und betrifft Bürger, welche die Verfassung anerkennen. Sie werden also von einem Pflichtenkonflikt betroffen: An welchem Punkt ist die Pflicht, sich den von einer parlamentarischen Mehrheit beschlossenen Gesetz zu fügen, angesichts des Rechtes zur Verteidigung seiner *Freiheiten* und der *Pflicht* zum Widerstand gegen Ungerechtigkeit nicht mehr bindend? (Ebd. 400)

337 Die folgenden *Unterscheidungen* und Gesichtspunkte sind für die moralische Beurteilung von Bedeutung:
   a) *unmittelbarer* oder *mittelbarer* Ungehorsam, je nachdem ob das ungerechte Gesetz selbst oder ein anderes gebrochen wird;
   b) der zivile Ungehorsam besteht in einer gesetzwidrigen Handlung, die sich nicht mit bloßem Gruppen- oder *Eigeninteresse* begründen läßt;
   c) man beruft sich auf eine *gemeinsame Gerechtigkeitsvorstellung,* die der politischen Ordnung zugrundeliegt;
   d) die Handlung findet in der *Öffentlichkeit* statt und soll öffentlich wahrgenommen werden. Der Ungehorsam gegenüber dem Gesetz wird innerhalb der Grenzen der Gesetzestreue ausgedrückt, wenn er sich auch an deren Rande bewegt. Man ist bereit, die gesetzlichen Folgen der Handlungsweise auf sich zu nehmen. (Ebd. 402f.)

338 Der zivile Ungehorsam kann als gerechtfertigt angesehen werden unter den folgenden Bedingungen:
   a) Bei den Mißständen muß es um schwere Fälle *eindeutiger* Ungerechtigkeit gehen.
   b) Der gewaltlose Widerstand muß als *letzter Ausweg* gewählt werden: Die legalen Mittel sind erschöpft oder helfen jedenfalls nicht mehr.

c) Bei *mehreren Gruppen* mit gleichem Recht darf keine Gefahr für das Funktionieren der gerechten *Verfassung* entstehen.
d) Eine Schädigung *Dritter* muß ausgeschlossen sein.

Beim zivilen Ungehorsam gibt es spezifische *Risiken.* Ist der einzelne befugt, darüber zu entscheiden, ob genügend schwerwiegende Gründe für einen zivilen Ungehorsam vorliegen? Aber letztlich ist jeder für seine Handlungen verantwortlich und muß selbst entscheiden, ob er nun zum Gehorsam oder zivilen Ungehorsam verpflichtet ist. In keinem Fall darf er einfach nach Gutdünken entscheiden. (Vgl. ebd. 427) 339

Sechster Teil
Wirtschaftsethik I. Der Mensch und die Dinge

§ 34 Abgrenzung und Bedeutung des Ökonomischen

340 Das wohl bedeutendste Teilgebiet der Sozialethik ist die Wirtschaftsethik. Von ihr ist in jüngster Zeit viel die Rede, weil man von „mehr Moral in der Wirtschaft" eine Überwindung vieler gesellschaftlicher Mißstände erhofft. Die damit verbundenen Vorstellungen sind aber oft recht vieldeutig und sogar widersprüchlich. Es muß darum zunächst näher bestimmt werden, was unter „Wirtschaftsethik" zu verstehen ist.

341 Wenn von „Wirtschaft", von „wirtschaftlichem Verhalten", von „Ökonomie" („Nationalökonomie") u.ä. die Rede ist, werden oftmals zwei ganz verschiedene, wenn auch miteinander verwandte Sachverhalte angesprochen:
   a) Die „Wirtschaft" kann verstanden werden als ein *Teilbereich* gesellschaftlichen Lebens, als „Kulturfunktion der Unterhaltsfürsorge" (Werner Sombart; vgl. Nell-Breuning 1953, 1). Sie sucht die Knappheit der Güter zu überwinden, deren der Mensch zu seinem Lebensunterhalt bedarf. Das Wirtschaftliche wird dabei von anderen menschlichen Lebensvollzügen abgegrenzt: etwa von der Politik, der Religion, der Kunst.
   b) Vom „Wirtschaftlichen" ist oft aber auch die Rede, wenn nicht ein bestimmter Teilbereich menschlicher Wertverwirklichung, sondern eine *Art zu handeln* angegeben werden soll. „*Wirtschafte wirtschaftlich!*" (Kalveram 1949, 19; vgl. dazu Nell-Breuning [1951] 1956, 196–207) bedeutet dann, man solle in dem Sinne „wirtschaftlich" handeln, daß man keine Güter und Werte nutzlos verschleudert und preisgibt, daß man nach dem „*Rationalprinzip*" vorangeht. (Vgl. Mack 1994) In dieser zweiten Wortbedeutung von „wirtschaftlich" können ganz verschiedene Güter oder Werte den Gegenstand dieser „wirtschaftlichen" Rationalität bilden.

342 Wird „Wirtschaftsethik" im Sinne von a) verstanden (Wirtschaft als ein Teilbereich gesellschaftlichen Lebens, nämlich Beschaffung von Gütern und Dienstleistungen), kann noch einmal gefragt werden, ob sich das Augenmerk stärker auf die Wirtschafts*ordnung* als solche richtet oder mehr auf das Verhalten der Wirtschaftssubjekte, besonders der Unternehmen, *innerhalb* der gegebenen Ordnung. Mit der ersten Fragestellung befaßt sich die Wirtschaftsethik als Ordnungsethik (vgl. unten § 38), mit der zweiten die Wirtschaftsethik als Unternehmensethik (vgl. unten § 39). (Vgl. etwa Homann – Blome-

Drees 1992) Beide Disziplinen haben vorwiegend die kollektive Verantwortung im Blick, die im Namen von Institutionen – selbstverständlich immer durch menschliche Personen – ausgeübt wird. Daneben beschäftigt sich die amerikanische Business Ethics mehr personalethisch mit den sittlich richtigen Verhaltensweisen des *einzelnen* im Rahmen der gegebenen wirtschaftlichen Situation.

Wirtschaft im einen wie im anderen Sinne ist notwendig, weil der Mensch auf äußere, vorwiegend materielle Güter angewiesen ist, die nicht beliebig, sondern nur in knappem Umfang zur Verfügung stehen und hergestellt und bearbeitet werden müssen. Der Mensch braucht viele Dinge zum Leben: beispielsweise in regelmäßigen Abständen Nahrung, um nicht zu verhungern, Kleidung gegen die Kälte, Unterkunft und ein Bett zum Schlafen, Werkzeuge für seine Arbeit. Erhält ein Gefangener über eine längere Zeit nichts zu trinken, bedeutet das eine unerträgliche Folter. 343

Wegen dieser Angewiesenheit des Menschen auf die Dinge muß der einzelne wissen, womit er in der nächsten Zukunft seinen Lebensunterhalt wird bestreiten können. Von daher begründet sich die Notwendigkeit der *Arbeit*, des gemeinsamen Wirtschaftens und auch eines gewissen *Eigentums*, hier verstanden noch in einem sehr allgemeinen Sinn als rechtliche Regelung der Verfügungsmacht. (Vgl. unten § 36) Gleichsam naturhaft strebt der Mensch nach Eigentum und Besitz: Die Dinge gehören zu ihm; darum *gehören* sie ihm auch normalerweise als sein Eigentum. Schon Kinder möchten Dinge, die ihnen gefallen, „haben", d.h. in ausschließlichen Besitz nehmen, so daß sie ihnen „gehören". Jeder neigt dazu, diese Verfügungsgewalt auszuweiten und möglichst viel von dem, was er vielleicht einmal brauchen kann, in seine Verfügung zu bringen. Wenn man sich die Güter für Geld auf einem Markt ohne Schwierigkeit kaufen kann, genügt für die Zukunftsvorsorge oft ein Vermögenspolster. 344

In philosophischer Sicht bedeutet Eigentum ein Haben. „Haben" ist eine menschliche Grundkategorie, die sich weiterer zergliedernder Analyse entzieht. Sie wird dem „Sein" gegenübergestellt, das der Mensch selbst je ist. 345

„Letztlich führt sich alles auf die Unterscheidung zwischen dem, was man hat, und dem, was man ist, zurück. (...) *Haben* kann ich im strengen Sinne des Wortes nur etwas, was eine Existenz besitzt, die bis zu einem bestimmten Punkt unabhängig von mir ist. (...) Ich habe nur das, über das ich irgendwie und in bestimmten Grenzen verfügen kann; mit anderen Worten: ich habe nur dann, wenn ich als eine Macht angesehen werden kann, als ein Seiender, dem Macht verliehen ist." (Marcel 1968, 166f. Vgl. auch Fromm 1976)

346 In einem weiten Sinne kann man alles, was einer hat, sein *Eigentum* nennen. Im gewöhnlichen Sprachgebrauch redet man vom „Eigentum" aber nur im Hinblick auf *materielle Dinge*. Als Leib-Wesen ist der Mensch in vielfacher Weise auf diese Dinge angewiesen. Als *Leib-Geist*-Wesen besitzt er die Fähigkeit, sie sich „zu eigen" zu machen, sie sich zuzuordnen, sie für seine Zwecke umzugestalten, sie bewußt zu gebrauchen und über sie zu verfügen. Er *gebraucht* sie nicht einfach mit naturhafter Selbstverständlichkeit wie das Tier, sondern trifft mit ihnen in planender Überlegung Vorsorge für seine Zukunft und kommt darin selbst zur Entfaltung. So läßt sich Eigentum in einem allgemeinsten Sinne interpretieren als „Ausstrahlung der Personwürde in den Sachgüterbereich" (Gustav Gundlach).

347 Gegenstand sozialethischer Reflexion ist aber weniger das Verhältnis des Menschen zu den Dingen als vielmehr das Eigentumsrecht, insofern dieses ein Verhältnis von Mensch zu Mensch *in bezug* auf die Dinge besagt. Weil viele Dinge, deren der Mensch bedarf, knapp sind, d.h. nicht in beliebigem Umfang zur Verfügung stehen, müssen in jeder Gesellschaft klare Regelungen darüber bestehen, wer über was und in welcher Form zu verfügen hat.

348 Die Beschaffung der notwendigen Güter erfolgt mit Notwendigkeit im gesellschaftlichen Zusammenwirken. Keiner produziert völlig für sich allein. Die Ausgestaltung des wirtschaftlichen Produktionsprozesses hat einen tiefen Einfluß auf das Lebensschicksal der beteiligten Menschen. Schon von hier aus kann das Eigentumsrecht nie als ein absolutes Recht des einzelnen begriffen werden, sondern begründet und begrenzt durch die rechtlichen Regeln der betreffenden Gesellschaft, in der es ausgeübt wird.

349 Andererseits wird wegen dieser Abhängigkeit von den Dingen, auf deren Verfügbarkeit der einzelne sich verläßt, ein Eingriff in das Eigentumsrecht eines anderen immer zugleich auch als ein Angriff auf den anderen selbst verstanden. Darum wird nicht nur vom Dekalog, sondern in allen Kulturen und Gesellschaften der *Diebstahl* als ein schweres Verbrechen angesehen und unter Strafe gestellt. Diebstahl – selbst in kleinen Dingen – zerstört das gegenseitige Vertrauen, das für das gesellschaftliche Zusammenleben notwendig ist. Deshalb befaßt sich ein Großteil aller Gesetze und Rechtsbestimmungen mit der Sicherung und Ausgestaltung der Eigentumsordnung.

350 Eigentumsrecht besagt nicht nur Herrschaft über *Sachgüter*, sondern auch Herrschaft über *Menschen,* die auf diese Sachgüter angewiesen sind. Diese Abhängigkeit war in der Vergangenheit noch größer als heute: Wer nicht als Erbe eines Hofes oder eines väterlichen Handwerksbetriebs über eine materielle Existenzgrundlage verfügte, dem

blieb häufig sogar die Möglichkeit einer Heirat verschlossen, und er mußte als Knecht oder Magd dem Hofbesitzer dienen.

Die Regelung der Verfügungsgewalt über die materiellen Güter innerhalb einer Gesellschaft ist zwar nicht das einzige und vielleicht nicht einmal das wichtigste Problem einer Gesellschaftsordnung. Die Beziehungen der Menschen untereinander werden nicht allein von den ökonomischen Bedingungen bestimmt, ebensowenig wie man sie einseitig aus einem libidinösen Sexualtrieb oder aus dem Streben nach Macht erklären kann. Von allen das menschliche Zusammenleben gestaltenden Kräften ist der ökonomische Faktor aber deshalb von besonderer Bedeutung, weil der Mensch zur Befriedigung fast aller seiner Bedürfnisse und Wünsche auf materielle Güter angewiesen ist. Selbst für seine höchsten kulturellen Leistungen braucht er eine gesicherte materielle Basis. Ohne eine gewisse wirtschaftliche Selbständigkeit und Unabhängigkeit ist seine Freiheit überhaupt gefährdet. 351

Eine Unterschätzung der Bedeutung des ökonomischen Faktors, wie sie in Kreisen humanistisch Gebildeter weit verbreitet ist, kann paradoxerweise dazu führen, daß dieser Faktor in der gesellschaftlichen Realität einen zu gewichtigen Einfluß ausübt. Was nicht reflektiert wird, kann sich selbständig machen. Alle wirtschaftliche Macht muß Regeln unterworfen und kontrolliert werden, damit sie sich nicht gegen die Menschen auswirkt. 352

§ 35 Arbeit

So wichtig die Eigentumsverhältnisse in einer Gesellschaft sind, so empfiehlt es sich doch, die Wirtschaftsethik mit der *Arbeit* und nicht mit dem Eigentum zu beginnen. Zwar sind Besitz und Eigentum das Ziel der Arbeit; diese genießt aber als menschliche Tätigkeit den Vorrang gegenüber den rechtlichen Sachverhalten des Eigentums. 353

Definition der Arbeit: In jede Definition der Arbeit fließen gesellschaftliche Wertvorstellungen ein: Soll etwa nur von der bezahlten Erwerbsarbeit die Rede sein oder auch von der unbezahlten, harten Arbeit beispielsweise im Haushalt? In der heutigen gesellschaftlichen Wertung steht die bezahlte Erwerbsarbeit weit höher als die Aufgabe der Hausfrau und Mutter, die kein eigenes Einkommen erzielt. Bildet doch vielfach die Einkommenshöhe den vorherrschenden Maßstab für das gesellschaftliche Ansehen eines Berufes, nicht die Werthöhe der Leistung, die einer für die anderen erbracht hat. 354

Um Vorurteile zu vermeiden, wird man deshalb jede vom Menschen vollbrachte wertschöpfende Leistung ohne Unterschied des Sachgehaltes als „Arbeit" in einem weiten Sinne bezeichnen können. (So auch Johannes Paul II., Enzyklika „Laborem exercens" [1981], Einführung) Arbeit gehört wesentlich zum Menschen. „Ist doch der Mensch zur Arbeit geboren wie der Vogel zum Fluge." (Pius XI., Enzyklika „Quadragesimo anno" [1931], Nr. 61) Die Welt, wie er sie vorfindet, genügt seinen Bedürfnissen und Erfordernissen nicht; darum muß er sie bearbeiten, sie umgestalten. Diese Notwendigkeit zu arbeiten ergibt sich unmittelbar aus Tatsache, daß der Mensch zu seinem Überleben auf die materiellen Dinge angewiesen ist.

Man darf den Arbeitsbegriff aber nicht eingeengt verstehen auf die Produktion bloß *materieller* Güter. Wer immer zielbewußt etwas schafft, was für ihn selber oder für andere von Wert ist, leistet Arbeit. Das gilt auch dann, wenn ihm sein Tun Spaß macht. Abzugrenzen ist die Arbeit einzig gegenüber der Erholung und dem Spiel, das sich nicht an realen Erfordernissen, sondern an den selbstgeschaffenen Spielregeln ausrichtet. Hingegen ist auch das Werk eines Künstlers, die Hilfeleistung eines Arztes oder einer Krankenschwester, die politische Gestaltung des Gemeinwesens durchaus als „Arbeit" anzusehen, obwohl unser Sprachgebrauch hier unsicher wird.

Herbert Marcuse macht darauf aufmerksam, daß auch in der utopischen Zukunftsgesellschaft, in der nach Karl Marx alle materiellen Bedürfnisse des Menschen erfüllt sein werden, eine Notwendigkeit der Arbeit fortbesteht: die Erhaltung, Besorgung und Weiterführung der *kulturellen Welt* des Menschen. (Vgl. Marcuse 1981, 574)

355 *Gesellschaftlicher Charakter der Arbeit:* In sozialethischer Perspektive ist vor allem der *gesellschaftliche* Charakter der Arbeit zu betonen. Die Gestaltung der Welt, die Überwindung der Knappheit, die Entfaltung der gegebenen Möglichkeiten, kurz: die Versorgung einer Gesellschaft mit den notwendigen und erwünschten Gütern durch Arbeit ist eine *gemeinsame* Angelegenheit und kann nur gemeinsam erledigt werden. In einer arbeitsteiligen Gesellschaft muß jeder auch für andere produzieren und ist davon abhängig, daß seine Leistung von den anderen akzeptiert wird. Wir erfahren diese Abhängigkeit voneinander besonders beim *Streik*, der an sich nur eine Arbeitsniederlegung, eine Arbeitsverweigerung bedeutet, aber als Kampfmittel eingesetzt werden kann, weil die Tarifpartner aufeinander angewiesen sind. Um die Schäden eines Streiks zu vermeiden, gehen die Arbeitgeber lieber auf die Forderungen der Gewerkschaften ein. Die Ziele, auf die hin die Welt zu gestalten ist, die Bedürfnisse, die der einzelne zu befriedigen sucht, was als Arbeitsleistung Anerkennung

findet, all das ist bereits gesellschaftlich vorgeprägt. In seinem Arbeiten gliedert sich der einzelne in die Gesellschaft ein, erfährt Bestätigung oder Zurückweisung, Geborgenheit oder Ausschluß.
Für das Lebensglück des einzelnen hängt nun viel von dieser gesellschaftlichen Organisation der Arbeit ab, ob nämlich die gesellschaftlichen Bedingungen ihm eine gewisse Selbstverwirklichung in der Arbeit ermöglichen und erleichtern oder durch gesellschaftliche Entfremdung noch zusätzlich erschweren. Wieweit erlaubt die gesellschaftliche Ordnung dem einzelnen, seine Anlagen und Fähigkeiten zu entfalten?
Aus diesen Überlegungen wird deutlich: Arbeit ist kein Problem, das nur den einzelnen etwas anginge. Die Arbeitswelt wird von den Menschen gestaltet, ist in die Hände der Menschen gelegt, wird nicht regiert von irgendwelchen anonym wirkenden Gesetzen, ist eine im eigentlichen Sinne sozialethische Aufgabe: Wie läßt sich erreichen, daß sie tatsächlich dem Menschen dient, genauer: daß sie *allen* beteiligten Menschen eine befriedigende Lebensgrundlage bietet?
Arbeit und Beruf prägen ganz entscheidend das Denken, das Erleben, das Schicksal eines Menschen. Nicht umsonst geben wir im Deutschen auf die Frage, was einer sei, seinen *Beruf* an. Durch seinen Beruf und seine Tätigkeit wird er in die Gesellschaft eingegliedert.
Unser gesellschaftliches Arbeiten müßte eigentlich so organisiert sein, daß der Ertrag der Arbeit insgesamt höher ist als die Kosten. „Ertrag" ist aber in diesem Zusammenhang nicht in Geldgrößen auszudrücken, sondern in menschlicher Befriedigung und Lebenserfüllung; „Kosten" müssen definiert werden in menschlicher Mühe und im Verschleiß von Kräften. Besitzen wir in unserer modernen Arbeitswelt des Wettbewerbs noch die Freiheit zu entscheiden, ob der zusätzliche Ertrag (z.B. mehr materieller Wohlstand) den erforderlichen Aufwand (in Form von Mühe, Streß, Kräfteverschleiß) wert ist, oder unterwirft uns unser Arbeitssystem einem Druck, der unter den heutigen Bedingungen der westlichen Welt eigentlich nicht mehr nötig wäre und uns wichtigere Lebensziele verfehlen läßt?
Veränderungen der Arbeitswelt: In den vergangenen Jahrzehnten hat 356 sich das Bild der menschlichen Arbeit grundlegend *verändert*. Körperliche Arbeit ist zwar immer noch notwendig, aber die Zahl derer, die mit Routinearbeit beschäftigt werden, nimmt ab. Als Gegentyp zum Arbeiter und Angestellten nach Tarifvertrag bilden sich hochspezialisierte Fachleute auf ganz bestimmten Gebieten heraus, die ihre Fähigkeiten teuer verkaufen, ohne deshalb Unternehmer zu sein. Der technische Fortschritt erlaubt es, viele *Mühsal*, die früher mit der körperlichen Arbeit verbunden war, zunehmend von Maschinen

übernehmen zu lassen. Aber auch viele Arbeiten, die bisher als „geistig" eingestuft wurden, können heute schon den Computern überlassen werden. Für den immer noch steigenden Wohlstand muß immer weniger Arbeit aufgewendet werden. Obwohl also der streng *ökonomische* Druck der Knappheit in den Industrieländern abgenommen hat, müssen wir nicht so viel weniger arbeiten als zu der Zeit, da wir noch gegen die unmittelbare Not und Entbehrung zu kämpfen hatten. Es geht uns nicht um so viel besser im Sinne von Freiheit und Freizeit, wie der technische Fortschritt eigentlich hätte erwarten lassen. Das hängt mit den Kräften des *Wettbewerbs* zusammen, dessen Anreiz der wirtschaftliche Fortschritt zu verdanken ist. Die Überlegenheit eines Arbeitssystems, das den Egoismus der einzelnen in Dienst nimmt, um gesamtwirtschaftlich wünschenswerte Ziele zu erreichen, nämlich die Versorgung der Gesellschaft mit den Gütern und Dienstleistungen, ist angesichts des Vergleichs mit der früheren DDR offenkundig.

Aber andererseits setzt der Wettbewerb den einzelnen unter einen *gesellschaftlichen* Druck, besser zu sein als sein Kollege, um aufsteigen zu können; die Firma will und muß bessere, neuere Produkte anbieten als die Konkurrenz, wenn sie bestehen soll; wir Deutschen sind schon seit Jahrzehnten stolz darauf, daß wir mehr Güter ans Ausland verkaufen, als wir einführen. Es besteht Gefahr, daß unsere Arbeit in der Art, wie wir sie organisiert haben, uns in einer Weise in Anspruch nimmt, daß wir darüber wesentlichere Lebensziele verfehlen, daß wir einem praktischen Materialismus verfallen. Das Verbot der Sonn- und Feiertagsarbeit, die Einschränkung der Nacht- und Schichtarbeit sucht solchen Gefahren entgegenzuwirken.

357 *Humane Gestaltung der Arbeitswelt:* In diesem Zusammenhang kann nun eine ganze Liste von gewichtigen ethischen Themen zur Sprache kommen:

a) Wie behandelt unsere Gesellschaft jene, die *noch nicht* oder *nicht mehr* arbeiten können? Kindergeld, Alterssicherung, Krankenversorgung besonders für den Pflegefall, Arbeitsmöglichkeiten für Behinderte – das wären ein paar Stichworte.

b) Welchen Anspruch der Beteiligung an den *Entscheidungsprozessen* kann der arbeitende Mensch erheben? Die Frage der Mitbestimmung hat gerade in Deutschland hohe Wellen geschlagen. Sie betrifft zentral das gesellschaftliche Verständnis von Arbeit: Wer soll in der Wirtschaft das Sagen haben? Welche Waffen sind im Arbeitskampf erlaubt, damit ein gerechter Ausgleich der Interessen möglich wird?

c) Wie lassen sich unter heutigen Umständen die *Arbeitszeiten* den Bedürfnissen und Wünschen der Arbeitnehmer anpassen? Wie kann vermieden werden, daß die „flexible Arbeitszeit" nicht nur an den betrieblichen Interessen ausgerichtet wird, also „Arbeitskräfte auf Abruf" bereitgestellt werden, sondern zu mehr Freiheit für die Lohnabhängigen führt?

d) Welche Chancen geben wir den Menschen in den Ländern der *Dritten Welt*, sich durch ihre Arbeit eine menschenwürdige Existenz zu sichern? Wie sehr der Erfolg der Arbeit nicht allein vom persönlichen Fleiß und Einsatz, sondern von gesellschaftlichen Rahmenbedingungen abhängt, können wir bei der Umstellung der Wirtschaft in den neuen Bundesländern beobachten. Die hohe Arbeitslosigkeit ist eine Herausforderung an unsere Ordnungspolitik.

Arbeitslosigkeit: In einer Wettbewerbswirtschaft sind die einzelnen und manchmal ganze Branchen, Regionen oder Gruppen von Arbeitslosigkeit bedroht. Mit dem sich beschleunigenden technischen und sozialen Wandel nimmt diese Gefahr noch zu. In Zukunft dürfte die *Sicherheit des Arbeitsplatzes* für die Menschen noch wesentlich wichtiger werden als die Höhe ihres Einkommens. (Galbraith 1987, 290) Gerade weil der einzelne Ort und Stellung in der Gesellschaft durch seinen Beruf zugewiesen bekommt, kann Arbeitslosigkeit für den Betroffenen eine schwere Prüfung bedeuten. Die Erfahrung ist bedrückend, immer wieder in Ablehnungsschreiben bestätigt zu bekommen: „Du wirst mit deinen Fähigkeiten nicht gebraucht", und das in einer Welt, in der jeder nach seiner Arbeitsleistung gesellschaftlich eingestuft wird. Wenn Arbeitsfähige und Arbeitswillige keine entsprechende Beschäftigung finden, ist das also ein schlimmes Übel: Darüber dürfte weitgehende Übereinstimmung bestehen.

Daß in der Bundesrepublik Deutschland Millionen Menschen arbeitslos bleiben, wird mit Recht als ein Skandal empfunden. Die Arbeitslosigkeit bedroht auch das Sozialversicherungssystem, das die schlimmsten finanziellen Auswirkungen abzufangen suchte. Viele Dauerarbeitslose sind auf Sozialhilfe angewiesen.

Das Mitgefühl mit den Arbeitslosen wird allerdings manchmal auch ausgenutzt, um Vorteile für ein Unternehmen oder eine ganze Branche herauszuschlagen. Das Arbeitsplatzargument dient mittlerweile zur Rechtfertigung aller möglichen Forderungen, z.B. nach Subventionen für konkursreife Unternehmen. Nicht immer kann man die Forderung unterstützen, ein Unternehmen müsse auf alle Fälle am Leben erhalten werden, um Arbeitslosigkeit zu vermeiden. Die Solidarität verlangt, daß den Menschen in Not geholfen werde; sie dürfen nicht ausgegrenzt oder vergessen werden. Aber welche *Maßnahmen* dafür sinnvoll sind und den betroffenen Menschen langfristig wirklich helfen, darüber kann die Sozialethik nicht befinden, ohne auch die Wirtschaftswissenschaften über die zu erwartenden langfristigen Nebenwirkungen zu befragen.

§ 36 Der Begriff des Eigentums

359 In vielfacher Weise ist im Verlauf dieser Überlegungen schon von der Bedeutung des Eigentums für den Menschen die Rede gewesen. Dabei wurde das Wort „Eigentum" in einem recht weiten Sinne verwendet als „Verfügungsrecht über materielle Dinge". Dieser Begriff muß nun noch schärfer gefaßt werden, um für die gesellschaftliche Praxis eine Entscheidungshilfe zu bieten.

360 Das Deutsche *Bürgerliche Gesetzbuch* definiert die Rechte des Eigentümers wie folgt: „Der Eigentümer einer Sache kann, soweit nicht das Gesetz oder Rechte Dritter entgegenstehen, mit der Sache nach Belieben verfahren und andere von jeder Einwirkung ausschließen" (§ 903 BGB). Drei Elemente sind an dieser Gesetzesbestimmung beachtenswert:
a) Der verwendete Eigentumsbegriff bezieht sich auf „Sachen", d.h. körperliche Gegenstände (vgl. § 90 BGB).
b) Das Eigentumsrecht wird abgegrenzt als das *umfassendste Herrschaftsrecht*, das man an einer Sache haben kann, von anderen, nur beschränkten dinglichen Rechten, z.B. dem Besitzrecht.
c) Das Eigentumsrecht wird *positiv* umschrieben als das Recht des Eigentümers, mit der ihm gehörenden Sache nach Belieben zu verfahren im Rahmen der Gesetze oder der Rechte Dritter, *negativ* als das Recht, Dritte von der Einwirkung auf die Sache auszuschließen.

361 Dieser Eigentumsbegriff geht in seinen Wurzeln bis ins Römische Recht zurück: „jus utendi et abutendi rebus" – das Recht, die Dinge zu gebrauchen und zu verbrauchen. Er will keineswegs den Mißbrauch rechtfertigen; seine etwas individualistische Formulierung stammt aus der Zeit der Französischen Revolution. Er kann den Eindruck erwecken, als sei das Eigentumsrecht ein absolutes, von keinen sozialen Pflichten eingeschränktes Recht, wenn es nicht gewissermaßen von außen mit einer „sozialen Hypothek" belastet wird, nämlich einer Gesetzesbindung oder dem Recht eines anderen. Dies ist aber ein philosophisch ungenaues Verständnis des Eigentumsrechts.

362 Ein etwas anderer Eigentumsbegriff liegt dem *Grundgesetz* der Bundesrepublik Deutschland zugrunde. Es zählt unter den Grundrechten auf: „Das Eigentum und das Erbrecht werden gewährleistet. Inhalt

und Schranken werden durch die Gesetze bestimmt. Eigentum verpflichtet. Sein Gebrauch soll zugleich dem Wohle der Allgemeinheit dienen. Eine Enteignung ist nur zum Wohle der Allgemeinheit zulässig" (Art. 14 GG).

a) Hier wird „Eigentum" nicht nur im *sachen*rechtlichen, sondern im *vermögens*rechtlichen Sinne verstanden, d.h., das Eigentumsrecht wird über die materiellen „Sachen" hinaus auch auf Forderungsrechte, Urheberrechte, Patentrechte und andere vermögenswerte Rechte ausgedehnt. Das Rechtsinstitut des Privateigentums wird insoweit gesichert, als der Gesetzgeber es „in seinem Kerngehalt" zu achten hat. Auch die konkrete Rechtsstellung des einzelnen Eigentümers wird geschützt.

b) Zugleich wird aber auch die *Sozialbindung* des Eigentums betont. Die Formel „Eigentum verpflichtet" besagt nicht, das Eigentum sei ein seinem Besitzer zukommendes, unantastbares persönliches Privileg, das nur eine *sittliche* Verpflichtung zu seinem rechten Gebrauch mit sich bringt, etwa entsprechend dem Satz „Adel verpflichtet" der feudalen Ordnung. Vielmehr wird darin ein *Auftrag an den Gesetzgeber* ausgesprochen, die Eigentumsrechte so zu definieren und auszugestalten, daß die Eigentumsinstitution zum Gemeinwohl beiträgt.

c) Die Möglichkeit einer *Enteignung* und Sozialisierung zum Wohle der Allgemeinheit wird ausdrücklich vorgesehen, allerdings gegen eine entsprechende Entschädigung. Die Verfassung der Bundesrepublik Deutschland sieht also das Eigentum nicht als ein „unverletzliches und heiliges Recht" des Menschen und des Bürgers an wie die Menschenrechtserklärung von 1789 der Französischen Revolution, sondern als den Schnittpunkt zwischen individueller Freiheit und gesellschaftlicher Bindung.

Im Gegensatz zur Umgangssprache unterscheidet das Recht klar 363 zwischen Eigentum und *Besitz,* zwischen rechtlichem Gehören und *faktischem Haben*. Auch der bloße Besitz verleiht schon gewisse Rechte: Dem Besitzer darf eine Sache nicht ohne weiteres genommen werden. „Der Besitz einer Sache wird durch die Erlangung der tatsächlichen Gewalt über die Sache erworben" (§ 854 BGB). Diese Formulierung zeigt, daß auch „Besitz" als ein normativer und nicht als ein rein faktischer Begriff verstanden wird.

Obwohl das Besitzrecht vom Eigentumsrecht abhängt, kann es das 364 Eigentumsrecht auch einschränken, beispielsweise bei einem Mietvertrag. Wer sich etwa einen Mietwagen ausleiht, wird für die Zeit der Miete Besitzer dieses Wagens. Solange er die Vertragsbedingungen erfüllt, darf ihn kein anderer in diesem Besitz beeinträchtigen, auch nicht der Eigentümer. Der Vermieter wird entschädigt durch die Zahlung der Miete. Hier wird zugleich deutlich: Ein Großteil der Vorteile, die das Eigentum bietet, kommen eigentlich dem Besitzer zu; Besitzrecht ist oftmals wichtiger als das Eigentumsrecht.

365 Dies wird besonders bedeutsam beim Eigentum an *Grund und Boden*. (Vgl. unten § 37) Es handelt sich dabei um ein vorgegebenes, nicht produzierbares und nicht wesentlich vermehrbares Gut. Deshalb wird gelegentlich gefordert, an die Stelle des Volleigentums ein zeitlich befristetes Nutzungsrecht (z.B. Erbbaurecht, „Nutzungseigentum") für den bebauten Boden treten zu lassen, während das Verfügungseigentum in die öffentliche Hand zu überführen wäre. Nur noch Besitzrecht, nicht aber eigentliches Eigentumsrecht würde beim Bürger verbleiben.

366 Wichtig ist auch unter sozialethischer Rücksicht die Unterscheidung zwischen Konsumgütern und Investitionsgütern: *Konsumgüter* dienen unmittelbar der Befriedigung der Bedürfnisse der Einzelpersonen. Hier ist das Eigentumsrecht kaum umstritten. Selbst in der Verfassung der DDR vom 6.4.1968 wurde bestimmt: „Das persönliche Eigentum der Bürger und das Erbrecht sind gewährleistet. Das persönliche Eigentum dient der Befriedigung der materiellen und kulturellen Bedürfnisse der Bürger." (Art. 11, Abs. 1)
Produktiveigentum ist zur Herstellung anderer Güter bestimmt, also nur mittelbar zur Befriedigung menschlicher Bedürfnisse. Diese auf den ersten Blick einfach und klar erscheinende Unterscheidung zwischen Konsumgütern und Produktionsgütern enthält aber Abgrenzungsschwierigkeiten. Dasselbe Gut kann einmal als Produktionsmittel, dann wieder als Konsumeigentum benutzt werden. Zum Beispiel wird der Wagen eines Taxiunternehmers am Werktag als Produktionsmittel verwendet zum gewerbsmäßig ausgeübten Transport von Personen. Am Sonntag dient er als Konsumgut zur vergnüglichen Spazierfahrt seines Eigentümers. Ähnliches gilt für ein Eigenheim als persönliches Konsumeigentum oder als Vermögensanlage zum Vermieten.

Im allgemeinen lassen die Wirtschaftswissenschaften den Konsum dann beginnen, wenn ein Gut in die Nutzung eines Haushaltes übergeht. Ist die Arbeit der Hausfrau deshalb keine Produktion, weil sie dafür nicht bezahlt wird, während eine berufsmäßige Köchin eine produktive Leistung erbringt? Sind Küchengeräte nur in der Großkantine Produktionsmittel?

367 Diese Abgrenzungsschwierigkeiten sind aber nur unter statistischer und steuerlicher Rücksicht von Belang. Schwerer wiegende Folgen hat ein weit verbreitetes Mißverständnis, demzufolge als Ziel der Produktion der Konsum angesehen und Konsum mit Verbrauch

gleichgesetzt wird. In erster Linie sind nämlich die Konsumgüter dazu da, vom Menschen *gebraucht* zu werden und ihm dadurch das Leben leichter und schöner zu machen. Daß sie sich dabei auch auf vielfache Weise *verbrauchen* und so vernichtet werden, daß manche Konsumgüter, z.B. Lebensmittel, sich überhaupt nur durch Verbrauch nutzen lassen, ist eine bedauerliche Begleiterscheinung. Ziel der Produktion ist nicht ein möglichst hoher Verbrauch, sondern der Reichtum der Haushalte. (Vgl. Boulding 1945) Würden Damenstrümpfe länger halten und deshalb weniger verbraucht werden, wären die Käuferinnen nicht ärmer sondern reicher. Um ihrer eigenen Interessen willen sucht die Industrie durch ihre Werbung die Öffentlichkeit immer wieder davon zu überzeugen, daß man ihre neuen Produkte braucht. So ist es nicht unberechtigt, sozialkritisch von einer „Konsumgesellschaft", ja sogar von einer „Wegwerfgesellschaft" zu sprechen.

Von grundlegender Bedeutung ist für jede Gesellschaftsordnung die 368 Frage, *in wessen Hand* sich das Produktiveigentum befindet. Eigentum verleiht Macht. Um dieser Macht willen forderte der marxistische Kommunismus die Abschaffung des Privateigentums an Produktionsmitteln. Erst in der klassenlosen Gesellschaft des Sozialismus werde die Entfremdung des Menschen aufgehoben, wenn nämlich die Produktionsmittel in öffentliches Eigentum überführt sind. Demgegenüber sieht das Grundgesetz der Bundesrepublik Deutschland im Privateigentum auch an Produktionsmitteln eine Garantie der Freiheit des einzelnen gegenüber gesellschaftlicher und staatlicher Übermacht. Damit bleibt aber die politische Aufgabe gestellt, den wirtschaftlich Schwachen vor der Unterdrückung durch den Mächtigeren zu schützen.

§ 37 Die Eigentumslehre der abendländischen Tradition

Die Begründung des Rechts auf Privateigentum ist so umstritten und 369 zugleich so grundlegend, daß ihre geschichtliche Entwicklung eigens betrachtet werden soll. Dem christlichen Altertum war allerdings die sozialethische Fragestellung noch fremd. Darum finden sich im Neuen Testament für die sozialethischen Aspekte des Eigentums wenig Hinweise.

Die Evangelien sind vielmehr durchzogen von der Mahnung, nicht in der Sorge um materiellen Besitz aufzugehen, sondern sich freizumachen für das Reich Gottes. Ähnlich die Apostelbriefe. Dabei handelt es sich aber um eine *personal*ethische Verpflichtung, nicht um eine Frage der Sozialethik.

370 Die Urgemeinde in Jerusalem versuchte, wenigstens in kleinem Rahmen auch *sozialethische Konsequenzen* aus der Botschaft Jesu zu ziehen. (Vgl. Apg 4,32ff.) Die Gläubigen verkauften einen Teil ihres Besitzes insbesondere an Grundstücken und stellten den Erlös den Aposteln zur Verfügung. Man kann also sagen, daß die Urgemeinde wie in einer großen Familie nach der Ordnung des Gemeineigentums zu leben versuchte. Diese Lebensform hat sich aber nicht allgemein durchgesetzt.

371 Auch in den Schriften der Kirchenväter finden sich weniger Aussagen über die *rechtliche Gestaltung* der Eigentumsordnung als vielmehr über die *Gesinnung*, mit der ein Christ mit dem Eigentum umgehen sollte. Sie entwickeln damit die biblischen Ansätze weiter, zum Teil unter dem Einfluß der stoischen Philosophie, derzufolge es von Natur kein Privateigentum gibt und das Eigentumsrecht erst durch den guten Gebrauch zustande kommt. Es wäre aber ein Mißverständnis, Texte der Kirchenväter zur Verteidigung sozialistischer oder kommunistischer Bestrebungen in Anspruch zu nehmen. An eine Vergesellschaftung der Produktionsmittel wurde nie gedacht. Allerdings wurde im ganzen ersten Jahrtausend auch kein Versuch gemacht, das Eigentumsrecht als ein Menschenrecht aus christlichen oder philosophischen Quellen positiv zu begründen.

372 Erst im hohen Mittelalter begannen die Theologen, sich über die Rechtfertigung der bestehenden Privateigentumsordnung grundsätzliche Gedanken zu machen. Für die ganze Folgezeit sind dabei die Argumente des Thomas von Aquin von bleibender Bedeutung geblieben. Er verbindet das christliche Traditionsgut vom sittlichen Wert des Gemeingebrauches mit einer sozialethischen Rechtfertigung einer Privateigentumsordnung.

373 In jenem Teil seiner Summa Theologiae, der sich mit Problemen des Rechts und der Gerechtigkeit beschäftigt, stellt sich Thomas die Frage: „Ist es erlaubt, eine Sache als Eigentum zu besitzen?" (S. Theol. II/II qu. 66, art. 2) Zur Beantwortung dieser Frage unterscheidet er zwischen dem Recht der *Anschaffung* und Verwaltung von Gütern und ihrem *Gebrauch*. Im Gebrauch soll der Mensch die Dinge nicht als Eigentum betrachten, sondern als Gemeinbesitz, so nämlich, daß er sie ohne Schwierigkeit zum Bedarf der anderen zur Verfügung stellt. Damit wird die soziale Rücksicht des Eigentums angesprochen und auch den Väterstellen Rechnung getragen. Die eigentlich sozialethische und ordnungspolitisch bedeutsame Frage, ob der Mensch überhaupt berechtigt sei, Dinge als eigene sich anzuschaffen und darüber zu verfügen, wird von Thomas ausdrücklich bejaht. Damit hat er sich grundsätzlich für eine Privateigentumsordnung entschieden.

Seine Argumente gehen in zwei Schritten voran: Zunächst rechtfertigt er das Verfügungsrecht des Menschen über die Güter dieser Erde im allgemeinen. Durch Vernunft und Wille vermag der Mensch die äußeren Dinge zu seinem Nutzen zu gebrauchen als solche, die für ihn geschaffen sind. Gott hat in seiner Vorsehung Dinge für den leiblichen Unterhalt des Menschen bestimmt. Daher hat der Mensch eine natürliche Herrschaft über die Dinge in bezug auf die Macht, sich ihrer zu bedienen. Aus der Angewiesenheit des Menschen auf die materiellen Dinge und aus seiner Fähigkeit, sie zu gebrauchen, andererseits aus ihrer Geeignetheit, die menschlichen Bedürfnisse zu befriedigen, folgert Thomas also ein Herrschaftsrecht des Menschen über die Natur. Damit ist allerdings über die Möglichkeit einer privatwirtschaftlichen oder gemeinwirtschaftlichen Ordnung noch nichts entschieden (sogenannter „negativer Kommunismus"). Nur die Gesamtheit der Güter hat der Gesamtheit der Menschen zu dienen. 374

In einem zweiten Schritt sucht Thomas zu beweisen, daß sich aus dem Privateigentum die beste Ordnung für die Nutzung der Sachgüter ergibt, die Gott der Menschheit zur Verfügung gestellt hat. Er führt dafür drei Gründe an: 375

a) Ein jeder verwendet mehr Sorge auf etwas, das ihm allein gehört, als auf etwas, das allen oder vielen gehört; denn weil jeder die Arbeit scheut, überläßt er das, was die Gemeinschaft angeht, den andern; wie das so vorkommt, wo viele Diener beisammen sind.

b) Die menschlichen Angelegenheiten werden besser verwaltet, wenn jeder einzelne seine eigenen Sorgen in der Beschaffung irgendwelcher Dinge hat; es gäbe aber ein Durcheinander, wenn jeder ohne Unterschied für alles Mögliche zu sorgen hätte.

c) Auf diese Weise bleibt die friedliche Verfassung der Menschen besser gewahrt, wenn jeder mit seiner eigenen Sache zufrieden ist. Daher sehen wir, daß bei denen, die etwas gemeinsam und im ganzen besitzen, häufiger Streitigkeiten ausbrechen. (S. Theol. II/II qu. 66, art. 2)

An dieser Beweisführung sind mehrere Gesichtspunkte bemerkenswert. Zunächst wird das Privateigentum aus der sozialen Ordnung begründet, nicht aus einem subjektiven Recht des einzelnen auf Eigentum: 376

a) Es werden keine notwendigen Arbeiten auf die andern oder die Gemeinschaft abgeschoben.

b) Jeder hat seinen bestimmten, genau abgegrenzten Verantwortungsbereich.

c) Es gibt weniger Reibungsmöglichkeiten.

Dies sind verhältnismäßig pragmatische, aus der Alltagserfahrung leicht belegbare, aber nicht streng philosophisch zwingende Gründe.

So wird das Recht auf Eigentum bei Thomas auch nicht als ein eigentliches *Naturrecht* verteidigt. Das Naturrecht gebietet nur, daß eine Ordnung gefunden wird, in der die Dinge den Menschen in ihrer Gesamtheit zu vernünftigem Gebrauche zur Verfügung stehen. Der Eigenbesitz ist aber auch nicht gegen das Naturrecht, sondern wird dem Naturrecht „hinzugefügt auf Grund der Findung durch die menschliche Vernunft". Im Zustande des Paradieses wäre der Wille der Menschen so geordnet gewesen, daß sie ohne jede Gefahr der Zwietracht von allem, was ihrer Herrschaftsmacht unterstand, Gebrauch gemacht hätten, wie es ein jeder bedurfte. (S. Theol. I qu. 98, art. 1, ad 3)

377 Der Einfluß dieser Gedankengänge auf die europäische Geistesgeschichte bis in unsere Tage läßt sich kaum überschätzen. Er kann noch bis in die Rechtsprechung höchster Gerichte der jüngsten Zeit nachverfolgt werden. Allerdings gab der tiefgreifende wirtschaftliche und gesellschaftliche Wandel im 19. Jahrhundert der Eigentumsfrage eine neue Bedeutung. Die Französische Revolution hatte in der Erklärung der Menschen- und Bürgerrechte von 1789 das Eigentum als ein „unverletzliches und heiliges Recht" ausgerufen, es also zu einem Menschenrecht erklärt, das dem einzelnen zukommt und vor staatlichem Zugriff zu sichern ist. Demgegenüber forderte der marxistische Sozialismus die völlige Beseitigung des Privateigentums an Produktionsmitteln und ihre Überführung in Gemeineigentum, d.h. in öffentliches Sondereigentum. Nur so lasse sich eine gerechte Gesellschaftsordnung herstellen. Mit diesen Theorien hatte sich auch die katholische Kirche auseinanderzusetzen.

378 In der Enzyklika „Rerum novarum" vom 15. Mai 1891 nahm Papst Leo XIII. zur Arbeiterfrage Stellung. In diesem Zusammenhang behandelt er ausführlich die Frage der Aufhebung der Privateigentumsordnung durch Sozialisierung. Er lehnt diese aus drei Gründen ab:

a) Sie behebt nicht die Mißstände, sondern ist schädlich für die *Arbeiter* selbst, weil der Arbeiter durch seinen Lohn zu persönlichem Eigentum gelangen will. Er erwirbt sich durch seine Arbeit das Recht auf freie Verwendung seines Lohnes auch zum Erwerb von Produktivvermögen (Leo XIII., Enzyklika „Rerum novarum", Nr. 4).

b) Sozialisierung widerspricht der *Gerechtigkeit*; denn das Recht zum Besitz privaten Eigentums hat der Mensch von Natur erhalten (ebd., Nr. 5–11). Auf diesen Punkt wird gleich noch näher eingegangen werden.

c) Sozialisierung würde die *Gesellschaft* schädigen, weil sie den Menschen in sklavische Abhängigkeit vom Staat bringt, gegenseitiger Mißgunst Tür und Tor öffnet und mit dem Wegfall des

Ansporns zu Strebsamkeit und Fleiß auch die Quellen des Wohlstandes zum Versiegen bringt. Zwar würden alle gleich – aber alle in den gleichen kläglichen Zustand der Entwürdigung versetzt. Dieser dritte Punkt nimmt im wesentlichen die Argumente des Thomas von Aquin wieder auf, wenn auch jetzt mehr Nachdruck auf die Freiheit und die Unabhängigkeit des einzelnen vom Staat gelegt wird (ebd., Nr. 12).

Gegenüber der scholastischen Tradition enthält der zweite Punkt 379 eine neue Aussage: Das Recht zum Besitz privaten Eigentums wird als ein *Naturrecht* bezeichnet. Dafür gibt Leo XIII. eine ganze Reihe von Gründen:

a) Das Recht auf Privateigentum ergibt sich aus der *Vernunftnatur* des Menschen. Weil der Mensch „mit Vernunft ausgestattet ist, sind ihm irdische Güter nicht zum bloßen Gebrauche anheimgegeben wie dem Tiere, sondern er hat persönliches Besitzrecht, Besitzrecht nicht bloß auf Dinge, die beim Gebrauche verzehrt werden, sondern auch auf solche, welche in und nach dem Gebrauche bestehen bleiben" (ebd., Nr. 5). Man kann diese Begründung auf zweierlei Weise verstehen: entweder als ein unabhängiges, in sich stehendes Argument, daß also aus der Natur des Menschen als eines Geistwesens das Eigentumsrecht als Ausstrahlung der Personwürde in den Sachgüterbereich abgeleitet wird, oder aber als Grundlage für den folgenden Gedanken.

b) Durch seine Vernunft hat der Mensch *Vorsorge* für die Zukunft zu treffen. Dafür muß er aber nicht nur über die Konsumgüter, sondern auch über Produktionsmittel verfügen können. Ausdrücklich wird der Boden erwähnt, der durch seine unerschütterliche Dauerhaftigkeit die ständige Dekung der Bedürfnisse gewährleisten kann (ebd., Nr. 6).

c) Außerdem *gestaltet* und ordnet der Mensch durch seine Arbeit die Naturgüter und prägt ihnen den Stempel seines Geistes auf, etwa bei der Melioration des Bodens. Die Frucht der Arbeitsanstrengung sollte aber denen gehören, die die Arbeit leisten. Arbeit gibt also ein Naturrecht auf Eigentum (ebd., Nr. 7f.).

d) Als letzten Beweisgrund führt der Papst das Recht des Menschen an, eine *Familie* zu gründen. Dazu muß er auch den Unterhalt seiner Kinder sichern. Dieses Ziel kann aber nur durch das Eigentum an ertragsfähigen Gütern erreicht werden, die einmal im Erbgang an die Kinder fallen (ebd., Nr. 10).

An einer späteren Stelle der Enzyklika werden diese Gedankengänge 380 noch einmal zusammengefaßt: „Da das Recht auf Privatbesitz nicht durch ein menschliches Gesetz, sondern durch die Natur gegeben ist, kann es der Staat nicht aufheben, sondern nur seine Handhabung regeln und mit dem allgemeinen Wohl in Einklang bringen." (Ebd., Nr. 35)

381 Manche sehen in diesen Ausführungen über das Eigentumsrecht als Naturrecht einen Widerspruch zu der Lehre der Tradition, derzufolge das Eigentumsrecht bestenfalls aus dem sogenannten „jus gentium" abgeleitet wurde. Der Unterschied ist aber vorwiegend ein terminologischer. Thomas von Aquin legte an den Begriff des Naturrechts strengere Maßstäbe an, als es dann im 19. Jahrhundert üblich wurde. Was sich nicht so unabdingbar als mit der menschlichen Natur gegeben metaphysisch beweisen läßt, daß es unter keinen denkbaren Umständen anders sein könnte, wird von Thomas nicht als Naturrecht im eigentlichen Sinne anerkannt, sondern dem jus gentium zugerechnet, das bei allen Völkern in Übung ist. In einem paradiesischen Zustand hätte es aber einer Aufteilung der Güter und damit einer Privateigentumsordnung nicht bedurft. Also gehört für Thomas das Privateigentumsrecht nicht zum eigentlichen Naturrecht. Für Leo XIII. wird „Naturrecht" als vorpositives Recht definiert, das dem einzelnen nicht vom Staate genommen werden darf. Dazu gehören auch einzelne Menschenrechte, die Thomas dem jus gentium zugeordnet hätte, darunter auch das Eigentumsrecht.

382 Wenn somit die Kirche als Verteidigerin der Privateigentumsinstitution auftrat, so bedeutet das nicht, daß sie damit auch die gegebene Eigentums*verteilung* als richtig angesehen und damit die bestehenden Zustände abgesegnet hätte. Im Gegenteil: Gerade weil sie sich von einer allgemeinen Sozialisierung keine Vorteile versprach, verlangte sie um so dringender eine Reform der Zustände, um die Spaltung der Gesellschaft in zwei Klassen, die Eigentümer der Produktionsmittel einerseits, die besitzlosen Arbeiter andererseits, zu überwinden. Allerdings war ihre politische Stellung zu Ende des 19. Jahrhunderts zu geschwächt, um damit in der Öffentlichkeit angemessene Aufmerksamkeit finden zu können.

383 Im Jahre 1931 nahm Papst Pius XI. in der Enzyklika „Quadragesimo anno" die Überlegungen seines Vorgängers auf und entwickelte sie weiter. Er wies dabei besonders auf die Doppelseitigkeit des Eigentums hin, seine individuelle und seine soziale, seine dem Einzelwohl und seine dem Gesamtwohl zugeordnete Seite (Pius XI., Enzyklika „Quadragesimo anno", Nr. 45). Im Anschluß an die Gedankengänge des Thomas von Aquin wird betont: Die Kirche verteidigt das Privateigentum auch um der sozialen Ordnung willen, damit mittels dieser Institution die Erdengüter der gesamten Menschheitsfamilie zugute kommen, nicht aber weil sich in die Lehre der Kirche ein individualistischer und letztlich heidnischer Eigentumsbegriff eingeschlichen hätte.

Sodann wird scharf zwischen dem Eigentums*recht* und dem Eigen- 384
tums*gebrauch* unterschieden. Nicht jeder Mißbrauch der Eigentumsrechte bewirkt deren Verlust. Wohl aber legt der Besitz von Eigentum echte Pflichten auf, selbst wenn deren Erfüllung nicht im Klageweg erstritten werden kann (ebd., Nr. 47). Allerdings ist das Eigentumsrecht gar kein so einheitlicher, unteilbarer Begriff, daß es nicht dem Wechsel geschichtlicher Bedingungen unterworfen wäre. Darum kommt der staatlichen Gesetzgebung die Aufgabe zu, die mit dem Eigentum verbundenen Pflichten genauer zu umschreiben und damit auch rechtsverbindlich zu machen. Durch eine solche schärfere Eingrenzung des Eigentumsrechtes wird dieses nicht aufgehoben, sondern gefestigt, weil es nur so eine Gemeinwohlfunktion richtig erfüllen kann (ebd., Nr. 49).
Allerdings führt nicht jede beliebige Güter- und Reichtumsverteilung 385
zu den gesellschaftlichen Zielen, von denen her die Privateigentumsordnung als gerechtfertigt erscheint. Eine Vermögensverteilung, die durch den ungeheuren Gegensatz von wenigen Überreichen und einer unübersehbaren Masse von Eigentumslosen gekennzeichnet ist, widerspricht der Gemeinwohlgerechtigkeit. Darum ist eine Umschichtung des Eigentums erforderlich, daß „wenigstens in Zukunft die neugeschaffene Güterfülle nur in einem billigen Verhältnis bei den besitzenden Kreisen sich anhäufe, dagegen in breitem Strom der Lohnarbeiterschaft zufließe" (ebd., Nr. 61; vgl. Nr. 53, 57). Zur Entproletarisierung des Proletariats wird also eine Einkommenspolitik gefordert, die den Beziehern von Lohneinkommen eine Vermögensbildung ermöglicht.
Den Beziehern hoher Einkommen wird die Pflicht auferlegt, einen 386
Teil entweder der Wohltätigkeit im weiteren Sinne oder aber der Schaffung von Arbeitsplätzen zu widmen (ebd., Nr. 50f.).
Mit der Enzyklika „Quadragesimo anno" hat die Kirche also ihre Eigentumslehre noch präzisiert: Sie verteidigt einerseits die Institution des Privateigentums als ein aus der Individual- und Sozialnatur des Menschen fließendes Naturrecht; sie kritisiert andererseits die bestehende Eigentumsverteilung und macht konkrete Reformvorschläge.

Siebter Teil
Wirtschaftsethik II. Die Ordnung der Wirtschaft

§ 38 Wirtschaftsethik als Ordnungsethik

387 Die eigentliche Wirtschaftsethik hat es mit zwei großen Aufgabengebieten menschlichen Handelns zu tun (vgl. oben § 34):
  a) Mit dem *Ordnungsrahmen* der Wirtschaft. Wie noch zu zeigen sein wird, hängt das Schicksal der wirtschaftenden Menschen in weitem Umfang von den Rahmenbedingungen ab, unter denen die Wirtschaft abläuft. Der einzelne kann nur um einen hohen und häufig unerschwinglichen Preis den Sachgesetzlichkeiten zuwiderhandeln.
  b) Mit der *Geschäftspolitik* der Unternehmen (und ähnlicher Gebilde). Der Freiraum der moralischen Entscheidung ist auf dieser Ebene zwar nicht unbegrenzt, aber es gibt ihn, und die Unternehmensethik soll zeigen, wie er sich nutzen läßt.

388 Zunächst geht es also um die sozialethisch grundlegende Frage, wie der Ordnungsrahmen einer Wirtschaft zu gestalten ist. Gibt es grundlegende Prinzipien, anhand derer sich Aussagen über eine „gerechte Wirtschaftsordnung" machen lassen? Seit anderthalb Jahrhunderten wird die Welt umgetrieben von der Auseinandersetzung zwischen dem „liberalistischen Kapitalismus" und dem „kommunistischen Sozialismus". Eine zentrale Rolle spielt im westlichen Wirtschaftssystem der *Wettbewerb* am Markt. Wie ist dieser ethisch einzuordnen?

389 Was sind die *menschlichen*, die sittlichen Vorzüge einer Marktwirtschaft? Auf den ersten Blick scheint der Wettbewerb geradezu sittlichen Idealen zuwiderzulaufen: Die Antriebsfeder einer marktwirtschaftlichen Ordnung, so lautet der gängige Vorwurf, ist der Eigennutz, der Egoismus. Dieser muß zwar vielleicht – die Menschen sind nun halt einmal Egoisten – resignierend in Kauf genommen werden. Die Praxis zeige nämlich, „daß der Versuch, die Gesellschaft als Ganzes solidarisch zu verfassen, an der Eigenorientierung menschlichen Handelns und der damit verbundenen Freifahrerproblematik scheitert" (Watrin – Heimbach 1989, 974). Aber darf man die Selbstsucht zum tragenden Prinzip einer wirtschaftlichen *Ordnung* machen? Wäre es nicht richtiger, das sittliche Prinzip der Solidarität, der menschlichen Verbundenheit zu betonen?

390 Die Grundgedanken der Rechtfertigung einer marktwirtschaftlichen Ordnung sind allgemein bekannt:

a) Auf einem freien Markt bilden sich *Preise* heraus, die im idealtypischen Modell den vorherrschenden Angebots- und Nachfrageverhältnissen entsprechen. Der Wettbewerb bringt in Knappheitspreisen, Gewinnen, Löhnen genau das zum Ausdruck, was an Bedürfnissen, Möglichkeiten und Erwartungen in das Marktgeschehen eingeht, rechnet gewissermaßen wie ein Computer die Daten durch, die vorher eingegeben wurden. (Am schärfsten hat Léon Walras diesen Gedanken formuliert und in einem statischen Gleichungssystem auszudrücken versucht.) Der Wettbewerbspreis hat insofern eine gewisse normative Funktion, als er die Kräfte widerspiegelt, die auf dem Markt zur Geltung gebracht werden, und damit ohne planende Voraussicht einer zentralen Instanz den Produktionsprozeß im Sinne der Verbraucherwünsche lenkt. Jede Intervention in diesem Prozeß verursacht Verzerrungen und Effizienzverluste. In der Fachsprache ausgedrückt: Der Wettbewerb führt zu einer optimalen Allokation der Ressourcen, in der sich die *Konsumentensouveränität ausdrückt*.

b) Dieses liberale Lenkungsprinzip ist deshalb unersetzlich geworden, weil mit der Auflösung der geschichteten, statischen Gesellschaft der Ständeordnungen die Bestimmung eines „gerechten Preises", begründet auf einem „standesgemäßen Lebensunterhalt", nicht mehr möglich ist. Welche neuen Produkte und Produktionsverfahren in einer gegebenen Situation sich entwickeln lassen, welche Preise die Abnehmer für solche Güter zu zahlen bereit sind, läßt sich nicht vorhersagen, bevor ein „Unternehmer" es tatsächlich unternimmt, sie auf den Markt zu bringen. Keine staatliche Instanz, keine Behörde hat eine genügende Voraussicht, um die Wirtschaftsprozesse adäquat lenken zu können. Auf dem Markt kommt die *kollektive Vernunft* der vielen zum Zug.

c) Versucht statt dessen unter den heutigen Verhältnissen eine öffentliche Institution das Wirtschaftsgeschehen autoritativ zu lenken, kommt es fast mit Notwendigkeit zur ungerechtfertigten „Herrschaft von Menschen über Menschen". Das heißt: Mit der Einschränkung der wirtschaftlichen Freiheit geraten auch die bürgerlichen Freiheiten in Gefahr. Politische Demokratie ohne marktwirtschaftliche Ökonomie scheint sich nicht verwirklichen zu lassen.

d) Schließlich liegt ein unbestreitbarer Vorteil der Wettbewerbsordnung gerade darin, daß sie mit einem *Minimum an Moral* auskommt: Die Menschen müssen nicht *gegen* ihr Eigeninteresse handeln, sondern das Eigeninteresse der einzelnen wird selbst in den Dienst der bestmöglichen Versorgung der Bürger mit Gütern und Dienstleistungen gestellt. Moral ist ein ungemein *knappes*

Gut. Die Wettbewerbsordnung macht davon einen sehr sparsamen, aber wirksamen Gebrauch.

391 Dabei muß man allerdings bedenken, daß sich der Wettbewerb immer innerhalb eines vorgegebenen politischen und gesellschaftlichen *Rahmens* abspielt, der seine Ergebnisse bestimmt. Gerade weil der Markt im Grunde nur die vorgegebenen Daten „verarbeitet", hängt alles davon ab, wie dieser politische und rechtliche Rahmen einer Wirtschaft gestaltet ist.

392 Unter mehreren Rücksichten bedarf die Steuerung der Wirtschaft durch den Markt ihrer politischen Ergänzung:

a) Der Markt als solcher kennt keine *menschlichen Rücksichten*. Beispielsweise richtet sich der Markt nicht nach der sozial *dringlichsten* Nachfrage der Armen, sondern nur nach der *kaufkräftigen* Nachfrage.

b) Die Wettbewerbsfreiheit hat also in einer modernen Wirtschaft hohe Bedeutung, aber sie ist nur eine *notwendige* und noch keineswegs eine *hinreichende* Bedingung für eine gerechte Ordnung. Wenn man einmal die Grundsatzentscheidung zugunsten der Marktwirtschaft und gegen die Zentralverwaltungswirtschaft getroffen hat, stehen immer noch viele Möglichkeiten offen, diese marktwirtschaftliche Ordnung auszugestalten. Das extrem liberale Konzept, das jede staatliche Lenkung des Wirtschaftsgeschehens als „Weg zur Knechtschaft" (Hayek 1971) verbietet, ist nur *eine* dieser Möglichkeiten und bedarf ebenso der politischen Rechtfertigung wie jedes andere ordnungspolitische Modell.

c) In jeder gerechten wirtschaftlichen Ordnung müssen bestimmte Menschenrechte, verstanden als soziale Grundrechte, gewährleistet sein, wenn die Auswirkungen des Wettbewerbs für den einzelnen und ganze gesellschaftliche Gruppen und Klassen nicht unverantwortbare Folgen haben sollen. (Vgl. oben § 23) Die Solidarität mit den Schwachen, den Armen und Kranken, den noch nicht oder nicht mehr auf dem Arbeitsmarkt Wettbewerbsfähigen ist darum eine Grundforderung an jede menschenwürdige gesellschaftliche Ordnung.

d) Darüber hinaus gibt es unzählige Formen, das wirtschaftliche Leben in rechtliche Regeln zu fassen, die den Wirtschaftsprozeß in der einen oder anderen Weise beeinflussen. Beispielsweise ist die Aktiengesellschaft kein Naturprodukt, sondern eine von der Rechtsordnung zur Verfügung gestellte künstliche Form, bestimmte wirtschaftliche Vorgänge abzuwickeln. Der Wettbewerb ergibt sich auf längere Sicht nicht von selbst, sondern muß durch staatliche Maßnahmen in seinem Funktionieren gesichert werden, damit nicht monopolistische Tendenzen sich durchsetzen.

e) Nicht alle Bedürfnisse, vor allem nicht die *Kollektivbedürfnisse*, lassen sich über den Wettbewerb und den Markt befriedigen. In zunehmendem Maße tritt der Staat selbst als Wirtschaftsunternehmen auf und bietet Güter und Dienstleistungen an, die auf dem Markt nicht angeboten würden.

Bei all diesen Aktivitäten des Staates im Bereich der Wirtschaft muß 393 selbstverständlich das *Subsidiaritätsprinzip* beachtet werden, d.h., die Notwendigkeit oder der allgemeine Vorteil einer staatlichen Maßnahme muß nachgewiesen werden.

Aus diesen Gründen wurde in der Bundesrepublik Deutschland nach 394 dem Zweiten Weltkrieg der ökonomische Wiederaufbau im Sinne einer „sozialen Marktwirtschaft" unternommen. Man war sich bewußt, daß der Wettbewerb nicht einfach eine „natürliche Ordnung" darstellt, sondern er sollte – im Gegensatz zum alten Laissez-faire-Liberalismus – bewußt als Instrument einer gemeinsamen staatlichen Wirtschaftspolitik eingesetzt werden: „Wettbewerb ist Mittel, nicht letztes Ziel," steht im programmatischen Vorwort zum ersten Band des Jahrbuchs ORDO, das sich die Ausgestaltung einer gerechten marktwirtschaftlichen Ordnung zum Ziel gesetzt hat.

Eine erste Antwort auf das ordnungspolitische Problem lautet also: 395 Nur eine *soziale* Marktwirtschaft hat Zukunft. Was aber heißt „soziale Marktwirtschaft" heute? Auf welchen geistigen Fundamenten läßt sich eine geordnete Wirtschaft aufbauen?

In den führenden westlichen Industrieländern orientiert man sich in 396 den letzten Jahren wieder stärker an altliberalen Modellen: Man sieht den Markt wie eine natürliche Gegebenheit an, die gewissermaßen von selber für die richtige Ordnung sorgt. Der Wettbewerb am Markt erscheint wie eine Art *natürliches Gesetz*, dessen Ergebnisse einfach hingenommen werden müssen, auch wenn sie tatsächlich auf eine Unterdrückung der Schwachen durch die Starken hinauslaufen. Die Gedankengänge der Sozialphilosophie und Sozialethik, die dem *Menschen*, diesem ungeheuer komplexen und in Modellen so schwer faßbaren Wesen, gerecht zu werden versuchen, erscheinen als zu schwierig, als daß man sie für den wirtschaftlichen Alltag verwenden könnte. Der *soziale* Gedanke im Begriff der „sozialen Marktwirtschaft" wird immer mehr eingeschränkt auf eine Hilfe für die sozial Schwachen, während für die *Wirtschaft* selbst der möglichst freie Wettbewerb die Leitvorstellung bildet.

Dieses Theoriedefizit wurde deutlich bei der unerwarteten Vereinigung der ehemaligen DDR mit der Bundesrepublik Deutschland. Nicht nur die verantwortlichen Politiker, auch die Sozialwissenschaftler wurden von der Aufgabe, eine neue gerechte Ordnung herzustellen, ziemlich unvorbereitet getroffen. Man predigt dann zwar – zu Recht – in den neuen Bundesländern die Botschaft von der Marktwirtschaft, die das dortige korrupte System des „real existierenden Sozialismus" überwinden würde, übersah aber, daß der Wettbewerb *allein* noch keine gerechte Ordnung garantiert.

397 Der Wettbewerb ist also nicht das Kriterium einer „natürlichen", richtigen oder gerechten Ordnung, sondern ein ordnungspolitisches Instrument, dem der Wirtschafts*ablauf* nur dann überlassen werden kann, wenn gerechte Rahmenbedingungen gesichert sind. Zur Verdeutlichung sei an die ursprüngliche Konzeption der „sozialen Marktwirtschaft" erinnert, wie sie der sog. ORDO-Liberalismus der „Freiburger Schule" entwickelte. Walter Eucken, wohl der bedeutendste Denker in diesem Kreis, unterschied zwischen „Datenkranz" und „Wirtschaftsablauf". Nach ihm hat der Staat die Rahmenbedingungen (Datenkranz) des Wirtschaftsablaufs so zu gestalten, daß sich der Wettbewerb zugunsten aller Beteiligten auswirkt. In den Wirtschafts*ablauf* hingegen sollte er möglichst wenig eingreifen. (Vgl. Eucken 1955)

398 Genau darin liegt die Anziehungskraft dieses Modells: Nicht anonyme Marktgesetze, sondern der *politische Wille* zur Gerechtigkeit und die gemeinsame Verantwortung aller sollen die Wirtschaft bestimmen, wobei der Wettbewerb als *Mittel* die produktiven Kräfte freisetzt und die Feinabstimmung besorgt.

399 Welche Maßnahmen sind im einzelnen erforderlich, um eine „soziale Marktwirtschaft" mit gerechten Rahmenbedingungen zugunsten des Gemeinwohls zu verwirklichen? Hierzu noch ein paar Anregungen:

400 Eine wichtige Aufgabe ist die Erhaltung einer gesunden *Umwelt*. Der Wettbewerb gibt den Marktpreisen eine gewisse *normative Legitimation*, insofern diese die Knappheitsverhältnisse bei als gerecht unterstelltem Datenkranz widerspiegeln. Dann darf diese Steuerung der Wirtschaft durch den Wettbewerb aber nicht verfälscht werden. Nur unter dieser Bedingung sind die marktwirtschaftlichen Unternehmergewinne moralisch gerechtfertigt.

401 Um einen echten Leistungswettbewerb zu ermöglichen, sind darum in einer Marktwirtschaft den Unternehmen die vollen „externen Kosten" anzulasten, die bei der Produktion entstehen. Die Unternehmen müßten also vom staatlich gesetzten Datenkranz her gezwungen werden, für alle Umweltschäden aufzukommen, die sie verursachen. Andernfalls würde der Verbraucher zum Kauf eines Gutes veranlaßt, das er zum vollen Marktpreis nicht erworben hätte. Das ist der Grundgedanke des *Verursacherprinzips*. Ein Unternehmen, das zu vollen Kosten keinen Absatz für seine Produkte findet, hat in einer Marktwirtschaft keine Existenzberechtigung.

Die vielen theoretischen und praktischen Schwierigkeiten bei der 402 konsequenten Durchführung dieses Verursacherprinzips sind offenkundig. Jede Produktion verändert in gewissem Umfang die Umwelt. Welche Veränderungen sollten zu welchen Preisen dem einzelnen Unternehmen angelastet werden? Viele Unternehmen suchen schon jetzt beim Bau neuer Anlagen Umweltschäden in weit höherem Maße zu vermeiden, als das die staatlichen Auflagen verlangen. Das ist auch unternehmerisch sinnvoll; kann man doch damit rechnen, daß in absehbarer Zeit sich noch weit strengere Vorschriften des Umweltschutzes durchsetzen werden.
Wird sich der Staat aber als fähig erweisen, das Verursacherprinzip 403 gegen den Druck organisierter Interessen durchzusetzen? Mit welcher Selbstverständlichkeit beanspruchen und erhalten Verbände staatliche Subventionen für umweltfreundliches Verhalten!
Der alte Marxismus hat wohl abgewirtschaftet und ist durch den ge- 404 schichtlichen Prozeß überwunden worden – vielleicht im gesamten Ostblock. Aber die entgegengesetzte Meinung, der Markt allein werde die Wirtschaft auf den rechten Weg bringen, ist ähnlich falsch und könnte wieder zur Enttäuschung führen, wenn den Menschen zu viel versprochen wird. Der Marxismus mag tot sein: Die Probleme, um derentwillen er erfunden wurde, sind noch nicht gelöst! Sie sind aber, das muß ganz klar gesehen werden, auch ein Ergebnis des Wettbewerbs selbst, der in einer Marktwirtschaft die Starken auf Kosten der Schwachen begünstigt – wenn nicht ganz gezielt ein sozialer Ausgleich erfolgt.

§ 39 *Wirtschaftsethik als Unternehmensethik*

Wirtschaftsethische Verantwortung trägt nicht nur der Staat für den 405 *Rahmen* eines gerechten Wirtschaftens, sondern auch die handelnden Wirtschaftssubjekte selbst stehen unter der Verpflichtung sittlichen Handelns. Träger wirtschaftlicher Aktivität sind aber in der heutigen Wirtschaft vor allem die *Unternehmen*. Wer im Unternehmen Leitungsfunktion wahrnimmt, beeinflußt das Schicksal nicht nur der im Unternehmen Beschäftigten, sondern darüber hinaus aller, die von der Wirtschaft abhängen, d.h. der Gesamtgesellschaft. Menschen, die eine solche Führungsverantwortung wahrnehmen, nennen wir „Unternehmer". Darum muß in diesem Zusammenhang von einer „Unternehmensethik" oder auch „Unternehmerethik" die Rede sein.
Das „Unternehmen" kann in philosophischer Sicht definiert werden 406 als eine *wirtschaftliche Produktionseinheit*, „wirtschaftlich" verstanden im doppelten Sinne des Wortes, daß dabei Wirtschaftsgüter her-

gestellt werden und daß es dabei „wirtschaftlich", d.h. rationell zugehen soll (vgl. oben § 34), so daß ein optimales Verhältnis von Kosten und Ertrag erreicht wird, eine Aufgabe, die dem Unternehmen grundsätzlich in jeder Wirtschaftsordnung zukommt, auch in einer Zentralverwaltungswirtschaft. Zur Personengruppe der „Unternehmer" sind in einer sehr weiten Definition alle jene Männer und Frauen zu rechnen, die in einem Unternehmen Führungsverantwortung tragen, weitgehend unabhängig von der Frage, wem das Unternehmen gehört. Damit wird deutlich, daß das Unternehmer-Sein je nach dem Maß der selbständigen Eigenverantwortung Grade zuläßt.

407 Sicher kann man beim Führungsverhalten unserer Unternehmer und Führungskräfte nicht von einer „Wirtschaft ohne Ethos" sprechen. Im Gegenteil: Die abendländische Industriekultur hat im Unternehmer einen eigenartigen Menschentypus hervorgebracht, von einem ganz spezifischen Ethos geprägt, das keineswegs selbstverständlich oder in allen Kulturen verbreitet ist. Um den Unternehmer etwas überzeichnet zu charakterisieren: Er fordert ehrgeizig und erfolgsbesessen aus einem hohen Verantwortungsgefühl heraus hohe Leistungen von sich und seinen Mitarbeitern im Dienste des Unternehmens, mit dem er sich identifiziert. Wem es vor allem um das gute Leben und ein hohes Einkommen zu tun ist, schafft nur schwer den Aufstieg in die Spitze eines großen Industrieunternehmens.

408 Von der Ethik erwartet man nun zu Recht, daß sie demjenigen, der in der Wirtschaft tätig ist, sittliche Richtlinien für seine beruflichen Entscheidungen an die Hand gibt. Es geht dabei also nicht um das individuelle Verhalten der Unternehmer in ihrem *Privatleben*, auch nicht in erster Linie um den persönlichen Umgang mit *Kollegen* und Mitarbeitern im Betrieb. Es soll vielmehr vom beruflichen Ethos der Unternehmer *als Unternehmer* die Rede sein, also besonders unter der Rücksicht der öffentlichen Verantwortung, die sie in ihrer Stellung als Leiter von Unternehmen tragen.

409 Wieweit vermag eine Führungskraft in der Wirtschaft überhaupt eigentliche *moralische Verantwortung* zu übernehmen? Ist der einzelne nicht überfordert, wenn man ihm auch für sein *berufliches* Verhalten die Beobachtung hoher sittlicher Normen auferlegt? Die Frage *sozial*ethischer Verantwortung scheint außerhalb des Bewußtseinshorizontes der Mehrheit der Führungskräfte in der Wirtschaft zu liegen. (Vgl. Kaufmann – Kerber – Zulehner 1986, 191–194) Kann sich der einzelne Sozialethik überhaupt leisten, ohne vom Wirtschaftsprozeß an die Wand gedrückt zu werden? Hat der Marxismus nicht vielleicht wenigstens darin recht, daß es die *ökonomischen Produktionsbedingungen* sind, die unsere gesellschaftliche

Entwicklung schicksalhaft bestimmen? Bleibt den einzelnen eine Möglichkeit, aus sittlichen Überlegungen heraus diesen wirtschaftlichen Gesetzen entgegenzuhandeln? Ist Unternehmensethik eine Illusion? (Vgl. Kötter 1989)

Wäre der Unternehmer tatsächlich in dieser Weise völlig Gefangener 410 der Sachzwänge, so wäre ein Nachdenken über das Thema seines verantwortlichen Handelns sinnlose Zeitvergeudung. Andererseits läßt sich nicht leugnen, daß der einzelne Unternehmer gelegentlich unter harten Sachzwängen steht. Der Markt läßt dem einzelnen zwar einen *gewissen Raum* der Freiheit, innerhalb dessen er soziale und politische Verantwortung ausüben kann. Andererseits kann er aber nicht allzuweit von diesem Verhalten abweichen, welches das Unternehmensinteresse dem einzelnen vorschreibt. Dadurch wird sittliches Verhalten zwar erschwert, aber nicht völlig unmöglich gemacht.

Die Unternehmensethik betrifft nun vor allem jenes Verhalten, das 411 (noch) nicht durch *staatliche Gesetze* und polizeiliche Macht erzwungen werden kann und doch für das Bestehen einer Gesellschaft unverzichtbar ist. Dabei verlangt die „Moral" zunächst die Einhaltung der *Gesetze* und des staatlichen Rechts selbst. Das ist keine Selbstverständlichkeit; denn diese Gesetzesbeobachtung läßt sich nicht allein durch staatliche Überwachung erzwingen ohne die freie und verantwortungsbewußte Mitwirkung der Unternehmerschaft. Wer ein wenig im Ausland herumgekommen ist, weiß davon ein Lied zu singen, in wie verschiedener Weise etwa die ähnlich formulierten Steuergesetze beachtet werden. Die Achtung vor dem geltenden Recht, auch wenn es im Einzelfall umgangen werden könnte, ist schon ein ganz wesentlicher Teil der Moral der Unternehmen.

Moral *erschöpft* sich aber nicht in der Gesetzestreue, sondern ist 412 nötig vor allem auf jenem weiten Feld, in dem die Unternehmerschaft einen *freien Beitrag zum Gemeinwohl* zu leisten vermag, ohne durch Gesetze und Vorschriften dazu verpflichtet werden zu können. *Gemeinwohl* läßt sich in diesem Zusammenhang definieren als jene gemeinsame Grundlage menschlicher Existenz, von der alle Glieder einer Gesellschaft abhängen, als jener gesellschaftliche Zustand, der es allen ermöglicht, ihre Persönlichkeit menschenwürdig zu entfalten. (Vgl. Kerber 1986) Konkreter läßt sich das gemeinwohlkonforme (= sittliche) Unternehmerverhalten im Anschluß an Immanuel Kant negativ umschreiben: Vor jeder Entscheidung sollte man sich fragen, zu welchem Ergebnis es führen würde, wenn *alle* Unternehmer der Handlungsmaxime folgten, die anzuwenden man im Begriff steht. Erscheint dieses Ergebnis als unannehmbar, verstößt die Handlung gegen das Gemeinwohl und gegen die Moral.

413 Persönliche Unternehmermoral im Hinblick auf das Gemeinwohl ist zum Funktionieren des Wirtschaftssystems erforderlich; denn die dem Unternehmer vom Markt her auferlegte Rationalität entspricht nur unvollkommen der *menschlichen* Rationalität und Vernünftigkeit, wie sie von der Ethik gefordert wird. Auch in einer nach sozialen Gesichtspunkten verfaßten „sozialen" Marktwirtschaft treten Diskrepanzen auf zwischen den Ergebnissen der Marktgesetze und den Zuständen, die unter sittlicher und menschlicher Rücksicht erwünscht wären.

414 Das läßt sich deutlich machen an zwei verschiedenen Arten von Nutzen-Kosten-Rechnungen. Im gängigen *betriebswirtschaftlichen* Denken sind „Ertrag" und „Kosten" verhältnismäßig eindeutig definierte Größen. Als „Ertrag" gilt der *in Geld ausdrückbare* Wert der von einem Unternehmen im Zeitabschnitt erstellten Güter und Dienstleistungen, die sich zumindest langfristig in Einnahmen umsetzen lassen. Ähnlich sind „Kosten" zwar nicht identisch mit „Ausgaben", werden aber in betrieblicher Sicht doch umschrieben als Aufwendungen, die langfristig Geldausgaben für das Unternehmen verursachen. „Erträge" und „Kosten" sind also in Geld meßbare Größen.

415 Daneben ist aber noch eine andere Ertrags- und Kostenrechnung denkbar. In *philosophischer*, in ethischer Sicht wäre als „Ertrag" oder „Nutzen" die *menschliche* Befriedigung und Lebenserfüllung zu veranschlagen, die ein Gut zu vermitteln vermag. „Kosten" müßten definiert werden entsprechend dem menschlichen Aufwand und der menschlichen Mühe, welche die Herstellung eines Gutes oder einer Dienstleistung verursacht. Entsprechend dieser menschlichen Nutzen-Kosten-Rechnung wäre ein Handeln genau dann wirtschaftlich, wenn der Ertrag an menschlicher Lebenserfüllung den Aufwand an Mühe übersteigt: Es wird also nicht mehr Mühe auf die Herstellung von Gütern verwendet, als diese zum menschlichen Lebensglück beizutragen versprechen. In welchem Maße ermöglicht und erleichtert unsere Wirtschaftsordnung ein „wirtschaftliches" Handeln in diesem menschlich-philosophischen Sinne?

416 Der Markt fordert aus sich heraus ein Gewinndenken, das sich an Geldgrößen orientiert. Dennoch bleibt dem Unternehmer eine zwar nur marginale, aber dennoch reale Freiheit, die unerwünschten Ergebnisse des Marktprozesses im menschlichen Sinne zu korrigieren. Ähnlich wie sich ein Richter in einem Gerichtsverfahren zunächst an die staatlichen Gesetze halten muß, wenn er einen konkreten Fall zu entscheiden hat, dann aber in seiner Urteilsfindung auch die konkreten Lebensumstände zu berücksichtigen hat, so erfährt sich der Entscheidungsträger im Wirtschaftsprozeß auf ähnliche Weise den Ge-

setzen der Wirtschaft unterworfen und kann nicht weit von ihnen abweichen. Wie aber ein Richter in die gerechte Anwendung der allgemeinen Gesetze auch die konkreten Umstände eines Falles miteinbeziehen muß, so lassen auch die Wirtschaftsgesetze einen gewissen Spielraum für eigenverantwortliches sittliches Handeln offen, das – wenn entsprechend wahrgenommen – auch die gesamtgesellschaftliche Entwicklung beeinflussen und verändern kann. Dies soll an ein drei Beispielen aus der jüngeren Diskussion wirtschaftsethischer Problematik ohne Anspruch auf Vollständigkeit gezeigt werden: a) Humanisierung der Arbeitswelt, b) Sonntagsarbeit, c) Umweltschutz.

a) Humanisierung der Arbeitswelt: Was mit dieser Forderung gemeint ist, braucht keine lange Erklärung. Der Grundgedanke ist einleuchtend: Alle Maßnahmen, die dazu geeignet sind, den Arbeitsvollzug leichter, angenehmer, menschlicher zu gestalten, verdienen Unterstützung. Es wird dadurch der Aufwand an menschlicher Mühe, an „Arbeitsleid", verringert, der zur Herstellung eines bestimmten Gutes erforderlich ist. Damit wird die Wirtschaftlichkeit des Produktionsprozesses erhöht, jetzt nicht in *Geldgrößen*, sondern in menschlicher *Lebenserfüllung* gemessen. Verbringt der Mensch doch einen großen Teil seines wachen Lebens im Betrieb, und somit hängt sein Lebensglück weitgehend davon ab, wie er sich in der Arbeit erfährt.

Verursachen solche Maßnahmen zur Humanisierung der Arbeitswelt *keine monetären* Kosten für das Unternehmen, dann treten keine Rationalitätskonflikte auf. Sie sind also uneingeschränkt zu befürworten. – Zur Moral der Unternehmer dürfte es also gehören, sich immer wieder von Zeit zu Zeit ausdrücklich die Frage zu stellen, ob und wie sie ohne zusätzliche Kosten für das Unternehmen das „Arbeitsleid" ihrer Mitarbeiter verringern können. Verursachen solche Maßnahmen aber *Kosten* für das Unternehmen, wird oftmals darauf hingewiesen, daß sich bessere Arbeitsbedingungen und ein angenehmeres Betriebsklima auch positiv auf die *Schaffenskraft* der Mitarbeiter und damit auf die Arbeitsproduktivität auswirken, also der Kostenaufwand wieder hereingebracht werde. Auch in diesem Falle ergibt sich kein eigentlicher Rationalitätskonflikt.

Was aber ist zu tun, wenn solche Maßnahmen zwar *Kosten* verursachen, das unternehmerische Ergebnis aber *nicht verbessern*? „Glückliche Arbeiter leisten mehr – manchmal sind sie aber auch nur glücklich", ist gelegentlich zu hören. Hier tritt ein echter Konflikt auf zwischen Kosten im Sinne menschlichen Aufwandes an Arbeitsmühe und Kosten im Sinne der betrieblichen Kostenrechnung. An sich sollte man vernünftigerweise auch den Zuwachs an Lebensqualität der Mitarbeiter in eine wirtschaftliche Ertragsrechnung einbringen. Tatsächlich kann ein Unternehmen auf freiwilliger Basis sich solche sozialen Maßnahmen aber nur innerhalb enger Grenzen leisten, wenn nämlich dadurch seine Stellung am Markt nicht gefährdet wird. Nur wenn soziale Maßnahmen dieser Art zur Humanisierung der Arbeitswelt durch Tarifvertrag oder Gesetz allgemein vorgeschrieben und damit für alle Unternehmen des betreffenden Bereichs verbindlich gemacht werden, ist die Wettbewerbsgleichheit gesichert.

An diesem einfachen Beispiel wird modellhaft deutlich, wie monetäre Rationalität im Sinne der betrieblichen Kostenrechnung am Ziel der humanen Optimierung des Wirtschaftsprozesses vorbeiführen kann. Viele andere Beispiele könnten genannt werden: Rationalisierung, Umgang mit leistungsschwachen Mitarbeitern, Wettbewerbsintensität usw.

b) Sonntagsarbeit: Daß der Sonntag in unserer durch das Christentum geprägten Tradition, aber nicht nur für die gläubigen Christen, eine besondere Würde hat, ist unbestritten. Einerseits will darum niemand den Sonntag abschaffen. Andererseits steht außer Diskussion, daß es technologische Zwänge gibt, die eine Unterbrechung der Produktion nicht zulassen und daß die *deshalb* notwendige Sonntagsarbeit gerechtfertigt ist. Aber dennoch bleibt zu bedenken, daß ganz allgemein jenes Unternehmen Wettbewerbsvorteile besitzt, das die teuren Maschinen auch im Schichtbetrieb und über Sonn- und Feiertage hinweg durchlaufen lassen kann, zumal sie häufig nur noch wenig Bedienungspersonal brauchen. Solche Kosten- und Wettbewerbsvorteile kann ein Unternehmen auch an seine Arbeiter und Angestellten weitergeben. Eine „schwingende Arbeitswoche" mit oder ohne Einbeziehung des Sonntags erscheint also von der Rationalität der Produktion her als wünschenswert. Das gilt besonders für einen Betrieb, der an der Grenze der Konkurrenzfähigkeit arbeitet.

Um Wettbewerbsverzerrungen zu vermeiden, die tendenziell die einzelnen Unternehmen zur Ausweitung der Sonntagsarbeit zwingen würden, besteht ein *staatliches Verbot* der Sonntagsarbeit. Wann und aus welchen Gründen im einzelnen Ausnahmen davon zugelassen werden können, darum geht der Streit. Welchen Druck vermag die Industrie mit ihren teils einleuchtenden, teils weniger ernsten Argumenten auf die staatlichen Organe auszuüben, denen es obliegt, die politischen Rahmenbedingungen für die Wirtschaft zu setzen und durchzusetzen?

Von der Sache her stellt sich ganz klar die Alternative: „Geld oder Sonntag?" Was sind wir bereit, an Kosten in hartem Geld für den schwer faßbaren ideellen Wert des gemeinsamen arbeitsfreien

Sonntags zu bezahlen – wobei unbestritten sein dürfte, daß ein strengeres Verbot der Sonntagsarbeit nicht nur den Unternehmen, sondern im Endeffekt allen Bürgern monetäre Kosten auferlegt? Genau darauf weist das christliche Sonntagsgebot in seinem Kerngehalt hin: Ein gewisser Verzicht ist notwendig, um den gemeinsamen Wert der Sonntagsruhe zu sichern. Dieses Opfer war früher in der Agrarwirtschaft noch wesentlich schmerzlicher; es konnte bei einer Mißernte rasch lebensbedrohlich werden.

c) Umweltschutz: Auch am Beispiel des Umweltschutzes läßt sich ein Auseinanderklaffen monetärer und humaner Kosten aufzeigen. Wenn als Inhalt der Moral des Unternehmers das Handeln im Sinne des Gemeinwohls angesprochen wurde, also die Berücksichtigung der Bedingungen der gemeinsamen Existenz aller, dann kommt dem Umweltschutz heute die erste Priorität zu. Jede Produktion im Unternehmen sollte so erfolgen, daß der Ertrag die Kosten übersteigt. Das darf nicht nur für die monetäre Kostenrechnung gelten, sondern ist auch für Ertrag und Kosten im Sinne der menschlichen *Lebensqualität* von Bedeutung. Das schon erwähnte „Verursacherprinzip" (vgl. oben § 38) will erreichen, daß diese beiden Weisen, das Wirtschaftsgeschehen zu betrachten, nicht allzusehr auseinanderklaffen.

Die Verantwortung des Unternehmers besteht also, allgemein gesprochen, in einem Beitrag, die Unzulänglichkeiten, die einem Wettbewerbssystem mit Notwendigkeit anhaften, nach Möglichkeit auszugleichen. Unsere Wettbewerbsordnung führt nicht mit gleichsam mechanischer Notwendigkeit aus sich heraus in die beste aller Welten, sondern bedarf der bewußten Ausrichtung auf die menschlichen Ziele des wirtschaftlichen Gemeinwohls. Andererseits steht dem einzelnen Unternehmer nur ein recht begrenzter Spielraum für moralische Kurskorrekturen zur Verfügung. In welchen Bereichen und auf welchen Ebenen kommt ihm dann sittliche Verantwortung zu? Wie kann eine Wirtschaftsethik Realitätsgeltung gewinnen, wie kann sie durchgesetzt werden? 418

Es lassen sich Spielräume der Freiheit und damit auch der sittlichen Verpflichtung auf vier verschiedenen Ebenen ausmachen: 419

a) Bewußtseinsbildung: Wer in der Wirtschaft unternehmerische Verantwortung trägt, ist dazu aufgerufen, in größeren Zusammenhängen zu denken. Dazu gehört es, sich zumindest gelegentlich über sein Handeln unter sittlicher Rücksicht Rechenschaft zu geben und solches Nachdenken zu fördern. Die Reflexion über unser Wirtschaften muß dazu bereit sein, die vorherrschende wirtschaftliche Praxis im Hinblick auf umfassendere menschliche Ziele und Werte in Frage zu stellen. Eine Grundforderung der Ethik ist es, sich auf ethische Überlegungen überhaupt erst einmal einzulassen. – Mit der fortschreitenden Entwicklung wirtschaftlicher Möglichkeiten können neue sittliche Forderungen aktuell werden. So hat beispielsweise die katholische Kirche in den USA der dortigen Wirtschaft als Ziel gesetzt, zum ersten Mal in der Geschichte eine Gesellschaft „wirtschaftlicher Demokratie" zu verwirklichen, d.h. eine Gesellschaft ohne Armut. (Economic Justice for All: Catholic Social Teaching and the U.S. Economy, in: Stimmen der Weltkirche 26, Bonn 1987) Ob und wie sich dieses sozialethische Ziel erreichen läßt, bleibt zu prüfen. Sich damit auseinanderzusetzen ist aber eine sittliche Aufgabe aller in der Wirtschaft Tätigen.

b) Unternehmensleitlinien: Wer als Unternehmer in der Wirtschaft Verantwortung trägt, muß selbstverständlich auch geeignete Schritte zur tatsächlichen Verwirklichung der ethischen Postulate unternehmen, die das Gemeinwohl erfordert. Wie beschränkt die Freiheitsspielräume für den einzelnen sind, gemeinwohlkonform zu handeln, darauf wurde schon hingewiesen. Sie lassen sich aber dadurch erweitern, daß sich das Unternehmen selbst auf gewisse sittliche Leitlinien des Verhaltens über die staatlichen Gesetze hinaus festlegt und verpflichtet. In jüngster Zeit wurden in vielen Betrieben solche Grundsätze mit einer größeren oder geringeren Verbindlichkeit ausgearbeitet und veröffentlicht. Macht man damit den Bock zum Gärtner? Nicht unbedingt: Leitlinien unternehmerischen Handelns, „Führungsgrundsätze", eine ausformulierte und schriftlich fixierte „Unternehmensphilosophie" oder „Unternehmenskultur", auch wenn sich das meiste davon nicht rechtlich einklagen läßt, bieten immerhin einen gewissen Orientierungsrahmen und Schutz. Kein Unternehmen wird in einer solchen Selbstdarstellung offen unmoralische Grundsätze proklamieren, und darum besteht zumindest eine Chance, daß durch solche Leitsätze ein gemeinwohlorientiertes Handeln begünstigt wird.

c) Wirtschaftsethische Verhaltenskodices: Auch über das Einzelunternehmen hinaus könnte auf diesem Wege ein abgestimmtes Verhalten für jene sittlichen Grenzfälle erreicht werden, bei denen eine Positivierung von Normen durch den staatlichen Gesetzgeber nicht oder noch nicht möglich ist. Tatsächlich ist das gesellschaftliche Leben auf allgemein anerkannte und selbstverständlich geltende Verhaltensnormen angewiesen. Sie bedürfen aber bewußter Aufmerksamkeit und Pflege.

d) Staatliche Rahmenordnung: Zweifellos vermag wirksam und langfristig nur der Staat mit seinen Gesetzen die Einhaltung der grundlegenden wirtschaftsethischen Normen abzusichern. Ohne rechtliche Sicherheit läßt sich sittliches Handeln nur schwer durchhalten. Aber für die Normensetzung und Normendurchsetzung ist der Staat seinerseits wieder auf die Mitarbeit der Betroffenen angewiesen. Das hat viele Gründe: Oftmals fehlt den staatlichen Organen einfach die Sachkenntnis und der Durchblick; oftmals fehlt ihnen auch die Kraft, sich gegen wohlorganisierte und öffentlichkeitswirksame Interessenverbände durchzusetzen.

Daraus ergibt sich auf dieser politischen Ebene für die Verantwortlichen in den Einzelunternehmen und in den Verbänden die neue wirtschaftsethische Forderung, mit den staatlichen Organen zu kooperieren und eine Rahmenordnung für die Wirtschaft auszuarbeiten, die den Notwendigkeiten des Gemeinwohls Rechnung trägt und sittliches Handeln ermöglicht, fördert oder sogar erzwingt, auch wenn dadurch die Willkürfreiheit der einzelnen in der Verfolgung ihrer Ziele eingeschränkt wird. In einer Demokratie sollte sich jeder Bürger über seine Privatinteressen hinaus dafür verantwortlich fühlen, daß sittliches Handeln auch unter dem Druck ökonomischer Sachzwänge möglich bleibt. Ein Volk, das diese aktive Verantwortung für seinen Staat und seine wirtschaftliche Ordnung nicht aufbringt, hat die damit gegebene Freiheit nicht verdient. Solche Gefahren aufzuzeigen und ihnen zu begegnen gehört zu den Aufgaben der Wirtschaftsethik.

§ 40 Zins

Eines der umstrittensten Probleme in der Geschichte der abendländischen Wirtschaftsethik betrifft die sittliche Rechtfertigung des Darlehenszinses. Jahrhunderte hindurch wurde in Ländern der jüdisch-christlichen Tradition ein strenges Zinsverbot als eine Forderung der religiösen Ethik angesehen. (Vgl. zum folgenden auch Noonan 1957; Divine 1959; Weber 1962; Wieland 1991) Im Westen wurde es erst im 19. Jahrhundert aufgegeben, und in islamischen Ländern gilt es zumindest formell bis heute. Zwar wurde die Zinsfrage vornehmlich innerhalb der Moral*theologie* und mit scheinbar theologischen Argumenten diskutiert. Für seinen Kerngehalt sind aber philosophische Argumente maßgebend.

Wie läßt sich ethisch rechtfertigen, daß einer für das bloße Überlassen von Vermögen ein Entgelt beansprucht? Warum soll einem Reichen der bloße Besitz wirtschaftlicher Güter ein Einkommen ermöglichen, ohne daß er über das Verleihen hinaus eine eigene Leistung zu erbringen braucht? Muß das Zinsnehmen nicht als ungerecht abgelehnt werden?

Geld ist (im Gegensatz zu ertragbringenden Gütern wie Äckern oder

Bäumen) unfruchtbar, argumentierte Aristoteles (Politik 1258 b 2–8), und wird bei seinem *Ge*brauch *ver*braucht. Deshalb verstößt es gegen die Gerechtigkeit, mehr Geld von einem Darlehensnehmer zurückzuverlangen, als man an ihn ausgeliehen hat. Nur für entstandene Kosten bei der Beschaffung des Darlehens darf eine Entschädigung verlangt werden. Nicht unter das Verbot fiel ein Pacht- oder Mieteinkommen, eine Grundrente oder Leihgebühr für das Überlassen einer Sache.

424 Der Grund für das klassische Zinsverbot war also nicht eine Verurteilung des arbeitslosen Einkommens (das ganze Lehenswesen wie auch die wirtschaftliche Grundlage der Klöster beruhte auf derartigen Eigentumsrechten), sondern die als selbstverständlich unterstellte Auffassung, Geld sei in erster Linie Tauschmittel. Es fehlte der für das Verständnis des Zinses unerläßliche Kapitalbegriff. (Vgl. Schrey 1980; Häring 1981) Man konnte sich keine Wirtschaft vorstellen, in der man durch die Aufnahme eines Darlehens jederzeit Kapitalgüter erwerben und damit seine Produktionsmöglichkeiten verbessern kann. Das entsprach auch den tatsächlichen Gegebenheiten jener Zeit. Aber war nicht gerade das Zinsverbot die Ursache dafür, daß sich kein Markt für Kapital bilden konnte?

425 Daneben wurden auch theologische Autoritätsargumente aus der jüdisch-christlichen Wortoffenbarung gegen den Darlehenszins geltend gemacht, und zwar gleichermaßen von der katholischen wie von einzelnen, aber nicht allen evangelischen Kirchen. Die Bibel spricht nämlich an vielen Stellen ein strenges Verbot von *Wucher* aus. Dabei kennt aber die hebräische Sprache nur ein Wort für Zins und Wucher, die heute als verschiedene Sachverhalte angesehen werden: Unter „Wucher" wird jetzt die Ausbeutung der Zwangslage eines anderen verstanden (oder seiner mangelnden Urteilsfähigkeit), um unverhältnismäßige Vermögensvorteile zu erlangen. (Vgl. § 138 BGB, § 302 a StGB) Mit dem biblischen „Wucher" ist demgegenüber nicht nur eine überhöhte, sondern jede unberechtigte Zinsforderung gemeint. Da man keine ethisch befriedigende Zinstheorie besaß und den Zins nur von erzwungenen Konsumentenkrediten an Notleidende her kannte, hielt man *jeden* Darlehenszins für unberechtigt, jedenfalls wenn er von einem Stammesgenossen erhoben wurde.

426 Aber beide Begründungen für ein allgemeines Verbot jeden Darlehenszinses haben sich als ethisch unhaltbar herausgestellt. Das *philosophische* Argument beruhte auf einem Mißverständnis der Rolle des Geldes. Geld kann durchaus „fruchtbar" sein, wenn es in einer dynamischen Wirtschaft als Kapital eingesetzt wird. Beim Verbot des Darlehenszinses (im Gegensatz zum erlaubten arbeitslosen Ren-

teneinkommen aus Grund und Boden) wurde übersehen, daß diese Möglichkeit einer Investition in Kapitalgüter in breitem Umfang erst in der modernen Wirtschaft gegeben ist, im Mittelalter aber gerade durch das Zinsverbot verhindert wurde.

427 Die *theologische* Begründung aber interpretierte die betreffenden Schrifttexte fehlerhaft: Die einschlägigen Bibelstellen (Ex 22,25; Lv 25,36; Dtn 23,20f.; Neh 5,7; Ps 15,5; Spr 28,8; Ez 18,8; 18,13; 22,12; Lk 6,34. Vgl. aber Lk 19,23!) beziehen sich, wie aus dem jeweiligen Kontext hervorgeht, auf das Ausnützen von Situationen, in denen ein Stammesgenosse in *Not* geraten ist, und verweisen auf *die Pflicht zur Hilfeleistung.* Das Darlehen als solches ist nicht eigentlicher Gegenstand der Verurteilung. (Das Zinsverbot ist übrigens ein gutes Beispiel dafür, wie eine Unkenntnis empirischer Zusammenhänge zu falschen ethischen Schlußfolgerungen führen kann.)

428 Es ist hier nicht erforderlich, auf die verschiedenen ökonomischen Zinstheorien im einzelnen einzugehen. Ein Darlehenszins ist durch die Tatsache gerechtfertigt, daß der Einsatz von Produktionsmitteln, die mit einem Darlehen gekauft und eingesetzt werden, die Produktivität der menschlichen Arbeitskraft steigern kann. Andererseits ist Geld knapp und ein Anreiz erwünscht, es als Kapital der Produktion zur Verfügung zu stellen. Im Zins erhält der Darlehensgeber einen Anteil am Nutzen, den der Darlehensnehmer durch den Kredit gewinnt. Deshalb ist der Zins dafür gerechtfertigt, daß man einem anderen dieses knappe und begehrte Gut zur Nutzung überläßt. Die Höhe des Zinses ist ein Indikator der relativen Knappheit und ein Anreiz, das Kapital in die fruchtbarste Investition zu lenken und so den gesamtwirtschaftlichen Prozeß nach den Knappheiten und Verbraucherwünschen zu steuern. Das Fordern und Zahlen des üblichen Marktzinses ist also als sittlich gerechtfertigt anzusehen.

429 Das alte Verbot des Wucherzinses enthält aber einen auch heute noch gültigen Kerngedanken: In der Form eines Darlehens kann ein Schwacher durch die Macht des Besitzenden wirtschaftlich erpreßt werden. Das ist auch aus heutiger Sicht moralisch nicht zu rechtfertigen. Es muß ausgeschlossen werden, daß jemand zu wirtschaftlichen Zugeständnissen gezwungen wird, die er freiwillig nicht gemacht hätte. „Wucher" ließe sich also in seinem ethischen Kern definieren als die Verfälschung von Wettbewerbspreisen durch den Druck politischer Macht.

430 Dabei bleibt allerdings die Frage noch offen, welche Art von Macht als wettbewerbsverzerrend anzusprechen ist, da schon jeder Unterschied in den relativen Positionen ein gewisses Machtgefälle mit sich bringen kann. Wo gibt es überhaupt Wettbewerbspreise, die

nicht durch politische Macht beeinflußt und vielleicht verfälscht werden, außer im idealtypischen bilateralen Polypol?

431 Diese Frage stellt sich besonders scharf in den internationalen Wirtschaftsbeziehungen zwischen Ländern. Nicht jeder Zins, den die Entwicklungsländer zu zahlen sich bereiterklären, ist marktgerecht und deshalb ethisch gerechtfertigt: Sie können auch infolge extremer Armut gezwungen sein, zum bloßen Überleben Kredite unter jeder Bedingung in Anspruch zu nehmen. Das Argument, sie hätten sich freiwillig verschuldet, kann nicht voll überzeugen: Wer erpreßt wird, zahlt nicht freiwillig.

432 Es muß also auf nationaler wie internationaler Ebene eine gerechte Wirtschaftsordnung in dem Sinn gefordert werden, daß sie allen eine faire Ausgangschance zur Teilnahme am Wettbewerb des Marktes einräumt. (Vgl. § 38) Ist dieser politisch zu setzende Rahmen gesichert, dann kann der im Wettbewerb sich herausbildende Marktzins seine Steuerungsfunktion erfüllen und als gerechtfertigt angesehen werden.

Achter Teil
Sozialethik supranationaler Beziehungen

§ 41 Das globale Gemeinwohl

Die Aufgabe der Sozialethik kann sich nicht darin erschöpfen, nur 433
jene universellen Normen sittlich richtigen Verhaltens darzustellen
und zu begründen, die zu allen Zeiten und von allen Menschen beachtet werden müssen. In einer sich wandelnden Welt kommen auch *neue*, bisher nicht bekannte Verantwortungsgebiete ins Blickfeld, die den Inhalt der Ethik anders akzentuieren als die Tradition und sie damit verändern.

Tatsächlich erleben wir in unserer Zeit einen epochalen Wandel, der 434
auch die ethischen Normen wesentlich beeinflußt. Ein entscheidender neuer Faktor betrifft die veränderte internationale Ordnung der Völkergemeinschaft. Diese Erschütterung läßt sich nur vergleichen mit dem Umbruch, der sich im Bewußtwerden einer eigentlichen Sozialethik im 19. Jahrhundert vollzog. Durch die Sozialethik wurde die traditionelle Personalethik zu einem gewissen Grad relativiert. (Vgl. oben § 1f.) Die Ethik an der Schwelle des 3. Jahrtausends besteht nicht aus einer nur modifizierten Anwendung der klassischen Prinzipien auf eine neue Situation, sondern bewegt sich auf einer veränderten Ebene ethischen Denkens schlechthin. Dies sei abschließend beispielhaft an einigen Problemfeldern aufgezeigt.

In den letzten Jahrzehnten hat sich der Sozialethik eine neue Di- 435
mension mit wachsender Bedeutung eröffnet, nämlich die Ethik der *gemeinsamen Verantwortung auf Weltebene*. Über alle Grenzen hinweg erscheint einerseits ein global abgestimmtes Handeln aller Staaten als unbedingt notwendig und deshalb geboten. Andererseits sind die institutionellen Voraussetzungen für ein solches globales Handeln auf Weltebene bisher nur in ersten Ansätzen verwirklicht und deshalb völlig unzureichend. Handelt es sich bei dieser Entwicklung hin zu einem supranationalen Gemeinwohl nur um ein Modethema oder um eine echte epochal neue Situation?

Gewöhnlich wird der Gemeinwohlbegriff auf den Einzelstaat bezo- 436
gen. Der Staat gilt allgemein als der Hüter des Gemeinwohls. Man könnte das, was die sozialethische Tradition unter dem „Staat" versteht, geradezu definieren als jene gesellschaftliche Instanz, der die Sorge für das Gemeinwohl anvertraut ist (vgl. oben § 29). Heute hat der Begriff des Gemeinwohls eine wichtige internationale Dimension hinzugewonnen. Bisher wurde er definiert als der „Inbegriff alles

dessen, was an Voraussetzungen, Vorbedingungen oder Veranstaltungen in einem Gemeinwesen verwirklicht sein muß, damit die einzelnen durch Regen ihrer eigenen Kräfte ihr individuelles und gesellschaftliches Wohl (ihre Teilnahme am Gemeingut) zu erringen vermögen." (§ 16) In der heutigen Welt stellt sich nun heraus: Dieses Gemeinwohl vermag ein einzelner Staat – wie mächtig er auch sei – nicht mehr sicherzustellen: weder auf den Gebieten der Innen- und Außenpolitik noch auf dem der Landesverteidigung, der Wirtschaft oder der Kultur. „Global denken!" ist zum Slogan für eine immer drängender werdende Notwendigkeit geworden.

437 Zu dieser neuen Situation haben verschiedene Ursachen beigetragen:
  a) Der technische Fortschritt hat die „Enden der Erde" einander *nähergebracht*. Fast jeder Ort auf diesem Globus ist in kurzer Zeit zu erreichen. Der Erdball ist – von den Transportmitteln her gesehen – „zusammengeschrumpft".
  b) Die gegenseitige wirtschaftliche und politische *Abhängigkeit* zwischen den Völkern und Staaten ist ungleich größer geworden. Ein echter „Weltmarkt" hat sich entwickelt, auf dem zumindest einzelne Unternehmen für die ganze Erde produzieren und miteinander in Wettbewerb treten. Diese „Globalisierung" wirkt sich aus bis ins letzte Dorf in den Bergen. Auch in der großen Politik hat jede Handlung der Großmächte weltweite Folgen, die bei jeder Planung mitbedacht werden müssen.
  c) Damit ist eine weltweite *Zusammenarbeit* und gegenseitige Hilfe zum ersten Mal in der Geschichte in größerem Umfang möglich geworden. Erst mit dieser Möglichkeit kann von einer sittlichen Verantwortung für diese Hilfe die Rede sein. Ist diese Möglichkeit aber einmal geben, legt sie sich auch als eine sittliche Verantwortung auf.
  d) Die *geistigen* Entfernungen zwischen den Kulturen dieser Welt sind in ähnlicher Weise kürzer geworden. Viele neue Gedanken, Werke der Literatur, soziale Bewegungen breiten sich mit großer Schnelligkeit über die verschiedenen Länder aus.
  e) Zugleich besinnen sich aber die Völker – unter eben diesem Eindruck der Begegnung mit anderen Kulturen – auf die *eigenen Traditionen*, die sie nicht einer einheitlichen „Weltkultur" opfern wollen. Daraus brechen – gerade durch den geringer gewordenen räumlichen Abstand – neue Spannungen und Aggressionen zwischen den beteiligten Gruppen auf.
  f) Die Menschheit steht unter einer weltweiten Bedrohung durch kollektive Selbstvernichtung: Mit der Entwicklung der *Atomwaffen* ist es möglich, nicht nur begrenzte Landstriche, sondern sogar ganze Kontinente für den Menschen unbewohnbar zu machen. Es

wird dabei langfristig nicht möglich sein, die Verfügung über ABC-Waffen auf ganz wenige Staaten zu beschränken.

Solche drängenden, die Existenz der Erde bedrohenden Entwicklungen lassen sich nur durch abgestimmtes *Zusammenwirken* auf weltweiter Ebene in ungefährlichere Bahnen lenken. Damit ist die *globale Gerechtigkeit* zur sozialen Frage des zweiten Jahrtausends geworden. Von ihrer Lösung hängt das langfristige Überleben der Menschheit ab. Das bedeutet aber einen tiefgreifenden Wandel der Moral: Die traditionellen Normen der Ethik, gewachsen in einer Lebenswelt der Vergangenheit mit eingeschränktem Erfahrungshorizont, reichen nicht aus, um die drängenden Aufgaben dieser heutigen Situation zu bewältigen. Diese neuen Verpflichtungen haben gegenüber den überkommenen sittlichen Geboten insofern eine Priorität, als jetzt das Überleben der Menschheit als ganzer auf dem Spiel steht: Es lassen sich keine Werte denken, die gegenüber den Forderungen dieser neuen Sozialethik als gewichtiger angesehen werden könnten. Einige der sich daraus ergebenden vielfältigen sozialethischen Konsequenzen seien hier wenigstens in ihren Grundzügen skizziert. 438

Die Ausweitung des Begriffs „Gemeinwohl" auf die erdumspannende Ebene erfordert ein radikales Umdenken weg vom nationalen Interessenegoismus und hin zu einer Bereitschaft, die gemeinsam vorgegebenen Werte humaner und gerechter Existenz gegenüber den trennenden Eigenarten der Völker im Konfliktfall vorzuziehen. Die Verwirklichung eines solchen überstaatlichen Gemeinwohls setzt eine überstaatliche Autorität voraus, die dem einzelnen eine gewisse Sicherheit vermittelt, daß die erwünschte Zusammenarbeit auch tatsächlich gewährleistet ist; sonst treten die unter dem Stichwort „Gefangenendilemma" behandelten Schwierigkeiten hier in anderer Form wieder auf. (Vgl. oben § 15) 439

Dieser Begriff eines globalen Gemeinwohls stößt in der öffentlichen Diskussion aber noch immer auf erhebliche Widerstände. Man übersieht, daß sein Inhalt von den Notwendigkeiten bestimmt wird, denen in einer gegebenen Situation Rechnung getragen werden muß. Das Subsidiaritätsprinzip verlangt, daß für solche auftretenden Notwendigkeiten die entsprechenden handlungsfähigen Institutionen geschaffen werden. Wenn bestimmte Probleme nur auf höherer, überstaatlicher Ebene gelöst werden können, muß der Gemeinwohlbegriff auf diese neue Ebene ausgeweitet werden – soweit dies notwendig ist! 440

Dies widerspricht nicht einem legitimen Pluralismus, daß also unter Umständen die gleichen Probleme von den einzelnen Gliedgemeinschaften in sehr verschiedener Weise gelöst werden. Das Subsidiari- 441 tätsprinzip fordert geradezu die Vielfalt, daß nämlich eine Vereinheitlichung nur dann anzustreben ist, wenn sie als notwendig oder hilfreich erwiesen werden kann.

442 Das Gemeinwohl ist also nicht einer ganz bestimmten staatlichen Autorität zugeordnet, sondern unterliegt je nach den geschichtlichen Gegebenheiten einem Wandel. Allerdings stemmen sich oftmals gerade die politisch konservativen Kräfte, die an sich dem staatlichen Gemeinwohl eine große Bedeutung beimessen und ihm das Einzelwohl weitgehend unterordnen, rigoros gegen eine Ausweitung dieses Begriffs auf den internationalen Bereich. Für sie ist die konkrete, an eine bestimmte Staatsvorstellung gebundene Form des Gemeinwohls die einzig denkbare, naturgegebene und deshalb unhinterfragbare. Ähnlich leidenschaftlich wird abgelehnt, daß ein internationales Gemeinwohl der einzelstaatlichen Souveränität Grenzen setzen könnte. Oftmals bleibt der eigentliche Kern der Argumentation im Dunkeln, weil man statt einer Grundsatzdiskussion auf die tatsächlich immensen Probleme pragmatischer Art hinweist, die zu lösen sind, wenn man dem überstaatlichen Gemeinwohl Rechtsgeltung verschaffen will.

443 Ausgangspunkt der Argumentation zugunsten einer rechtlich verfaßten Ordnung der Beziehungen zwischen den Völkern ist also ihre einsehbare und zwingende Notwendigkeit. Es ist nicht in unser freies Belieben gestellt, ob und wie wir eine solche Weltgesellschaft mit einer gemeinsamen Autorität verwirklichen wollen. Lebenswichtige Probleme bleiben vielleicht ungelöst, wenn wir nicht eine Form abgestimmten politischen Handelns finden.

444 Das bedeutet noch keineswegs die Forderung nach einem einzigen gemeinsamen „Weltstaat", in dem die einzelnen Völker nur noch als Teilstaaten integriert wären. Es bedeutet aber durchaus die zwingende Notwendigkeit, einzelne Souveränitätsrechte nach oben abzugeben, mit denen sich bisher die Einzelstaaten jede Einmischung einer fremden Macht in ihre „inneren Angelegenheiten" verbitten konnten. Auch hier bietet das Subsidiaritätsprinzip einen Maßstab für die Einschränkung der Souveränität und einen Schlüssel zur rechten Kompetenzverteilung an, doch lehrt leider die Erfahrung, daß über die Ausdeutung und Konkretisierung des Subsidiaritätsprinzips in der internationalen Politik wieder heftige Meinungsverschiedenheiten und Konflikte entstehen können. Nur wenn eine Bedrohung lebendig und konkret erlebt wird, pflegen sich die Menschen zu gemeinsamer Abwehr zusammenzufinden.

§ 42 Friede zwischen den Völkern

Die Sicherung eines gerechten Friedens wurde schon immer zu den 445
Aufgaben des Staates gezählt. (Vgl. oben § 30) Die neuen Waffentechniken, besonders die Atomwaffen, haben aber eine neue Situation entstehen lassen, in der die traditionellen Argumente vom gerechten Krieg nur noch eingeschränkte Geltung besitzen. Zum ersten Mal in ihrer Geschichte ist die Menschheit zur globalen Selbstvernichtung fähig. Ein Krieg mit schweren atomaren Waffen würde keine Sieger mehr kennen, sondern nur noch Opfer. Seine Vermeidung besitzt darum höchste Priorität gegenüber allen anderen noch so bedeutsamen Zielen.

Zwar versuchten einige angesehene Moraltheologen, selbst den Atomwaffen*einsatz* in der Verteidigung des Rechts zu legitimieren bis hin zur Formulierung, der Einsatz von Gewalt – auch atomarer Gewalt unter Aussicht auf millionenfache Zerstörung menschlichen Lebens – könne im Falle eines gerechten Krieges ein Ausdruck, ja selbst eine Forderung der Liebe sein. (Hirschmann 1957/58, 290, 287) Am schärfsten zog Gustav Gundlach die bitteren Konsequenzen aus diesem Ansatz, indem er behauptete, es sei kirchliche Lehre: „Sogar für den möglichen Fall, wo nur noch eine Manifestation der Majestät Gottes und seiner Ordnung, die wir ihm als Menschen schulden, als Erfolg bliebe, ist Pflicht und Recht zur Verteidigung allerhöchster Güter denkbar. Ja, wenn die Welt untergehen sollte dabei", müßten wir dieses Treuebekenntnis zu Gottes Ordnung ablegen, der dann auch die Verantwortung übernimmt. (Gundlach 1958/59, 13)

Eine solche abstrakte „Gerechtigkeit" der Prinzipien, die bereit ist, 446
die Menschen zu opfern, deren Recht verteidigt werden soll, verliert aber offenkundig ihren Sinn. Hinzu kommt die Erfahrung, daß die Beteiligten an den modernen Kriegen auf beiden Seiten oftmals plausible Gründe anführen können, die für die Gerechtigkeit ihrer Sache sprechen. Ein Krieg aber, der von beiden Seiten als gerecht angesehen werden kann, entbehrt der moralischen Rechtfertigung. Es erweist sich also immer mehr als eine der Menschheit als ganzer gemeinsam gestellte Aufgabe, politische Sicherungen in Friedenszeiten zu entwickeln, die eine kriegerische Auseinandersetzung vermeiden helfen und aufkommende Konflikte schon im Vorfeld bereinigen. Dabei birgt schon ein „kleiner" Krieg die Gefahr eines atomaren Konflikts in sich. Es wird außerdem nicht möglich sein, auf Dauer die Verbreitung atomarer Waffen (Proliferation) ganz zu verhindern.

Heute geht es darum, neue Regeln zu finden und ihnen zur Anerken- 447
nung zu verhelfen, um aus dem „Gefangenendilemma" herauszu-

kommen: Kaum jemand will den Krieg, und trotzdem bricht er immer wieder an den verschiedensten Orten der Erde aus und läßt sich, einmal entfesselt, kaum mehr eindämmen.

448 Aber auf welche Weise vermag ein Staat im Atomzeitalter seine Bürger noch wirksam zu schützen? Während man früher die militärische Gewalt mit der Sicherheit der Bürger rechtfertigte, ist dieser Schutz im Zeitalter der atomaren Bedrohung durch Aufrüstung allein nicht mehr zu gewährleisten. Vielmehr ist der Weltgemeinschaft die Aufgabe gestellt, ein System kollektiver Sicherheit zu entwikeln, das die atomare Abschreckung überwindet. Wie ein solches System zu konstruieren sei, darüber gehen die Meinungen weit auseinander. Festzuhalten bleibt: Die Situation hat sich grundlegend geändert gegenüber den Zeiten, als noch die Regeln eines „gerechten Krieges" Geltung beanspruchen konnten.

§ 43 Die wirtschaftliche Ordnung der Völkergemeinschaft

449 Aber nicht nur durch gewaltsame und spektakuläre Interventionen vermag die Menschheit sich selbst zu vernichten. Auch durch Zerstörung der Umwelt und Raubbau an ihren Ressourcen können der Menschheit ihre Lebensgrundlagen entzogen werden. Wenn alle Länder der Erde tatsächlich auf dem Niveau der westlichen Industrieländer zu leben versuchten, würde niemand mehr dieses Ziel erreichen können: Menschenwürdiges Dasein wäre für alle nur noch eine Illusion.

450 Nun läßt es sich nicht vermeiden, daß die Entwicklungsländer die reichsten und „fortgeschrittensten" Völker sich zum Vorbild nehmen. Um so wichtiger erscheint es darum, daß die Industrieländer einen Lebensstil entwickeln, der sich für die ganze Erde verallgemeinern läßt. Eine Handlungsmaxime, die sich nicht verallgemeinern läßt, ist schon im Sinne der traditionellen Personalethik (vgl. § 2) unmoralisch. Von den Entwicklungsländern selbst, die um ihr nacktes Überleben kämpfen müssen, kann nicht erwartet werden, daß sie sich um die langfristigen Perspektiven der Menschheit sorgen. Die Industrieländer indes haben die materiellen und geistigen Mittel, ein solches Projekt in Angriff zu nehmen, das heute unter dem Stichwort einer „nachhaltigen Entwicklung" lebhaft diskutiert wird.

451 Ein solches Projekt setzt aber eine gerechte wirtschaftliche Gesamtordnung voraus. Schon bei der Analyse der Wettbewerbswirtschaft *innerhalb* eines Einzelstaates wurde gezeigt: Der Wettbewerb allein vermag noch keine gerechte wirtschaftliche Ordnung herzustellen.

Der Wettbewerb ist vielmehr nur geeignet, innerhalb eines bewußt geplanten und politisch durchgesetzten Rahmens seine günstigen Wirkungen zu entfalten. Die *soziale* Marktwirtschaft soll diese Aufgabe übernehmen und so für Gerechtigkeit sorgen, ohne die Einzelinitiativen ungebührlich einzuschränken. Nur aufgrund ihrer Rahmenbedingungen kann eine Wirtschaftsordnung als gerecht angesehen werden.

Auf der Ebene der Weltwirtschaft gibt es noch keine *soziale* 452 Marktwirtschaft, noch keine Instanz, welche die Entwicklung in eine für alle annehmbare Richtung lenken könnte. Es herrscht weitgehend noch das neo-darwinistische Gesetz des Stärkeren, etwas gemildert durch Teilabkommen, die sich im Zweifelsfall aber als schwer durchsetzbar erweisen. Auch hier stehen wir vor einer neuen Situation, die es in dieser Form in der Vergangenheit noch nicht gegeben hat: Ob wir wollen oder nicht, entscheiden wir durch unser Handeln (oder Unterlassen) über das Schicksal ganzer Völker. Die Schwierigkeiten, in die die neuen Bundesländer nach der „Wende" 1989 geraten sind, könnten den Deutschen ein besseres Verständnis für die Situation der Menschen in der *Dritten Welt* vermitteln.

Manchmal werfen die Wirtschaftswissenschaftler der Sozialethik 453 vor, sie hätte sich zu stark auf die gerechte *Verteilung* der Güter konzentriert und darüber den Gesichtspunkt der Produktion vernachlässigt. In der Tat besteht hier ein Spannungsverhältnis: Zuerst müssen die Güter produziert werden, bevor man sie verteilen kann. Aber auch durch bloße Mehrproduktion allein wird die Armut nicht überwunden, wenn sich nämlich der Reichtum wieder in den Händen einer schmalen Oberschicht konzentriert und die Mehrproduktion nicht zu den Armen gelangt. Was oben (§ 38) zu diesem Thema gesagt wurde, läßt sich ohne weiteres auch auf die internationale Gerechtigkeit anwenden. Die Entwicklungspolitik kann sich nicht auf Transferleistungen beschränken, sondern erfordert eine internationale Ordnungspolitik, die allen Völkern eine echte Chance bietet. Das schließt allerdings die Möglichkeit ein, daß sich der internationale Wettbewerb verschärft und sich die Löhne auf dem internationalen Arbeitsmarkt angleichen. Was aber im Westen eine Einbuße an Wohlstand bedeutet, führt in der Dritten Welt zum Hungertod. Nur wenn man Entwicklungspolitik als Hilfe zum gemeinsamen Überleben aller Menschen begreift, wird die kommende eine Welt auf sicheren Fundamenten ruhen.

§ 44 Auf dem Weg zu einer neuen Weltkultur?

454 Noch stärker als das politische und wirtschaftliche Gewicht der internationalen Gemeinschaft wirkt sich die zunehmende geistige und kulturelle Annäherung der Völker auf das globale Zusammenleben aus. Hier treten Spannungen auf, welche die Ethik selbst betreffen. Den Sprengstoff bilden die verschiedenen Lebensentwürfe, die leidenschaftlich verteidigt werden und sich auf immer enger werdendem Raum treffen. Die Flüchtlingswanderungen geben uns einen milden Vorgeschmack von den Problemen, die auf uns zukommen.

455 Die Welt wächst immer mehr zu einer kulturellen Einheit zusammen, nicht nur in Politik und Wirtschaft, sondern auch in Philosophie, in Literatur und Kunst. Durch die Leistungsfähigkeit moderner Kommunikationssysteme treten selbst weit entfernte Nationen miteinander in Verbindung. In Minutenschnelle erfährt man rund um die Erde, wo etwas passiert. Die Welt strebt auf eine Einheit zu. Welche Art von Einheit?

456 Große Hoffnungen haben sich an diese kommende Einheit geknüpft: Ein gegenseitiger Austausch auf Weltebene sollte möglich werden, immer lebendiger, immer dichter! Immer mehr Elemente unserer westlichen Zivilisation finden Eingang in fremde Kulturen. Durch die elektronische Wiedergabe wird es beispielsweise zum ersten Mal in der Geschichte fast allen Menschen dieser Erde möglich, die herrliche Musik eines Johann Sebastian Bach oder eines Wolfgang Amadeus Mozart zu hören und nachzuempfinden!

457 Aber auch umgekehrt bereichern politische, künstlerische und religiöse Vorstellungen und Werterfahrungen anderer Nationen unser eigenes Denken und Empfinden. Kaum ist irgendwo in der Welt ein bedeutendes neues Buch erschienen, schon wird es in die verschiedenen Sprachen übersetzt, so daß es alle lesen, seinen Inhalt aufnehmen, sich damit auseinandersetzen können. Immer mehr Wege öffnen sich, voneinander zu lernen, sich gegenseitig immer besser zu verstehen. Das verspricht eine großartige Bereicherung zu werden mit dem Endziel einer gemeinsamen „Weltkultur". „Alle Menschen werden Brüder!" Kann das schon bald Wirklichkeit werden?

458 Noch vermag man dieser Zukunftsvision nicht recht zu trauen. Vielmehr kommt eher ein Gefühl der *Bedrohung* auf: Die Einheit der Welt muß nicht mit Notwendigkeit ein größeres gegenseitiges Verständnis wecken, sondern verstärkt zunächst eher die Abhängigkeiten voneinander und bietet daher Anlaß zu mehr Konflikten. Je enger die Menschen geistig zusammenrücken, um so mehr könnte es auch zu einem erbitterten Kampf der Weltanschauungen und Über-

zeugungen kommen, bei dem nicht der Bessere, sondern der Stärkere als Sieger übrigbleibt.

459 In einer solchen „Weltkultur" kann dann nur noch Geltung beanspruchen, was allen in gleicher Weise gefällt und daher keine besondere *Eigenheit* mehr besitzt. Nur was sich „rechnet", läßt sich tausendfach reproduzieren und vermarkten. Einheit der Welt kann zu geistiger Armut führen: Bei aller Verehrung für Bach und Mozart wäre es schlimm, wenn als ernste Musik am Ende *nur* noch diese beiden Komponisten zu hören wären, weil sie sich am leichtesten vermarkten lassen, wenn durch sie alles andere, Urwüchsige, Bodenständige verdrängt und unterdrückt würde. Man könnte dann vielleicht – wie im Museum – die Zeugnisse einer früheren Kultur zwar immer noch besichtigen, aber sie wären nur noch Zeugen einer unwiederbringlich vergangenen Zeit.

460 Gerade in Entwicklungsländern wächst die Angst vor einer geistigen Überfremdung durch die politische und wirtschaftliche Übermacht der Industrieländer. Die Gefahr ist groß, daß sich diese eigenständigen Kulturen und Produktionsweisen im Wettbewerb mit der modernen Industrie nicht behaupten können und zum Aussterben verurteilt sind, daß westliche Planer ganze Kulturen ähnlich vernichten, wie sie Biotope durch gutgemeinte Flußbegradigungen vernichtet haben und zum Teil noch heute vernichten. Die Völker der Dritten Welt wehren sich gegen diese kulturelle Einebnung und suchen sich auf ihre Eigenart, ihre Traditionen und ihr kulturelles Erbe zu besinnen. Was davon wird standhalten, was ist erhaltenswert, und was wird mit unausweichlicher Notwendigkeit der Modernisierung von Wirtschaft und Gesellschaft zum Opfer fallen? Wird es zu einer Nivellierung auf dem geringsten gemeinsamen Nenner kommen? Werden gewachsene Lebensformen und Kulturen sich auflösen und aussterben?

461 Kein Ausweg wäre eine romantische Verklärung des Gewesenen, ein nostalgischer Kulturromantizismus, der diese Lebensweisen wie künstliche Biotope vor Zerstörung zu sichern sucht. Wenn die Menschen in der Dritten Welt überleben wollen, wenn sie genügend Nahrung für sich und ihre Kinder finden wollen, wenn sie sich kleiden und an einem gewissen Wohlstand teilhaben wollen, dann müssen sie moderne, rationellere Methoden anwenden. Mit der Übernahme der westlichen Technologie stehen die Länder der Dritten Welt unausweichlich in einer Auseinandersetzung auf Gedeih und Verderb mit dem Denken und der Mentalität der Industrieländer. Wer mit den im Westen geplanten und hergestellten Werkzeugen umgeht, wird mit Notwendigkeit auch durch das westliche Denken und Fühlen geprägt.

462 Dabei darf man nicht übersehen, daß mit dem Wort „Kultur" ursprünglich ganz einfach die Art und Weise gemeint war, wie der Mensch sich ernährt, den Boden bepflanzt, die alltäglichen Dinge herstellt und mit ihnen umgeht, die er für das Leben braucht. Bewundernswert bleibt, wie es Menschen immer verstanden haben, auch unter den primitivsten wirtschaftlichen Bedingungen und trotz der harten körperlichen Arbeit den Sinn offenzuhalten für Höheres, Schöneres, dem sie – oftmals unter großen Opfern – in ihrem Alltag Ausdruck zu geben wußten.

463 In der Entwicklungspolitik und der Entwicklungshilfe bietet der Westen der Dritten Welt seine Produktionsmethoden an, drängt ihr westliche Geräte und Maschinen auf und damit westliche Vorstellungen von einem rationellen Arbeiten: „Macht es so, wie wir es gemacht haben, und ihr werdet bald auch so reich und glücklich werden wie wir!" Solche gutgemeinten Vorschläge westlicher Experten werden von vielen Menschen der Entwicklungsländer häufig als „*Kulturimperialismus*" empfunden und leidenschaftlich abgelehnt. An diesem Wort scheiden sich die Geister. Ist es blanker Egoismus, bloße Sorge um Absatzmärkte und Arbeitsplätze, vielleicht sogar Weiterführung des Kolonialismus mit anderen Mitteln, wenn die Industrieländer Entwicklungspolitik betreiben?

464 Der Vorwurf des Kulturimperialismus pflegt bei Vertretern der Politik und der Wirtschaft Empörung auszulösen. Es geht ihnen nicht immer nur um das Geschäft, sagen sie, sie möchten wirklich helfen und zwar nicht nur mit Geld, sondern auch mit dem Wissen und der Erfahrung, die sie im Westen in den letzten zwei Jahrhunderten industrieller Revolutionen erworben haben.

465 Aber macht der Westen sich nicht doch häufig einer paternalistischen Überheblichkeit schuldig, wenn man das, was man selber – vielleicht in gutem Glauben – als das Beste ansieht, dem betreffenden Land aufdrängt, zum Beispiel die typisch westliche, am Geldgewinn orientierte Mentalität? Wenn Menschen in den Entwicklungsländern uns als reiche und mächtige Barbaren verachten, sind wir enttäuscht und verärgert und sagen: „Sie sind an ihrer Armut selber schuld, weil sie unsere gutgemeinten Ratschläge nicht beachten. Würden die Inder nur ihre heiligen Kühe schlachten, ginge es ihnen wirtschaftlich bald besser!" Aber läßt sich die wirtschaftliche Entwicklung isolieren von den kulturellen Werten und Überzeugungen der betroffenen Menschen?

466 Die zunehmende Einheit der Welt verstärkt die Chance, ein Gespür zu entwickeln für den Reichtum der verschiedenen Kulturen, in denen der Mensch sich ausdrückt. Wenn wir die fremden Menschen und ihre Lebensweisen besser verstehen lernen, können sie uns viel

von sich mitteilen zu unserer eigenen Bereicherung. Sie können uns helfen, die Eindimensionalität unseres westlichen technisch-wirtschaftlichen Denkens aufzusprengen, das sich allmählich über die ganze Welt ausbreitet, und uns daran erinnern, daß es noch Werte jenseits unserer westlichen Rationalität gibt, die uns verloren zu gehen drohen.

Beim Hinhören auf unsere Partner in der Dritten Welt gewinnen wir auch ein besseres Verständnis für die Werte unserer eigenen Tradition. Es geht nicht darum, alles für gleich wertvoll und damit für gleich wertlos zu halten. Es geht vielmehr um eine geistige Auseinandersetzung, in die wir unsere Überzeugungen und Werthaltungen einbringen. Jeder einzelne wie auch jedes Volk sieht die Wirklichkeit nur unter einer bestimmten Perspektive und ist darauf angewiesen, die umfassendere Wahrheit erst aus dem Dialog mit anderen kennenzulernen. 467

Das gilt auch und sogar ganz besonders für die letzten und tiefsten religiösen Wahrheiten und Überzeugungen. Sie sind leider, wie die geschichtliche Erfahrung lehrt, am meisten dazu geeignet, die Lösung politischer Konflikte zu erschweren. Aber trotzdem haben die Völker der Dritten Welt auch einen Anspruch darauf zu erfahren, aus welchen geistigen Quellen wir in Europa leben, was uns im Abendland der christliche Glaube bedeutet und wie wir ihn in unserer Kultur zu leben versuchen. Die Theologie der christlichen Kirchen hat in diesem Jahrhundert ein neues Verständnis der Missionsaufgabe gewonnen: Man hat zu unterscheiden gelernt zwischen den zentralen Inhalten des christlichen Glaubens, die es in der Missionsarbeit zu vermitteln gilt, und den geschichtlichen Einkleidungen dieses Glaubens in eine bestimmte Umwelt, die in den Entwicklungsländern ganz anders aussehen müssen als im Abendland. Ohne den geistigen Reinigungsprozeß einer solchen Inkulturation ist das Christentum nicht mehr zu vermitteln. 468

Das gilt ganz allgemein: Wer Menschen der Dritten Welt als Partner ernstnehmen will, darf ihnen nicht die eigenen Vorstellungen aufzudrängen suchen, von denen er meint, daß sie auch für andere Kulturen das Richtige wären. Das Verhältnis zu anderen Kulturen darf weder zu einer Unterdrückung noch zu einer Romantisierung ihrer Traditionen führen. *Sie* sind es, die unter ihren eigenen Lebensbedingungen leben müssen, und darum sind auch sie es, die ihre eigenen Entscheidungen in Freiheit zu treffen haben. Im Dialog läßt sich manchmal die eigene Sicht des Lebens vermitteln, aber die Frage, was von ihren Kulturen erhaltensfähig und erhaltenswürdig ist, kann letztlich nur von ihnen selbst entschieden werden. 469

Das Schlagwort „Eine Welt oder keine Welt" bringt zum Ausdruck, 470 daß sich unser Bewußtsein auf neue Aufgaben und Herausforderungen einstellen muß. Die Reaktion vieler Bürger gegen „Überfremdung" durch Gastarbeiter und Asylbewerber, durch Aussiedler und Studenten aus der Dritten Welt macht die Größe der Aufgabe deutlich, ein besseres Verständnis für die Vielheit der Kulturen in der einen Welt zu wecken.

471 Damit stößt man aber auch an die Grenzen einer Sozialethik: Sie kann vor Gefahren warnen, die Gewissen wachrütteln, Zukunftsbilder entwerfen, neue Wege aufzeigen, an den guten Willen appellieren. Sie vermag aber nicht die Antriebe und Kräfte zu vermitteln, die notwendig sind, um die gewonnenen Einsichten in soziales Handeln umzusetzen. Auf verschiedene Weise ist davon ein jeder betroffen, der Verantwortung trägt. Aber das sind im Grunde genommen wir alle!

Literaturverzeichnis

Adorno, Theodor W. u.a.: Der Positivismusstreit in der deutschen Soziologie, Neuwied 1969.

Adorno, Theodor W.: Studies in the Authoritarian Personality, Bd. 1 von: Max Horkheimer u.a., Studies in Prejudice, New York 1950; wieder abgedruckt in: Gesammelte Schriften 9.1, Frankfurt a.M. 1975, 143–509.

Albert, Hans: Zum Normenproblem in den Sozialwissenschaften, in: Soziale Welt 8 (1957) 5–9.

Albert, Hans – Topitsch, Ernst (Hg.): Werturteilsstreit, Darmstadt 1979.

Angermair, Rupert: Art. Widerstandsrecht: I. In theologischer Sicht, in: Staatslexikon 8, Freiburg i.Br. ^{6}1973, 670–677.

Axelrod, Robert: The Evolution of Cooperation, New York 1984; deutsch: Die Evolution der Kooperation, München 1987.

Behrendt, Richard F.: Dynamische Gesellschaft. Über die Gestaltbarkeit der Zukunft, Bern 1963.

Blüm, Norbert – Zacher, Hans F. (Hg.): 40 Jahre Sozialstaat Bundesrepublik Deutschland, Baden-Baden 1989.

Böckle, Franz – Böckenförde, Ernst-Wolfgang (Hg.): Naturrecht in der Kritik, Mainz 1973.

Boethius, Anicius M. S.: Die Theologischen Traktate, hg. von Michael Elsässer, Hamburg 1988.

Boulding, Kenneth E.: The Consumption Concept in Economic Theory, in: American Economic Review. Papers and Proceedings 35 (1945) 1–14.

Bowlby, John: Maternal Care and Mental Health, Genf 1952.

Brieskorn, Norbert – Müller, Johannes (Hg.): Gerechtigkeit und soziale Ordnung. Für Walter Kerber SJ, Freiburg i.Br. 1996.

Brugger, Walter: Das Mitsein. Eine Erweiterung der scholastischen Kategorienlehre, in: Scholastik 31 (1956) 370–383.

Brumlik, Micha – Brunkhorst, Hauke (Hg.): Gemeinschaft und Gerechtigkeit, Frankfurt a.M. 1995.

Buchanan, James: The Limits of Liberty. Between Anarchy and Leviathan, Chicago – London 1975; deutsch: Die Grenzen der Freiheit. Zwischen Anarchie und Leviathan, Tübingen 1984.

Cathrein, Viktor: Moralphilosophie 1, Freiburg i.Br. 1890/91.

Dahrendorf, Ralf: Gesellschaft und Freiheit. Zur soziologischen Analyse der Gegenwart, München 1962.

Dahrendorf, Ralf: Die Idee des Gerechten im Denken von Karl Marx, Hannover 1971.

Denzinger, Heinrich: Kompendium der Glaubensbekenntnisse und kirchlichen Lehrentscheidungen, hg. von Peter Hünermann, Freiburg i.Br. ^{37}1991.

Divine, Th. F.: Interest. An Historical and Analytic Study in Economics and Modern Ethics, Milwaukee 1959.

Durkheim, Émile: Représentations individuelles et représentations collectives, in: Revue de Métaphysique et de Morale 6 (1898); deutsch in: ders., Soziologie und Philosophie, Frankfurt a.M. 1967, 45–83.

Economic Justice for All: Catholic Social Teaching and the U.S. Economy, in: Origins. NC documentary service 16 (1986) 409–455; deutsch: Wirtschaftliche Gerechtigkeit für alle, in: Stimmen der Weltkirche 26, hg. vom Sekretariat der Deutschen Bischofskonferenz, Bonn 1987.

Enderle, Georges u.a. (Hg.): Lexikon der Wirtschaftsethik, Freiburg i.Br. 1993.

Ermecke, Gustav: Die christlichen Sozialprinzipien, in: ders., Beiträge zur Christlichen Gesellschaftslehre, Paderborn 1977, 70–89.

Etzioni, Amitai: The Spirit of Community. The Reinvention of American Society, New York 1993; deutsch: Die Entdeckung des Gemeinwesens. Ansprüche, Verantwortlichkeiten und das Programm des Kommunitarismus, Stuttgart 1995.

Eucken, Walter: Grundsätze der Wirtschaftspolitik, Tübingen – Zürich ^{2}1955.

Freud, Sigmund: Das Unbehagen in der Kultur (1930), in: Gesammelte Werke 14, London 1948, 419–506.

Fromm, Erich: Haben oder Sein. Die seelischen Grundlagen einer neuen Gesellschaft, Stuttgart 1976.

Furger, Franz: Christliche Sozialethik, Stuttgart 1991.

Galbraith, John Kenneth: Economics in Perspective. A Critical History, Boston 1987.

Galtung, Johan: Strukturelle Gewalt. Beiträge zur Friedens- und Konfliktforschung, Reinbek 1975.

Gehlen, Arnold: Der Mensch (1940), Berlin ^{13}1986.

Geiger, Willi: Art. Gerechtigkeit, in: Staatslexikon 3, Freiburg i.Br. ^{6}1959, 780–789.

Geiger, Willi: Grundrechte und Rechtsprechung, München 1989.

Gundlach, Gustav: Art. Solidarismus, in: Staatslexikon 4, Freiburg i.Br. ^{5}1931, 1613–1621.

Gundlach, Gustav: Die Lehre Pius' XII. vom modernen Krieg, in: Stimmen der Zeit 164 (1958/59) 1–14.

Gundlach, Gustav: Art. Solidaritätsprinzip, in: Staatslexikon 7, Freiburg i.Br. ^{6}1962, 119–122.

Habermas, Jürgen: Moralbewußtsein und kommunikatives Handeln, Frankfurt a.M. 1983.

Häring, Bernhard: Die Funktion von Kapital und Zins, in: ders., Frei in Christus 3, Freiburg i.Br. 1981, 338–340.

Hättich, Manfred: Art. Politikwissenschaft, in: Staatslexikon 4, Freiburg i.Br. ^{7}1988, 443–448.

Hauser, Richard: Art. Autorität, in: Staatslexikon 1, Freiburg i.Br. ^{6}1957, 808–826.

Hayek, Friedrich August von: Der Weg zur Knechtschaft, München 1971.

Hayek, Friedrich August von: The Mirage of Social Justice, London 1976; deutsch: Die Illusion der sozialen Gerechtigkeit, Landsberg am Lech 1981.

Heidegger, Martin: Sein und Zeit, Halle 1927.
Heimbach-Steins, Marianne: „Als Mann und Frau ..." Grunddatum theologischer Anthropologie – Herausforderung christlicher Sozialethik, in: Jahrbuch für Christliche Sozialwissenschaften 34 (1993) 165–189.
Heimbach-Steins, Marianne (Hg.): Brennpunkt Sozialethik: Theorien, Aufgaben, Methoden, FS Franz Furger, Freiburg i.Br. 1995.
Hengsbach, Friedhelm: Wirtschaftsethik, Freiburg i.Br. 1991.
Herzog, Roman: Kommentar zu Art. 20, in: Theodor Maunz – Günther Dürig – u.a.: Grundgesetz, Bd. 2, München 1994.
Hesse, Helmut (Hg.): Wirtschaftswissenschaft und Ethik, Berlin 1988.
Hirschmann, Johannes B.: Kann atomare Verteidigung sittlich gerechtfertigt sein?, in: Stimmen der Zeit 162 (1957/58) 284–269.
Hoefnagels, Harry: Soziologie des Sozialen. Einführung in das soziologische Denken, Essen 1966.
Höffe, Otfried u.a.: Johannes Paul II. und die Menschenrechte, Freiburg/Schweiz 1981.
Höffe, Otfried: Thomas Hobbes, in: Gestalten der Kirchengeschichte 8: Die Aufklärung, hg. von Martin Greschat, Stuttgart 1983, 61–75.
Höffe, Otfried: Politische Gerechtigkeit, Frankfurt a.M. 1987.
Höffner, Joseph: Christliche Gesellschaftslehre, Kevelaer [8]1983.
Hollerbach, Alexander: Art. Rechtswissenschaft, in: Staatslexikon 4, Freiburg i.Br. [7]1988, 751–760.
Homann, Karl: Rationalität und Demokratie, Tübingen 1988.
Homann, Karl – Blome-Drees, Franz: Wirtschafts- und Unternehmensethik, Göttingen 1992.
Honecker, Martin: Grundriß der Sozialethik, Berlin 1995.
Jaspers, Karl: Von der Wahrheit, München 1947.
Johannes XXIII.: Enzyklika „Mater et magistra" (1961), zitiert nach den Ziffern der Ausgabe in: Texte zur katholischen Soziallehre, Köln [7]1989.
Johannes XXIII.: Enzyklika „Pacem in terris" (1963), zitiert nach den Ziffern der Ausgabe in: Texte zur katholischen Soziallehre, Köln [7]1989.
Johannes Paul II.: Enzyklika „Laborem exercens" (1981), zitiert nach den Ziffern der Ausgabe in: Texte zur katholischen Soziallehre, Köln [7]1989.
Kalveram, Wilhelm: Der christliche Gedanke in der Wirtschaft, Köln 1949.
Kaufmann, Arthur: Vom Ungehorsam gegen die Obrigkeit. Aspekte des Widerstandsrechts von der antiken Tyrannis bis zum Unrechtsstaat unserer Zeit, vom leidenden Gehorsam bis zum zivilen Ungehorsam im modernen Rechtsstaat, Heidelberg 1991.
Kaufmann, Arthur: Widerstand im „Dritten Reich". Am Beispiel der Münchner Studentengruppe „Weiße Rose", in: Werner Maihofer – Gerhard Sprenger (Hg.), Praktische Vernunft und Theorien der Gerechtigkeit (ARSP-Beiheft 50), Stuttgart 1992, 75–86.
Kaufmann, Franz X. – Kerber, Walter – Zulehner, Paul M.: Ethos und Religion bei Führungskräften, München 1986.
Kelsen, Hans: Reine Rechtslehre, Wien [2]1960.

Kerber, Walter: Art. Gerechtigkeit, in: Christlicher Glaube in moderner Gesellschaft, Bd. 17, Freiburg i.Br. ²1981, 8–11, 20–75.

Kerber, Walter: Art. Gemeinwohl, in: Staatslexikon 2, Freiburg i.br. ⁷1986, 857–859.

Kerber, Walter: Zur Moral des militärischen Gelöbnisses im Zeitalter der nuklearen Abschreckung, in: Stimmen der Zeit 206 (1988) 313–325.

Kerber, Walter: Der Schutz menschlichen Lebens in der Rechtsphilosophie von Arthur Kaufmann, in: Fritjof Haft u.a. (Hg.), Strafgerechtigkeit. FS für Arthur Kaufmann zum 70. Geburtstag, Heidelberg 1993, 161–175.

Kern, Walter: Person I. Philosophisch und theologisch, in: Staatslexikon 4, Freiburg i.Br. ⁷1988, 330–336.

Kettern, Bernd: Sozialethik und Gemeinwohl. Die Begründung einer realistischen Sozialethik bei Arthur F. Utz, Berlin 1992.

Kirchenamt der EKD (Hg.): Gemeinwohl und Eigennutz, Gütersloh 1991.

Knoll, August M.: Art. Individualismus, in: Lexikon für Theologie und Kirche 5, Freiburg i.Br. ²1960, 653f.

Kötter, Rudolf: Fundierungsprobleme einer Unternehmensethik im Rahmen der neoklassischen Gleichgewichtstheorie, in: Horst Steinmann – Albert Löhr, Unternehmensethik, Stuttgart 1989, 115–128.

Kohlberg, Lawrence: Essays on Moral Development, 2 Bde., San Francisco 1981/84.

Koslowski, Peter: Prinzipien der ethischen Ökonomie, Tübingen 1988.

Kreuth, Herbert: Wissenschaft und Werturteil, Tübingen 1989.

Krüger, Gerhard: Ansichsein und Geschichte, in: ders., Freiheit und Weltverwaltung. Aufsätze zur Philosophie der Geschichte, Freiburg i.Br. 1958, 127–148.

Leo XIII.: Enzyklika „Rerum novarum" (1891), zitiert nach den Ziffern der Ausgabe in: Texte zur katholischen Sozialehre, Köln ⁷1989.

Lincoln, Abraham: Early Speeches 1832–1856, New York 1907.

Mack, Elke: Ökonomische Rationalität: Grundlage einer interdisziplinären Wirtschaftsethik?, Berlin 1994.

Mahr, Alexander: Der unbewältigte Wohlstand, Berlin 1964.

Mandeville, Bernard de: The Fable of the Bees or Private Vices, Publick Benefits, London 1714; deutsch: Die Bienenfabel oder Private Laster als gesellschaftliche Vorteile, München 1988.

Mandouze, André: Saint Augustin. L'aventure de la raison et de la grâce, Paris 1968.

Marcel, Gabriel: Sein und Haben, Paderborn ²1968.

Marcuse, Herbert: Studie über Autorität und Familie (1936), in: ders., Ideen zu einer kritischen Theorie der Gesellschaft, Frankfurt a.M. 1969, 55–156.

Marcuse, Herbert: Über die philosophischen Grundlagen des wirtschaftswissenschaftlichen Arbeitsbegriffs (1933), in: Schriften 1, Frankfurt a.M. ²1981, 556–594.

Matthes, Joachim: Art. Soziologie, in: Staatslexikon 5, Freiburg i.Br. ⁷1989, 91–98.

Meyer, Thomas: Fundamentalismus und Universalismus in Moral und Politik, in: Walter Kerber (Hg.), Religion: Grundlage oder Hindernis des Friedens?, München 1995, 165–183.

Miller, David: Social Justice, Oxford 1976.

Müller, Max: Art. Freiheit, in: Staatslexikon 3, Freiburg i.Br. ^{6}1959, 528.

Müller, Max – Halder, Alois: Art. Person. I Begriff und Wesen, in: Staatslexikon 6, Freiburg i.Br. ^{6}1961, 197–206.

Müller, J. Heinz: Art. Wirtschaftswissenschaften, in: Staatslexikon 8, Freiburg i.Br. ^{6}1963, 863–873.

Müller, Johannnes – Kerber, Walter (Hg.): Soziales Denken in einer zerrissenen Welt, Freiburg i.Br. 1991.

Nell-Breuning, Oswald von: Wucher, in: Staatslexikon 5, Freiburg i.Br. ^{5}1932, 1467–1478.

Nell-Breuning, Oswald von: Zins, in: Staatslexikon 5, Freiburg i.Br. ^{5}1932, 1600–1624.

Nell-Breuning, Oswald von: Zur christlichen Staatslehre, in: Beiträge zu einem Wörterbuch der Politik, Heft 2, hg. von Oswald von Nell-Breuning – Hermann Sacher, Freiburg i.Br. 1948.

Nell-Breuning, Oswald von: Gesellschaftliche Ordnungssysteme, in: Wörterbuch der Politik, Heft 5, hg. von Hermann Sacher – Oswald von Nell-Breuning, Freiburg i.Br. 1951.

Nell-Breuning, Oswald von: Zur Wirtschaftsordnung, in: Wörterbuch der Politik, Heft 4, hg. von Oswald von Nell-Breuning – Hermann Sacher (1949), Freiburg i.Br. ^{2}1953.

Nell-Breuning, Oswald von: Zur christlichen Gesellschaftslehre, in: Wörterbuch der Politik, Heft 1, hg. von Oswald von Nell-Breuning – Hermann Sacher (1947), Freiburg i.Br. ^{2}1954.

Nell-Breuning, Oswald von: Erwägungen zum Subsidiaritätsprinzip, in: Stimmen der Zeit 157 (1955/56) 1–11; wieder abgedruckt in: ders., Wirtschaft und Gesellschaft heute 1, Freiburg i.Br. 1956, 67–78.

Nell-Breuning, Oswald von: Wirtschafte wirtschaftlich?, in: Zeitschrift für Betriebswirtschaft 21 (1951) 193–203; wiederabgedruckt in: ders., Wirtschaft und Gesellschaft heute 1, Freiburg i.Br. 1956, 196–207.

Nell-Breuning, Oswald von – Prinz, Franz: Hilfreicher Beistand (Das Subsidiaritätsprinzip), in: Christlich-soziale Werkbriefe, hg. von der Werkgemeinschaft christlicher Arbeitnehmer, Werkbrief Nr. 68/69, München 1961, 1737–1782.

Nell-Breuning, Oswald von: Gerechtigkeit und Freiheit, Wien 1980, München ^{2}1985.

Neumann, John von – Morgenstern, Oskar: Spieltheorie und wirtschaftliches Verhalten, Princeton N.J. 1953; deutsch: Würzburg 1967.

Neun Thesen gegen den Mißbrauch der Demokratie, in: Berichte und Dokumente des Zentralkomitees der deutschen Katholiken Nr. 13, August 1971, 3–36.

Noonan, J.: The Scholastic Analysis of Usury, Cambridge (Mass.) 1957.

Pannenberg, Wolfhart: Person, in: Die Religion in Geschichte und Gegenwart 5, Tübingen ³1961, 230–235.

Parsons, Talcott: The Social System, London 1951.

Pastoralkonstitution des Zweiten Vatikanischen Konzils „Gaudium et spes": zitiert nach den Ziffern der Ausgabe in: Texte zur katholischen Soziallehre, Köln ⁷1989.

Paul VI.: Enzyklika „Populorum progressio" (1967), zitiert nach den Ziffern der Ausgabe in: Texte zur katholischen Soziallehre, Köln ⁷1989.

Pius XI.: Enzyklika „Quadragesimo anno" (1931), zitiert nach den Ziffern der Ausgabe in: Texte zur katholischen Soziallehre, Köln ⁷1989.

Püttmann, Andreas: Zwischen Ungehorsam und christlicher Bürgerloyalität, Paderborn 1994.

Rabe, Hannah: Art. Autoritär, in: Historisches Wörterbuch der Philosophie 1, Darmstadt 1971, 723f.

Radbruch, Gustav: Rechtsphilosophie, hg. von Erik Wolf, Stuttgart ⁵1956.

Rahner, Karl: Geist in Welt. Zur Metaphysik der endlichen Erkenntnis bei Thomas von Aquin (1939), München ²1957.

Rawls, John: A Theory of Justice, Cambridge/Mass. 1971; deutsch: Eine Theorie der Gerechtigkeit, Frankfurt a.M. 1975.

Reese-Schäfer, Walter: Was ist Kommunitarismus?, Frankfurt a.M. 1994.

Rich, Arthur: Wirtschaftsethik. Grundlagen in theologischer Perspektive (1984), Gütersloh ²1985.

Rommen, Heinrich: Die ewige Wiederkehr des Naturrechts, München ²1947.

Schavan, Annette: Erziehung und Gewissen. Über den behutsamen erzieherischen Umgang mit dem Gewissen, in: Vierteljahrsschrift für wissenschaftliche Pädagogik 59 (1983) 48–61.

Schneider, Peter: Naturrechtliche Strömungen in deutscher Rechtsprechung, in: Archiv für Rechts- und Sozialphilosophie 42 (1956) 98–111.

Schrey, Heinz-Horst: Kapital und Zins VII: Kapital und Zins als ethisches Problem, in: Evangelisches Staatslexikon, Stuttgart ⁷1980, 671–673.

Schuster, Johannes B.: Die Soziallehre nach Leo XIII. und Pius XI. unter besonderer Berücksichtigung der Beziehungen zwischen Einzelmensch und Gemeinschaft, Freiburg i.Br. 1935.

Schuster, Johannes B.: Art. Moralpositivismus, in: Walter Brugger (Hg.), Philosophisches Wörterbuch, Freiburg i.Br. ¹³1967, 240f.

Schuster, Petra: Theorieansätze zur Motivgenese prosozialen Verhaltens, München 1988.

Seckler, Max: Compelle intrare, in: Lexikon für Theologie und Kirche, Bd. 2, Freiburg i.Br. ³1994, 1285f.

Simmel, Georg: Soziologie, Leipzig 1908.

Spindelböck, Josef: Aktives Widerstandsrecht. Die Problematik der sittlichen Legitimität von Gewalt in der Auseinandersetzung mit ungerechter staatlicher Macht, St. Ottilien 1994.

Spitz, René A.: Studien über den Ursprung der menschlichen Kommunikation und ihrer Rolle in der Persönlichkeitsbildung, Stuttgart 1976.

Spitz, René A.: The First Year of Life, New York 1965; deutsch: Vom Säugling zum Kleinkind. Naturgeschichte der Mutter-Kind-Beziehungen im ersten Lebensjahr (1967), Stuttgart [8]1985.

Stolleis, Michael: Gemeinwohlformeln im nationalsozialistischen Recht, Berlin 1974.

Streißler, Erich: Zur Anwendbarkeit von Gemeinwohlvorstellungen in richterlichen Entscheidungen, in: Zur Einheit der Rechts- und Staatswissenschaften (Freiburger rechts- und staatswissenschaftliche Abhandlungen 27), Karlsruhe 1967, 1–47.

Sutor, Bernhard: Politische Ethik, Paderborn 1991.

Texte zur katholischen Soziallehre. Die sozialen Rundschreiben der Päpste und andere kirchliche Dokumente, mit Einführungen von Oswald von Nell-Breuning und Johannes Schasching, hg. vom Bundesverband der Katholischen Arbeitnehmer-Bewegung Deutschlands – KAB, Köln [7]1989.

Theunissen, Michael: Der Andere. Studien zur Sozialontologie der Gegenwart, Berlin 1965.

Tönnies, Ferdinand: Gemeinschaft und Gesellschaft. Grundbegriffe der reinen Soziologie, Leipzig 1887.

Utz, Arthur Fridolin: Sozialethik 1. Die Prinzipien der Gesellschaftslehre, Heidelberg 1958.

Voegelin, Eric: Die neue Wissenschaft der Politik. Eine Einführung, München 1959.

Watrin, Christian – Heimbach, Stephan: Art. Wettbewerb, in: Staatslexikon 5, Freiburg i.Br. [7]1989, 973–977.

Weber, Max: Verhandlungen von 1909 des Vereins für Socialpolitik, in: Schriften des Vereins für Socialpolitik 132 (1910) 582.

Weber, Max: Die protestantische Ethik und der Geist des Kapitalismus, in: ders., Gesammelte Aufsätze zur Religionssoziologie 1 (1920), Tübingen [6]1972, 17–206.

Weber, Max: Wirtschaft und Gesellschaft. Grundriß der verstehenden Soziologie (1922), Tübingen [5]1972.

Weber, Max: Gesammelte Aufsätze zur Wissenschaftslehre (1922), Tübingen [7]1988.

Weber, Wilhelm: Geld und Zins in der spanischen Frühscholastik, Münster 1962.

Weber, Wilhelm: Person in Gesellschaft, München 1978.

Wever, Ulrich A.: Unternehmenskultur in der Praxis, Frankfurt a.M. – New York 1989.

Wieland, Josef: „Wucher muß sein, aber wehe den Wucherern". Einige Überlegungen zu Martin Luthers Konzeption des Ökonomischen, in: Zeitschrift für Evangelische Ethik 35 (1991) 268–284.

Wolf, Erik: Das Problem der Naturrechtslehre. Versuch einer Orientierung, Karlsruhe [3]1964.

Personenverzeichnis

Adorno, Th. W. 24, 51
Albert, H. 19, 24
Angermair, R. 108
Aristoteles 10, 21, 34, 43, 79, 144
Axelrod, R. 18, 45
Bach, Joh. S. 154f.
Behrendt, R. F. 11
Blome-Drees, F. 112f.
Blüm, N. 78
Boethius, A. M. S. 30
Boulding, K. E. 123
Bowlby, J. 31
Brugger, W. 38
Brumlik, M. 42
Brunkhorst, H. 42
Buber, M. 33
Buchanan, J. 43
Busch, W. 20
Cathrein, V. 26
Comte, A. 59
Crusoe, R. 31
Dahrendorf, R. 17, 81
Denzinger, H. 58
Divine, Th. F. 143
Durckheim, É. 18
Dürig, G. 109
Ebner, F. 33
Elsässer, M. 30
Ermecke, G. 58
Etzioni, A. 42
Eucken, W. 134
Freud, S. 20, 32
Fromm, E. 113
Galbraith, J. K. 119
Galilei, G. 53
Galtung, Joh. 21
Gandhi, M. 110
Gehlen, A. 31
Geiger, W. 80, 91
Grotius, H. 25
Gundlach, G. 7, 59f., 114, 151
Habermas, J. 43
Halder, A. 30
Häring, B. 144
Hättich, M. 22
Hauser, R. 52

Hayek, F. A. von 10, 132
Heidegger, M. 38
Heimbach, St. 130
Heimbach-Steins, M. 29
Herzog, R. 109
Herzog, M. 7
Hirschmann, Joh. B. 151
Hobbes, Th. 42f.
Hoefnagels, H. 17
Höffe, O. 42
Höffner, J. 30, 61, 77
Hollerbach, A. 22
Homann, K. 41, 43, 112
Hünermann, P. 58
Jaspers, K. 52
Johannes XXIII. 48, 77
Johannes Paul II. 60, 116
Jünger, E. 51
Kalveram, W. 112
Kant, I. 74, 76, 137
Kaufmann, A. 136
Kelsen, H. 89
Kerber, W. 46, 79, 107, 136f.
Kern, W. 29
Kettern, B. 50
King, M. L. 110
Knoll, A. M. 41
Kohlberg, L. 32
Koslowski, P. 43
Kötter, R. 137
Kreuth, H. 24f.
Krüger, G. 52
Lassalle, F. 60
Leo XIII. 58, 126-128
Lincoln, A. 60
Mack, E. 112
Mahr, A. 46
Mandeville, B. de 28
Mandouze, A. 56
Marcel, G. 113
Marcuse, H. 51, 116
Marx, K. 81, 116
Matthes, J. 22
Maunz, Th. 109
Meyer, Th. 27
Migne, J.-P. 30
Miller, D. 80
Moeller van den Bruck, A. 51
Morgenstern, O. 17

Mozart, W. A. 154f.
Müller, J. H. 22
Müller, M. 30, 52
Nehru, P. 110
Nell-Breuning, O. von 7, 35, 46, 48, 59, 61, 64, 96, 112
Neumann, J. von 17
Noonan, J. 143
Pannenberg, W. 29
Parsons, T. 26
Perikles von Athen 102
Pesch, H. 60
Pius XI. 61, 116, 128
Portmann, A. 31
Prinz, F. 61, 64
Proudhon, P.-J. 60
Pufendorf, S. 25
Rabe, H. 51
Radbruch, G. 91
Rahner, K. 30
Rawls, J. 11, 43, 110
Reese-Schäfer, W. 42
Rich, A 14
Rommen, H. 87
Schavan, A. 32
Schneider, P 87
Schrey, H.-H. 144
Schuster, P. 32, 34
Schuster, J. B. 26, 61
Seckler, M. 56
Simmel, G. 35
Smith, A. 80
Sombart, W. 112
Spitz, R. 31
Stolleis, M. 46
Streißler, E. 46
Theunissen, M. 33
Thomas von Aquin 15, 18, 30, 124-128
Tönnies, F. 28
Topitsch, E. 24
Ulpian 10
Utz, A. F. 50
Walras, L. 131
Watrin, Chr. 130
Weber, M. 12, 16f., 24f., 51, 81, 95, 143
Wever, U. A. 72
Wieland, J. 143
Wolf, E. 88
Zacher, H. F. 78
Zulehner, P. M. 136

Sachverzeichnis

Amtsautorität 55
Anarchie 66
Arbeit 113-120, 127
Arbeitslosigkeit 78, 119f.
Arbeitswelt 139f.
Atomwaffen 151f.
Autoritäre Persönlichkeit 51
Autorität 36, 50-58, 49, 65
Bedürfnisgerechtigkeit 82-87
Besitz 121f., 143
Besitzstandsgerechtigkeit 80, 83-87
Bildung, politische 99, 102
Bindung, sittliche 40, 47
Business Ethics 113
Chancengerechtigkeit 82-87
Darlehen 143-146
Delegation von Verantwortung 65
Demokratie, Demokratieprinzip 58, 65-71, 76, 101-105, 143
Diebstahl 114
Ehe 63
Eigennutz 49, 130, 143
Eigentum 113f., 120-129
Einkommen 143
Entwicklungsländer, Entwicklungspolitik 146, 152, 155-157
Ertrag 117, 136, 138
Erziehungsautorität 54
Ethik 9-11, 136, 141
Existenzminimum 86
Familie 63, 127
Flüchtlinge 154
Frauen 79
Freiheit 63, 69, 73, 76, 78f., 93f., 143
Fremdhilfe 62
Friede 151
Funktionale Autorität 56
Gefangenendilemma 42f., 54, 59, 149, 151
Gehorsam 53
Geld 143-145
Gemeingut, Zielgut 46-50, 148
Gemeinschaft 28, 39f., 47, 59
Gemeinsinn 60
Gemeinwohl 37f., 46-50, 64, 96, 98f., 105, 129, 137-140, 147-50
Gerechtigkeit 10, 60, 75-92, 151
Gesellschaft 28, 31-37, 59, 63, 155

Gesellschaftliche Autorität 54, 61, 64-71
Gesetz 76, 83, 87
Gesetzgebung 46, 69f., 73, 77, 90
Gesundheitspolitik 99
Gewissensfreiheit 105-108
Gleichheit 69, 81
Grundwerte, Grundrechte 67f., 77
Globale Gerechtigkeit 149
Güter 47, 64, 143
Herrschaft 51, 76
Individualethik 14
Individualismus 41
Individuum 59
Industrieländer 152, 155f.
Industrielle Revolution 80
Institution, Institutionenethik 15, 28
Investitionsgüter 122
Kapital 144f.
Kapitalismus 130
Kirche 53, 58, 68
Kollektivismus 41
Kollektivschuld 14f.
Kompetenz-Kompetenz 64
Konflikte, soziale 17
Konservative Gerechtigkeit 80
Konsumentensouveränität 131
Konsumgüter 122
Koordinative Autorität 56
Kosten 117, 134, 136-141, 144
Kultur 156-158
Leistungsgerechtigkeit 80, 83-87
Liberalismus 41f., 98
Liebe 40
Macht 51, 101, 145
Markt, Marktwirtschaft 130-135
Menschenrechte 49, 76f., 86, 91, 124, 126-128, 132
Minderheiten 76
Mit-Sein 38
Mitbestimmung 118
Moral 9, 131, 137
Moralskeptizismus 89
Nachfrage 132
Nachhaltige Entwicklung 152
Natur des Menschen 25, 37, 59, 63, 79, 88, 127
Naturrecht 25f., 37, 63, 87-92, 126-128
Normen 16, 72f.

Notwehr 94, 109
Nutzen-Kosten-Rechnung 138
Ordnungsethik, Ordnungspolitik 112, 130, 153
Partizipation, Aktive Beteiligung 66, 68f., 71
Person, Personwürde 28-31, 35, 37, 59, 76
Personalethik 9, 14, 123, 147, 152
Persönliche Autorität 55
Persönlichkeitsautorität 55
Philosophie 22-24
Plebiszit 103
Politikwissenschaften 22, 24f.
Preis 131, 134
Recht 21f., 73-79
Rechtsbefugnis, Rechtsanspruch 76
Rechtsnorm 74f., 90
Rechtspositivismus 87, 89
Rechtsprechung 46, 77
Rechtssicherheit 49, 108
Rechtswissenschaften 21f., 40
Rolle 9, 15, 72
Selbsthilfe, gemeinsame 62, 97
Solidarismus 60
Solidarität, Solidaritätsprinzip 58-60, 62, 84, 87, 130
Sollen, verpflichtendes 9, 27, 59, 62
Souveränität 96
Soziale Marktwirtschaft 133, 138, 153
Soziale Gerechtigkeit 12, 81
Soziales Handeln 16, 158
Sozialethik 9-15, 27, 37, 123, 133, 147-149, 153, 158
Sozialisierung 126-128
Sozialismus 130, 134
Sozialphilosophie 27, 35, 58, 66, 133
Sozialprinzipien 58
Soziologie 22-25
Spieltheorie 43f.
Staat 49, 63, 72, 93f., 107, 142f., 147f.
Staatliche Autorität 93, 150
Staatstheorie 66
Streik 116
Strukturen, gesellschaftliche 15
Subsidiarität, Subsidiaritätsprinzip 60-65, 133, 149f.
Tarifautonomie 97
Toleranz 106
Umwelt 99, 134f., 141, 152
Unternehmen, Unternehmer 112f., 135-139
Unternehmensethik, Unternehmenskultur 72, 137, 142

Verfassung 67f., 76f., 89, 102, 106-108, 111
Verkehrspolitik 99
Vermögensbildung 129
Versorgungsstaat 97
Verteidigungspolitik 100
Vertragstheorien 42f.
Verursacherprinzip 134f., 141
Volkssouveränität 68
Vormundschaft, elterliche 53
Wahlen 70f., 103-105
Wehrdienst 100, 106f.
Weltgesellschaft 150
Weltkultur 148, 154-158
Wert 9, 19, 64, 69, 149, 157
Wertdringlichkeit 49, 149
Werthöhe 49
Wertrelativismus 89
Werturteil 19, 24f., 62, 64
Wertvorstellungen, gesellschaftliche 13, 16, 18, 20, 70
Wettbewerb 13, 118, 130-140, 145f., 152f., 155
Widerstandsrecht 107-111
Willkür 73f., 88, 91, 93, 143
Wirtschaft 112, 154f.
Wirtschaftsethik 112f., 143
Wirtschaftsordnung 146, 152
Wirtschaftspolitik 98
Wirtschaftswissenschaften 22-25
Wucher 144-146
Zielwert 39
Zins 143-146
Ziviler Ungehorsam 110f.
Zwang 15, 73, 94f., 100, 107-111
Zwänge, gesellschaftliche, 78f., 118f.